中华优秀传统文化
融入高校德育建设的路径研究

刘玉琼　著

北京燕山出版社

图书在版编目（CIP）数据

中华优秀传统文化融入高校德育建设的路径研究 /
刘玉琼著 . — 北京 : 北京燕山出版社， 2023.5

ISBN 978-7-5402-6920-3

Ⅰ . ①中… Ⅱ . ①刘… Ⅲ . ①中华文化—应用—高等
学校—德育工作—研究—中国 Ⅳ . ① G641

中国国家版本馆 CIP 数据核字（2023）第 080990 号

中华优秀传统文化融入高校德育建设的路径研究

著者：刘玉琼

责任编辑：邓京

封面设计：马静静

出版发行：北京燕山出版社有限公司

社址：北京市西城区椿树街道琉璃厂西街 20 号

邮编：100052

电话传真：86-10-65240430（总编室）

印刷：北京亚吉飞数码科技有限公司

成品尺寸：170mm×240mm

字数：230 千字

印张：14.5

版别：2023 年 6 月第 1 版

印次：2023 年 6 月第 1 次印刷

ISBN：978-7-5402-6920-3

定价：86.00 元

前　言

中华优秀传统文化是中华民族在漫长历史长河中积淀出来的智慧结晶，既呈现于浩如烟海、灿烂辉煌的文化成果，更集中体现为贯穿其中的思想理念、传统美德、人文精神。它结合了儒家、道家等思想流派精髓，继承和发展了民族历史文化的道德行为和价值观念，形成了丰富的道德教育资源，是青少年道德教育和人格培育的重要资源库。

当前，我国经济社会发展正处在转型期，同时也是我国社会易于陷入价值观多元化与思想道德认同危机的时期。尤其是大学生德育，存在着矛盾多变等问题，深刻影响着中华民族的整体风貌和道德风尚。因此，将中华优秀传统文化融入大学生德育教育势在必行。当前，二者结合的工作还不够紧密，存在大学生对中华优秀传统文化的认知程度有待提高、学校家庭社会的融入意识有待提升、内容的创造性有待转化等问题。基于此，将中华优秀传统文化融入大学生德育既是进一步完善和创新大学生思想道德人格的实际需要，也是进一步传承和弘扬中华优秀传统文化的需要，有着重要的理论和现实意义。

本书共有六章。第一章作为全书开篇，首先对中华优秀传统文化进行概述，包括文化的相关理论、中华优秀传统文化、学习中华优秀传统文化的意义、中华优秀传统文化的多样化表现形式。第二章对大学生德育展开分析，涉及德育基本理论、高校德育与大学生成才、大学生德育的历史回溯、大学生德育的载体与机制。第三章承接上文，研究了中华优秀传统文化融入高校德育建设的价值，包括中华优秀传统文化对大学生德育的价值、中华优秀传统文化在大学生德育中的缺失及成因、中华优秀传统文化在大学生德育教育中的实现方法。

在上述章节内容的基础上，第四章重点分析了中华优秀传统文化融入高校德育建设的体现，涉及大学生德育中的儒家思想先秦德育的示范、道家思想生命智慧的承继、法家思想法治理念的摄取、传统美德的发扬等内容。第五章探讨了中华优秀传统文化融入高校德育建设的路径，如中华优秀传统文化与大学生德育目标的构建、中华优秀传统道德与大学生"三德"培育的构建、中华优秀传统文化与大学生德育途径的构建。第六章为本书的最后一章，主要探索了中华优秀传统文化融入高校德育建设的发展，内容包括中华优秀传统文化融入高校德育工作的实施、网络模式的构建、德育教师队伍的建设、评估机制的创新等。

本书循着中华优秀传统文化的道德理论，把自强刚健的人格情操、厚德至善的人格风范、修身养性的人格意识、忠贞爱国的人格抱负等优秀道德价值观融入大学生德育体系中，充实大学生道德人格内涵，创新大学生道德人格培育方式，帮助大学生形成新时代人才观，同时构建社会平台，形成合力推进传承工程，发挥社会实践的教育影响力，培养新时代合格人才。

在本书的撰写过程中，作者不仅参阅、引用了很多国内外相关文献资料，而且得到了同事亲朋的鼎力相助，在此一并表示衷心的感谢。由于作者水平有限，书中疏漏之处在所难免，恳请同行专家以及广大读者批评指正。

作　者

2022 年 12 月

目　录

第一章　中华优秀传统文化概述

中国作为人类四大文明古国之一，具有独特的地域环境，形成了独具特色的悠久历史和璀璨文化。中国文化，尤其中华优秀传统文化是中华民族对人类的伟大贡献。当今，我们要完成传承发展的历史使命，必须以大文化观逐本溯源认识我们国家、我们中华民族自身的特点，认清国情，才能以理性务实的理念继承传统文化的精髓，以此为基础放眼世界，创造中华民族的美好未来。

第一节　文化的相关理论阐释

文化是一个很广泛的概念，不少哲学家、人类学家、社会学家、语言学家一直努力从各自学科的研究角度对文化进行定义。学术界有关文化的定义有 160 余种，目前的文化定义已多于 250 种。文化定义的多义性、不确定性，说明文化具有广泛性。文化的定义可以概括为广义和狭义两种。

一、文化的定义

广义的文化，即通常所说的大文化，指人类在改造自然和社会的过程中所创造的物质财富和精神财富的总和。从内容看包含两点，其一，包括人类征服、改造自然过程的实践活动。其二，包括人类通过物质生产实践、精神生产实践而创造的一切物质财富和精神财富。广义的文化透视着在历史长河的发展中，人类的物质、精神力量相互作用而达到的成果。

　　狭义的文化,是指作为观念形态的,与经济、政治并列的,有关人类社会生活的思想理论、道德风尚、文学艺术、教育和科学等精神方面的内容。狭义的文化排除了在人类社会历史发展中有关物质所创造的活动及其成果部分,专指精神创造的活动及其成果,又称精神文化、人文文化。从这个层面上说,文化也是一个国家或一定社会集团的教育科学、伦理道德、思想理论、文学艺术等生活方式之总和。

二、文化的功能解析

　　没有文化发展,人类社会就不会前进并高级化。文化是由诸多要素构成的一个复合体,这些要素相互作用、相互联系产生文化功能,对人类社会的发展起着重大的促进、推动作用。文化功能包括以下几个部分。①

　　（一）意识形态功能

　　文化作为上层建筑的观念形态是由经济基础决定的,因而文化的内容由特定经济关系决定,而利益关系和阶级关系为经济关系的核心。在特定社会条件下,人作为文化主体总是处在一定的意识形态中,人们进行创作、想象不能离开特定的社会背景,人的思维方式受意识形态的制约与影响。文化生产也不是自由创造,客观上会受到一定阶级、集团利益的约束。哲学、法律、道德、政治作为文化的组成部分,都是带有意识形态的文化生产,即便是最具审美特征的文学艺术同样如此。意识形态是较高层次的一种特殊文化,是一种带着强烈的社会意识、阶级意识的观念系统。随着历史的前进,统治阶级将走向灭亡,文化具有的意识形态功能也会消失而成为文化遗产或传统文化。

　　（二）教化功能

　　文化的教化功能就是通过文化手段、文化形式教育和改造人,使人适应社会发展的需要。人在不同阶段、不同环境中创造出文化,经过世

　　①　李胜兹.试论文化的性质与特征[J].德州师专学报,1998,(3):32-33.

世代代积累，成为人们生活于其中的具体的、历史的文化环境。人与动物不同，人既能创造文化，又能理解、接受文化。一个人来到世上就会处在先人创造的文化氛围中，在成长中不断学习进而领悟规则、习惯、禁忌、风俗等，不断获取文化，将文化转为人内在需要的教化，从自然人转变为社会人。成为什么样的人，判别、区分什么是真善美，很多观念都是在社会环境中日渐形成的，是社会化作用的结果。社会环境包括文化环境，人的个性、气质、行为的形成以及人的社会性，主要通过文化环境的教化逐渐形成。

（三）调节功能

人类社会生活中，不可避免地存在着人与人、人与自然、人与社会之间的矛盾，并且存在着自身情感与理智之间的矛盾，文化对于调节种种矛盾发挥着重大的作用。人类社会进入阶级社会后将一直存在社会、集体、个人三者之间的矛盾。在阶级对立的社会中，统治阶级既要调节内部的矛盾，又要调节与被统治阶级之间的矛盾，除了用法律武器外，文化中的道德、理想也起着很大的作用。一个阶级处于统治上升期时，总是强化社会理想的功能，鼓舞全体社会成员为共同目标努力奋斗，这时，社会理想发挥自身作用，有力地调节着各个阶级间的冲突和矛盾。道德规范在调节个人与集体、个人与他人的矛盾中也发挥着重要作用。另外，文化在调节人的精神状态、生活状态方面也起着关键作用。

（四）审美功能

审美是人类特有的现象，美好的事物可以愉悦身心、陶冶情操、净化人的心灵。人类通过对美的审视、感受世间的万事万物，得出善恶、美丑等看法，不断由低级走向高级，这就是文化的审美功能发挥的重大作用。文化的审美功能主要包括审美的趣味、理想、知觉和享受。审美趣味是人理解、评价各种事物、现象的审美能力，同人的文化水平联系在一起，文化和学识高的人能够作出比较全面的审美评价；审美理想与世界观密切联系，反映了人们的实践愿望和需要，审美理想主宰着一个国家在一定时代的审美风尚、趣味和趋向；审美知觉是人可以感觉周围事物的美，能够辨析现实或艺术作品中所表现的崇高与卑下、美与丑；审美享受是对生活中、艺术中美好事物的感知所引起的满足感、快乐感，审美享受从思想、道德、情感、政治上教育人,使政治原则、道德原则等成为人们精神世界的组成部分。

(五)娱乐休闲功能

人们在生活中为了更好地娱乐、休息而产生了文化的娱乐休闲功能。娱乐休闲一般指消除身体疲劳、恢复生理平衡和获取精神慰藉。历史阶段不同,人们的劳动生产方式不同,感到的疲劳和压力就会不同,所采取的娱乐方式方法也会不同。现代化生产给人们最大的感受是精神上的疲劳,人们在工作、劳动之余,到文化宫、音乐厅、图书馆等场所能得到文化的熏陶、精神的娱乐和休息,可以消除疲劳,为再生产积蓄能量。文化的娱乐休闲功能对人的生活、发展具有重要意义。

第二节　中华优秀传统文化

一、中华优秀传统文化的界定

中华优秀传统文化是指在长期的历史发展过程中形成和发展起来的,保留在中华民族中具有稳定形态的文化。它包括思想观念、思维方式、价值取向、道德情操、生活方式、礼仪制度、风俗习惯、行为方式、宗教信仰、文学艺术、教育科技等诸多层面的丰富内容。它是中华民族团结奋进、继往开来、全面建成小康社会、开创美好明天的基础。

中华优秀传统文化在漫长的历史进程中综汇百家优长,兼集八方智慧,得到了充分发展,对维系中华民族的持续发展并长期处于世界领先地位发挥了重要作用。现当代中国社会,优秀传统文化依然保留在中华民族的血脉里,制约和影响着人们的思想和行为,是创造社会主义新文化的依据,也是让中华文化重新走向世界的基础。

二、中华优秀传统文化的特点

中华优秀传统文化是随着中华民族的发展而发展起来的,它对中华民族的形成、繁衍、统一、稳定和发展都起了巨大的作用。中华优秀传统文化是一个丰富博大的有机整体,它在世界文明史上占有极其重要的地位。中华优秀传统文化的基本特征是什么?我们先来看看中国文化的特征。"五四运动"以来,围绕这个问题各家各派提出了不少观点,但至今仍无统一定论。其中比较著名的是梁漱溟先生在《中国文化要义》中提出的中国文化的十四大特征,以及我国台湾学者韦政通概括出的中国文化的十大特征,其他学者还有各种不同的总结和研究结论。大家公认的特征主要有:中国文化具有延续力、多样性、包容性、凝重性,融宗法文化、礼仪文化、伦理文化于一体,蕴含特殊的思维方式、审美情趣等等。可见,大多数学者都是从中西比较的角度来论述中国文化的特征的。没有这种比较,就无法断定中国文化的特点。这也为我们分析中华优秀传统文化提供了一条思路。中华优秀传统文化包含着极其丰富的内容,需要从宏观和最基本的特征来加以阐述。

(一)统一性与延续性

中华优秀传统文化的统一性与延续性表现在以下两方面。

1. 政治的统一

从政治方面看,中华优秀传统文化经历了持久的统一过程。夏朝建立以前,中国和其他国家一样,也有许多各自独立的部族古国。经尧舜禹三代的辛苦经营,以黄河流域为中心的中原地带已趋于统一,尽管小邦林立的局面仍然存在,但每一小邦都受宗主国的保护,它们都有共同的政治、文化中心。从殷至周,统一势力逐步扩大,周王以分封形式建立了具有宗法及婚姻关系的新邦国,加强与同姓、异姓诸侯的联系,在一定程度上巩固了奴隶制国家的统一。春秋战国时期,争霸称雄的诸侯国通过兼并战争完成了地区性的统一,国家领土不断拓展,国家权力不断趋向集中。这个时期的许多文献及先秦诸子的许多论述,都从各自立场或不同方面提出统一问题。他们为未来中国统一所作的基本构想就是,不以种姓分割天下,而以天下包容各族。

2. 文化传统的承袭

中华优秀传统文化强调前代文化遗产的价值,充分宣扬传统本身得以存在和流传的合理性,自宋以来,其质的规定性基本上已经沉积。因此,虽然它也有起伏跌宕,并多次面临挑战,但一次又一次表现出巨大的再生能力,成为世界上罕见的不曾中断过的古老文化。以文学论,各代均有斐然成就,《诗经》、楚辞、先秦散文、汉赋、魏晋诗文、唐诗、宋词、元曲、明清小说连绵不绝,代有高峰。学术上的先秦诸子学、两汉经学、魏晋玄学、南北朝隋唐佛学、宋明理学、明清实学、清代朴学等此伏彼起。这种得以延续千年的文化传统,与半封闭大陆环境提供的"隔绝机制"相关,也复惠于"农业—宗法社会"所具有的延续力。

(二)人文精神

人文精神发端于炎黄时代,经过夏、商、周到春秋战国时期,才以系统而完整的理论形态出现。中华优秀传统文化的人文理性精神表现是多方面的,其理想境界的内容是"天人合一",其特征是内在与超越的结合、自然与人文的结合、道德与秩序的结合。中华优秀传统文化自发端起就既不是自然主义,也不是僧侣主义,而是真正的人文主义。这种人文主义滋生使原始的信仰政治秩序化,使政治伦理道德化。

(三)注重实务

中国古人为人处世的主流是注重实务、讲求功利,多数情况下对科学和技艺加以排斥。例如,先秦诸子百家,儒家、法家的积极人士以政治为目的,不注重科技,道家主张顺其自然,只有墨家对技艺有所探究。历朝历代的许多学者甚至认为研究科技是奇技淫巧,视发明创新为雕虫小技。我们应该看到,中华优秀传统文化有许多精华,但也存在糟粕,精华与糟粕并存。例如,在家国同构中,"孝"要服从于"忠",由孝劝忠,即把孝亲作为忠君的手段,忠君自然是为封建统治者服务的,而且到了"君要臣死,臣不得不死;父要子亡,子不得不亡"的恐怖境地。

我们也应该看到,中华优秀传统文化具有封闭性和保守性的缺陷;中华优秀传统文化中存在着有时妄自尊大,有时妄自菲薄的不足。为此,作为中华优秀传统文化中的精华部分,中华优秀传统文化必须运用历史唯物主义和辩证唯物主义的立场、观点方法,正确对待中华优秀传统文化,必须深耕中华优秀传统文化的文化资源沃土,结合时代发展的新要求,推动中华优秀传统文化实现创造性转化、创新性发展。

第三节　学习中华优秀传统文化的意义

根据党和国家有关进一步加强和改进大学生德育的相关意见的精神，进一步加强大学生爱国主义教育，是当前高等教育教学的重要任务。为了进一步加强大学生的人文素质教育，增强大学生的全面人文社科素养，使大学生树立坚定的爱国主义、中国特色社会主义信念，特开设"中华优秀传统文化"课程。这一课程的开设，无疑开创了新的领域。这一新学科的建立，能使大学生开阔视野、增长知识、提高素质和开辟境界，能为大学生运用掌握的全面知识服务于社会打下坚实的工作基础。

"中华优秀传统文化"这门课程的主要内容是描述和揭示人的信仰、理性、情感的价值尺度和表现方式，其目的是让学生在学习中找到自我、找到对社会理性的思考和增强判断事物是非的能力，从而拓宽思维视野，提高精神境界，增强民族自豪感和自信心，勇敢地面对社会与现实。

在实施素质教育、加快高等教育改革的背景下，从通识教育的角度看问题，大学生学习研究中华优秀传统文化，掌握中华优秀传统文化的发展脉络，引发学生建设 21 世纪新的民族文化体系的思考与实践，主要具有如下现实意义。

（1）有助于了解历史，加深对中华民族的自我认识。

（2）有助于更加准确而深刻地认识当前的国情。

（3）有助于以理性态度和求实精神继承传统。

每一个有志于为民族的未来贡献心智和汗水的中国人，都应当熟悉传统、分析传统、理解传统、变革传统。"中华优秀传统文化课程"正是培育这种理性态度和务实精神的最好课堂。同时，也有助于广大学生做好未来从事文化创新的有关知识准备。

一、提高国家文化软实力的需要

习近平总书记指出，"文化软实力集中体现了一个国家基于文化而具有的凝聚力和生命力,以及由此产生的吸引力和影响力"。① 身处竞争激烈、不进则退的国际环境,要想扎实牢固地立于其中并扩大我国的影响力、号召力,靠的不仅是强大的经济实力、军事力量以及科学技术水平,文化力量也是关键因素。强大的文化软实力会使世界各民族在潜移默化中接受其意识形态理念,这对国家的文化安全来讲具有重要意义。中华优秀传统文化作为中华民族的标识,是体现我国民族特色、提升文化软实力的内在根基,它不仅包含文化软实力的理念,也是我们文化自信的根源。

一方面,中华优秀传统文化包含深刻的文化以及文化软实力的思想。例如,《孙子兵法》中的"上兵伐谋",意为两国交战,依靠谋略和交流沟通取胜是为上上之策,依靠武力取胜是为下策,而谋略与交流正是文化软实力的体现。孔子提出"克己复礼为仁",意为通过道德修养来达到遵守礼法的目的,强调重视文治教化的作用。荀子认为,"为政治国,君子或贤人比良法更为重要",强调了贤才是治国理政的关键。不仅如此,在古代民本理念中,"盖民之役,非以役民""民为邦本,本固邦宁"等民贵君轻、以民为本的主张在团结人民,提高民族凝聚力、亲和力等方面予以我们深刻的启示。因此,无论是在人文教化还是用人之道上,中华民族优秀传统思想无一不体现了文化的力量,这些都是倡导文化软实力的精髓所在,为我国提高文化软实力提供思想理论基础。

另一方面,中华优秀传统文化及其文化认同是提升中华文化自信心的基础。我国文化发展历程的曲折性、艰难性使我国人民存在一定程度的自卑心理。经过多年的探索与发展,即使中华文化在国际上已经有一定的影响力,但"国外的东西就是好的"之观念却没有完全从当代学生的心中剔除。这种文化弱势的自卑心理会使国人丧失对本民族文化的兴趣与信念,不利于我国文化的复兴。② 要想对此现状进行改进,修复中华儿女的自信心,就要建构对中华优秀传统文化的认同。这种认同感不仅可以使我们认识到中华儿女身份的重要性,明确区分"我"与"他",也使我们能够在面对众多文化时具备坚定选择中华文化的信心。文化认

① 中共中央文献研究室.习近平关于社会主义文化建设论述摘编[M].北京:中央文献出版社,2017:178.
② 王丽丽.当代大学生文化自信缺失的表现及教育对策[D].武汉:华中师范大学,2013.

同就像黏合剂一样，将中华儿女紧紧联系在一起，形成强大的凝聚力。这种凝聚力在塑造我们强烈归属感的同时，帮助我们在面对外来文化的侵袭时能抵御外敌，突破重围，推动中华文化大繁荣，维护中国文化安全。

文化强国的建设需要肩负中国社会发展大任的新时代大学生正确认识并创新发展中华优秀传统文化，形成强大的文化自信，在激烈的文化碰撞中展现中华文化的力量。因此，要增强文化自信，建设文化强国，就要提高新时代大学生对中华优秀传统文化的认同。

二、社会道德建设的需要

道德实质上是一个人在社会生活中体现的做事原则与标准，是个人内在德性转化为德行行为的过程。它作为一种意识形态对社会的和谐稳定、个体行为的规范具有重要意义。文化是道德形成的土壤。个人道德与是非善恶的价值标准均形成于个体所处的文化环境，文化引领着社会的道德规范体系。社会的行为规范和价值认同或一个国家道德体系的根本特点都是由其民族文化决定的。因此，中华优秀传统文化在我国道德建设中担当着塑造者、引导者的角色。一方面，中华优秀传统文化在潜移默化中塑造了个人的道德规范体系。中华优秀传统道德影响了我们道德认知形成的过程，帮助我们塑造了符合新时代的社会公德、职业道德、家庭美德、个人品德。从口口相传的历史英雄人物故事中，我们逐渐感悟到何为自我修养与崇高理想的传统道德；从学校教育中，我们学习到中华优秀传统文化知识，认识到传统文化的丰富内涵；在社会生活中，我们从文明遗址、历史古城中领略到中华优秀传统文化的深邃。中华儿女的道德情操、审美情趣、理想追求等无一不带有中华优秀传统文化的印记。

另一方面，中华优秀传统文化引导个人的道德行为。一个人的道德素质水平主要通过他的具体行为体现出来。近年来，道德失范行为在社会上层出不穷；个人主义、享乐主义等思潮的兴起也给社会主义道德事业增加了障碍，种种失德的行为都折射出道德的缺陷。中华优秀传统文化此时就是改变道德失范行为的良药。"为万世开太平"的追求引导个人立足岗位，为中华民族复兴作贡献；"仁者爱人"的观念引导我们心怀大爱,以人为本;"人之行,莫大于孝"引导我们懂得孝悌之义;"不信不立,不成不行"引导我们诚信行天下。

中华优秀传统文化蕴含的高尚精神品格,引导着我国人民建立崇高的社会道德规范,展现了中华儿女的价值追求。大学生是未来国家建设事业的顶梁柱,他们的道德素养是未来时代的标杆。因此,作为国家道德教育的重点群体,大学生需要在中华优秀传统文化认同的基础上吸收优秀传统道德资源,形成理想人格;发挥中华优秀传统道德文化的引导作用,完善自身的道德行为,进而促进我国社会主义道德建设事业的发展。

三、社会主义核心价值观建设的必然要求

社会主义核心价值观是融合社会主义先进文化,彰显中国特色社会主义共同理想,代表中华民族的文化底蕴和社会性质以及体现我国社会评判是非标准的价值体系,它与中华优秀传统文化有着极为密切的联系。

一方面,中华优秀传统文化是它的思想奠基石。习近平总书记指出:"挖掘和阐发中华优秀传统文化的时代价值,使其成为涵养社会主义核心价值观的重要源泉。"① 国家层面的富强、民主、文明、和谐是优秀传统思想中重民本、尚和合、求大同的时代体现。《论语》中的"不患寡而患不均"、《管子·形势解》中的"天公平而无私,故美恶莫不覆"等都折射出古人对公正的追求。② 个人层面的爱国、敬业、诚信、友善正是古人"天下兴亡,匹夫有责""言必信,行必果""仁者爱人"等情怀在现代社会的继承与发扬。

另一方面,大学生对中华优秀传统文化的认同关系着其对社会主义核心价值观的肯定。价值观是在特定的文化环境中形成与发展起来的。③ 当人们产生对某种文化的认同,也就相应产生对此文化蕴含的价

---

① 中共中央文献研究室.习近平关于社会主义文化建设论述摘编[M].北京:中央文献出版社,2017:141.
② 谭德礼.培育大学生传统文化素养的思考[J].中国青年社会科学,2017(3):101-106.
③ 何彦新,古帅.基于文化认同的大学生社会主义核心价值观培育[J].思想理论导刊,2017(7):98-102.

值体系的认同。因此,大学生对中华优秀传统文化的质疑影响了其对社会主义核心价值观的态度。我国现代化进程的加快不仅使当代大学生逐渐与家庭、故乡分离,而且使他们的思想与优秀传统文化越来越远;大量良莠不齐的外来文化或思潮的涌入也给我国大学生带来价值观的迷茫和文化选择的困惑。受诸如此类原因的影响,新时代的大学生对传统文化逐渐产生疏远漠视的心理,威胁到中华优秀传统文化的继承与发展,这种消极情况会进一步妨碍他们对依托优秀传统文化而存在的社会主义核心价值观的认同与践行,更甚者会妨碍中国社会未来发展的走向。

青年的价值取向决定了未来整个社会的价值取向。① 新时代大学生能否树立正确的价值观,关系着国家大业的前途与未来。因此,有必要实现大学生对社会主义核心价值观的高度认同,这需要从正确认识中华优秀传统文化、提高大学生对中华优秀传统文化的认同着手。

四、个人全面发展的需要

人的全面发展不仅是智力、体力的和谐统一,也包括人文素养、道德品质的发展。多样性的时代既带给大学生成长发展的广阔天地,也为其人文素质的提升带来部分负面影响。伴随着西方文化的渗透,大学生热衷外来文化的趋势越发高涨,在一定程度上消磨了他们的爱国情怀;浮躁激进的社会环境,易造成鲁莽、自负、以自我为中心的负面性格;生活环境的优渥以及父母的过度呵护使大学生在成长过程中容易产生意志软弱的特点;市场经济的发展使人重利轻义,人际关系变得更加冷漠、功利。因此,新时代大学生在一定程度上存在道德失范、信仰缺失等人文素质偏低的情况。

作为中华民族千年智慧的结晶,中华优秀传统文化为提高大学生的人文素养方面提供了重要的教育资源和精神指引,也是培养大学生健全且丰富人格魅力的出发点。"先天下之忧而忧,后天下之乐而乐""捐躯赴国难,视死忽如归""苟利国家生死以,岂因祸福避趋之"等抒发的家国情怀把个人发展与国家命运紧密结合,振奋着代代中华儿女投身中华民

族复兴大业。"吾欲仁,斯仁至矣""君子博学而日参省乎己"等思想倡导个人要及时进行自我反省、自我鞭策;教会我们要接受不完美的自己,及时发现自己的问题并予以纠正,努力走向成熟、臻于完善。"君子固穷,小人穷斯滥矣""老骥伏枥,志在千里"等思想告诉我们生命之坚韧,意志须刚强。中国人民的奋斗史所呈现的顽强拼搏、自强不息的进取精神正是优秀传统精神的践行。"礼之用,和为贵""从善如登,从恶如崩""非淡泊无以明志"等以和为贵、贵德重义的思想告诉我们要注重个人品德修养,培育高尚气节,形成关爱他人、和谐相处、淡泊名利的品质。读古籍经典,方能感受文化底蕴的熏陶;品书画艺术,才懂何为意境美化人心。

作为中华民族复兴大业的中流砥柱与未来国家事业的接班人,新时代大学生必然是科学与人文素养兼备的全面发展的人。中华优秀传统文化中蕴含的家国情怀、高尚情操等滋养着大学生形成优秀的人文素养,健全的人格品质,是解决现实中人格偏差问题的养料。因此,从中华优秀传统文化中汲取养分,内化优秀民族精神,践行民族品质,提高中华优秀传统文化认同,是新时代大学生全面发展的内在需要。

第四节　中华优秀传统文化的多样化表现形式

我们伟大的祖国凭借其悠久的历史和灿烂的文化屹立于世界民族之林。她地域辽阔,物产丰盈。勤劳智慧的华夏儿女用勤劳的双手在漫长的人类发展史上创造并书写着人类的文明与进步,给我们留下了极其丰富的文化遗产。这些弥足珍贵的文化遗产,不仅真实记录了我们这个伟大民族的历史发展进程,而且向世界展示着她昔日伟大文明的灿烂和辉煌;不仅影响着我们的过去和现在,而且还将对我们的未来产生深刻的影响,对世界文化的发展也将起到十分重要的推动作用。

一、物质文化

物质文化,是指为了满足人类生存和发展需要所创造的物质产品及其所表现的文化,是文化的有形部分,包括所有经过人类改造的自然环境和由人创造出来的一切物品,即饮食、服饰、建筑、交通、乡村、城市、公园以及生产工具等,是文化要素或者文化景观的物质表现方面。

(一)服饰文化

1. 中国古代服饰的基本样式

(1)深衣

深衣是中国古代使用比较早、最通用的服装。深衣有将身体深藏之意,是士大夫阶层居家的便服,又是庶人百姓的礼服,男女通用,可能形成于春秋战国之交。其形制在《礼记·深衣》有详尽的记载。从马山楚墓出土实物来看,深衣是把以前各自独立的上衣与下裳合二为一,又保持一分为二的界线,上下不通缝、不通幅。最巧妙的设计是在两腋下腰缝与袖缝交界处嵌入一片矩形面料,叫"衽",就是衣襟,能使平面剪裁立体化,可以自由舒服地适应人的体形,使两袖获得更大的辗转运肘功能。所以,古人称深衣"可以为文,可以为武,可以摈相(礼仪活动),可以治军旅",认为它是一种比较完美的服装。

据史书记载,深衣有四种不同的叫法:深衣、长衣、麻衣、中衣。从出土文物看,江陵马山楚墓出土实物的仪式具有代表性。特点是交领直襟、宽身大袖,结构为上衣下裳分裁,而后缝制成一体的长衣;袖口衣缘用重锦边,衣面多为大花纹凤彩绣,也有几何纹小花锦。这种长衣男女通用,在中国服饰史上备受推崇。

(2)袍、襦、褐、亵衣

袍是不分上衣下裳的一种服饰,既是长衣,又在里面实以棉絮、杂用旧絮。袍在当时不作为礼服,而是作为居家时的衣着。袍式的短者为襦,穿在里面作衬衣。所用材料粗糙而又简陋的短衣叫作褐。穿在下身的叫作亵衣,即裤子。

(3)裘

裘是一种用以御寒的毛皮服装,就是把毛置于外表而将皮革缝制在里面的衣服。天子的冕服中作为祭服的最高者就是大裘,大裘由黑羔皮制成,以示其质朴端正。在裘之中,以狐裘为尊贵,又以白狐的毛裘为最贵。因为其毛在外,所以在其上加以锦衣。其次为青狐裘、虎裘等,再次则为狼、犬、羊等皮毛。天子、诸侯的裘都用全裘而不加袖饰,下卿、大夫则以貂皮装饰在袖端。由此可知，古代着裘都是毛在衣外的。

（4）比甲

比甲是一种无袖、无领的对襟服装，两侧开衩长至膝下，较后来的马甲要长，有些更长，离地不到一尺。这种衣服最初是宋朝的一种汉服式样，无袖长罩衫，与今天的"背心"相似，后来传入蒙古部落。比甲是通用的常服，男女皆可穿，士大夫及家眷在日常生活中都可穿着。

（5）褙子

褙子也叫"背子"，是一种由半臂或中单演变而成的上衣。背子是对襟，两侧从腋下起不缝合，一般是罩在其他衣服外面穿着，始于唐朝，盛行于宋朝和元朝。背子是男女通用的服装，因场合与时间的不同，其形式变化很多。在宋朝，男子从皇帝到官吏、士人、商贾、仪卫等都穿背子，妇女从后、妃、公主到一般妇女也穿背子。到了明朝，背子逐渐演变成为与今天的披风相似的服装。

2. 传统服饰的功能

（1）美化作用

尽管原始人类的审美意识还只是单纯基于感官本能，仍笼罩在神秘直觉的帷幕背后，但这毕竟是一种已经超越了动物本能的自我意识和一种全新的特殊品质。正是自然界中的草绿花红、动物身上的斑驳花纹和华美羽翎，给予了人类美的愉悦与启迪，原始人用兽牙、螺贝、石块、羽毛、兽角以及兽皮来装扮自己，也是为了满足对审美本能的追求。

服饰这个具有御寒、遮羞、护肤、审美等多种功能的事物，是人类赖以生存、繁衍延续的重要物质条件。它作为一种文化符号，和"食""住"一起，构建成一座巍巍耸立的三角支柱，支撑着人类这个孤独而又沉重的巨大躯体。

（2）等级区别

服装是一种身份地位的象征，它代表着个人的政治地位和社会地位。自古国君为政之道，服装是很重要的一项，在中华优秀传统文化中，服装是政治的一部分，其重要性远超出服装在现代社会的地位。因此，在历史上，人们为了显示待遇和身份，在衣服上动的脑筋也最多。以明、清官服来说，官阶九品，制作出的服装也如官阶。九品官制奠定以后直到明初，官员的品级只能从服饰的颜色及图案花纹上区别。

如明代官服,一至四品绯色,五至七品青色,八九品绿色。其图案花纹为一品大独科花、径五寸,越往下越小。二品小独科花、径三寸。三品散搭花、径二寸。四、五品小杂花、径一寸五分。六、七品小杂花、径一寸。八品官员以下无花纹。

(二)饮食文化

中国自古就有"民以食为天"之说,中国饮食文化凝聚了中国人的生活方式、生活态度、风俗习惯、审美情趣等丰富的文化内涵,是传统文化中不可或缺的一个方面,也是中国文化的一张独特名片。

中国饮食文化源远流长,形式与内容丰富多样,从食品资源的开发到加工保存,从烹饪技术的精湛到食具的讲究,都称得上博大精深。千百年来饮食技术的不断演进与提高,是我们文明古国灿烂文化的重要组成部分,人们在长期的生活实践中,不仅形成了具有地域特色的烹饪技术,而且还传承着各种饮食习俗和饮食礼仪,反映了中国人的饮食观念。

1. 饮食文化的传统规范

饮食文化,是人们在饮食生活方面连续重复的群体实践所逐渐形成的一种文化传统。中国群体饮食活动的传统规范,主要有以下几个方面。

(1)仪式饮食

古代在举行信仰仪式时,一般既供奉食品,又唱诵经词。这种在仪式中供奉的饮食又叫"信仰饮食"。这种传统由来已久,秦汉典籍还记载了仪式饮食的多功能性:除了祭祀,还用于军事、政治、外交和人生仪礼。人生仪礼饮食一项,包括红白喜事和寿诞庆礼,民间延续至今。

(2)阶层饮食

中国传统上是等级森严的宗法制国家。在饮食活动中,就表现为等级礼制,相对不同的等级,饮食的习惯相差很大。中国传统上从饮食原料和结构上来看,是以植物性食物稷、黍、麦、菽、稻五谷为主的,以蔬菜为辅食,外加少量的肉食。但是这种饮食配置方式在不同阶层中的比例是很不一样的。

(3)节日饮食

春节的饺子、十五的元宵、端午的粽子、中秋的月饼、腊八的腊八粥,这些在中国人的传统生活中在过节时才品尝的特殊食品,包含着人们相互之间的分享、庆祝、纳吉、驱邪、竞赛、交换和沟通等多种含义。

（4）待客饮食

热情好客是我国各族人民的美德。中国人表达友谊的一种热情洋溢的方式是请客吃饭。一般说中国人宴请客人要事先通知。俗语说"三天为请,两天为叫,一天为提"。其中,"请"是邀请,"叫"是随便招呼,"提"是把犯人从关押的地方带出来。请客通知的时间越晚,对客人就越不尊敬。宴席的座次是宴请的重要内容,上首即首席一般要让给客人,若客人较多,则长者或地位较尊的人坐上座,其余的人依次就座。中餐的餐具一般是筷子碗碟和勺子,夹菜或盛汤时,应先用公筷或公勺,把菜或汤放入自己的碗碟中后再食用。

（5）馈赠饮食

提食馈赠的习俗,从先秦起源,到现在还有。逢会友宴客、华诞祝寿、节日喜庆等场合,人们少不了赠送食品以表达心意。但是,过多的送礼也会成为负担。据《二续金陵琐事》下卷记载,明万历年间,南京文人周晖在除夕前一天外出访客,行至内桥,见兵马司前手捧食盒的人,挤满了道路,造成交通堵塞。上前一问,方知"中城各大家至兵马司送节物也"。可见当时馈赠食品习俗之盛。

2. 传统饮食文化的内涵

饮食是养身健体的基石。西方饮食以食物营养比例合理为最高原则,体现了一种合理实用的态度;中国传统饮食在确保食材本身营养的基础上,注重以阴阳、和谐等理念为底蕴,讲究食物色、香、味、形的美,体现了一种艺术精神,具有丰富的文化内涵。

（1）阴阳平衡的食养原则

饮食文化的根本在于为生命提供营养,维持身体的阴阳平衡。古人讲:"凡饮,养阳气也;凡食,养阴气也。"饮食与天地阴阳互相协调才能健康长寿,阴阳平衡是食养的核心。

一是春夏养阳,秋冬养阴,四时调摄。中国饮食文化讲究按季节进食,强调饮食与宇宙节律、阴阳变化协调同步,根据四季时令变化的规律,春夏秋冬、朝夕晦明调配和食用不同性质的食物。春季阳气升发,食宜扶帮阳气;夏日万物强盛炎热多雨,食宜清热化湿、健脾开胃;秋季天气干燥万物收敛,食宜养阳润燥;冬季天寒地冻万物伏藏,食宜温补阳气。而时令菜和自然界的阴阳气化相顺应,得天地之气最厚,营养价值也最高。

二是阳虚养阳,阴虚养阴。个体所处环境不同、体质不同、身体状况不同,食养的具体内容也不同,阳虚则食用养阳类的食物,阴虚则食用养阴类的食物。一般地说,生于高岗、阳光充足处者性多温热,生于低洼背阳处者性多阳寒;生于夏日者性多温,生于冬季者性多凉。

三是饮食要全面,这是"养助益充"的食养要求。饮食全面是维持生命平衡的根本保证,《黄帝内经·素问》上讲:"五谷为养,五果为助,五畜为益,五菜为充。"五谷指稻、黍、稷、麦、菽等,泛指各种粮食作物,五果指枣、李、杏、栗、桃等水果、坚果,五畜指牛、犬、猪、羊、鸡等肉类食物,五菜指各类菜蔬,谷、肉、果、菜对身体分别起到养、助、益、充的作用,所以不偏食才能达到身体阴阳平衡的要求。为实现膳食平衡,古人在强调饮食全面的同时,还以阴阳五行相生相克、相辅相成等理性认识指导烹饪,讲究各种食物的合理搭配。

(2)五味调和的境界追求

"闻香下马,知味停车"。香和味是饮食文化的重要内涵,中国饮食文化尤其如此,五味调和就是中国饮食文化的境界追求。五味是指酸、苦、甘、辛、咸五种滋味,"和"是中国古代哲学思想的精髓,五味调和是饮食的最佳境界,也是中国饮食文化的核心。西方饮食重数据比例,以合理为最高原则,讲求食物的营养成分如蛋白质、脂肪、碳水化合物、维生素等各类元素含量搭配合宜;中国饮食更重美味,讲究色、香、味俱全,而味最为根本,如俗谚所说:"民以食为天,食以味为先。"重视营养与重视美味,这是中西饮食文化最大的区别,也是中西文化差异在饮食文化领域的具体体现。五味根源于传统文化中的五行模型,五味调和是身体健康、延年益寿的重要条件。古人认为,五味不仅与自然界五行有对应关系,与人体五脏也有对应关系,五味调和有益于五脏的阴阳平衡。

(3)挥洒自如的烹调艺术

如果说五味调和是一种境界,烹调则是通往这一境界的过程;如果说西方的烹饪是一门科学,中国的烹调则是一门艺术。古人常以"调和鼎鼐"比喻治国理政,老子也讲"治大国如烹小鲜",就是因为治国与烹调一样,都是要通过调的过程达到"和"的境界,而"调"则是烹调者乘物以游心、自由发挥创造的艺术。

（三）建筑文化

中国的古建筑常常在外围设置一些装饰性建筑来使整个建筑物协调而有节奏，严谨而多变化。常见的华表、牌楼、阙等，都属于这一类建筑。

华表也称华表柱，是中国古建筑中一种形象非常优美的建筑，一般立于宫门口、庙堂前、桥头或墓前。起初为木制，是统治者采纳民众意见的标志。后来其纳谏作用逐渐消失，作为路标和装饰的作用逐渐增强。到了明清时期，华表已基本定型：石制，下面是一个雕刻精致的须弥座，座上置八角形或圆形柱身，帝王用者刻升降盘龙，一般的或刻花纹或是素面。柱身上部一贯横以云板，顶上置圆盘，饰以珠串，圆盘上立石刻望天犼。

牌楼又名"牌坊""坊"，属于大门一类的建筑物。春秋战国及秦汉时期，城市中有闾里制度，隋唐时期称作里坊。大城市中有许多个坊，每个坊就好像一座四四方方的小城，坊四面开门或两面开门，叫作坊门。后来坊门进一步演变为牌坊、牌楼，成为桥头、庙前、墓前街口的装饰性建筑，同时也保留了最初的旌表功能。牌坊只在华表中间加横梁，牌楼则仿楼阁造型在横梁上修造斗拱、飞檐、翘角，成为楼阁式的门。

阙又称作"两观""象魏"，实际上就是外大门的一种形式。古代帝王在宫廷大门之外建两个对称的台子，台上建楼观，上圆下方。在阙楼上可以观望，所以又称为"观"。阙的种类按其所在位置，大约可分为宫阙、坛庙阙、墓祠阙、城阙、国门阙等。

二、精神文化

精神文化是文化的深层结构，是文化的灵魂或精髓。中华优秀传统文化体现出精忠爱国、刚健有为、自强不息、天人合一、贵和尚美等精神文化，正是因为有这些文化精神的存在，使得中国传统节日及节日中的一些习俗经过几千年的历程仍被保存、遵守着，体现出强大的文化生命力。

中华传统美德蕴藏了丰富的道德资源与文化资源，是中华文化的精髓所在。社会主义核心价值观贯穿于大学生德育全过程，而中华传统美德对其进行了充分涵养，不忘初心，方能开创未来，善用传承，方能创新，所以可以把中华传统美德的基本内容分为国家、社会和公民三个层面，一一对应体现为爱国情怀中的忠于祖国、振兴中国；社会风尚中的崇德向善、见贤思齐；荣辱观念中的孝、悌、忠、义、廉。

（一）爱国情怀

爱国是一个人的立德之源，更是一个国家民众最深层次，也是最持久的情感。中华优秀传统文化的博大而亘古的美德就在于生生不息的爱国主义精神。它是中华民族五千年来历经辉煌和苦难后仍生生不息的重要保证，是中国共产党百年来带领中国人民取得社会主义革命、社会主义建设和社会主义改革重要胜利的精神支柱。爱国主义在不同的历史时期有不同的表现，南宋岳飞的精忠报国；由汉族、满族和朝鲜族等多民族组成的东北抗日联军以血肉之躯筑起的钢铁长城；中国共产党人的初心和使命等，都一一体现了忠于祖国和振兴中华的情怀，并且深刻地刻进了中华民族的骨子里。

在新时代，我们每一个人依然与祖国同频共振，天下兴亡、匹夫有责，只有祖国强大、民族复兴了，人们的权利才能得到更好的保障。过去在官僚资本主义、封建主义、帝国主义"三座大山"的压迫下，当时的中国社会已"病入膏肓"。无论是"自强求富"还是"学西尚西"，都未能拯救当时的中国。只有中国共产党领导全国人民不断奋斗，建立了新中国，才能带领中华民族站起来、富起来和强起来。

中华民族上下五千年的历史，赋予了中华民族独特而持久的道德品格，特别是中华传统美德里的爱国主义已经深深地刻进了中华亿万人民的血液中，使中国人有了站在世界民族之林的自信。我们是社会主义国家，也是一个多民族国家，由此建立起来的新型民族关系更加增强了民族之间的凝聚力，新时代爱国主义还需要持续注入港澳台同胞和海外侨胞家国情怀里的新的活力，为实现第二个百年奋斗目标而共同努力。在中国特色社会主义现代化进程中，大学生德育更要要求大学生始终以祖国富强为荣、国家衰落为耻，继承和弘扬中华传统美德里的爱国情怀，增强文化认同感，做到心往一处想、智往一处谋和劲往一处使，为推进祖国必须统一也必然统一的历史进程作出自己的贡献。

（二）崇德向善和见贤思齐

由于市场经济和外来文化的不断冲击，导致我国社会中出现了以利益关系矛盾为特点的诸多社会道德问题，但中华传统美德里的崇德向善和见贤思齐等品质为中国的社会风尚定下了基调。仁作为孔子思想的核心，不仅体现在政治层面，也体现在道德层面。仁从字形上可以看成是"二"和"人"，而人人都处于各式各样的社会关系中，所以社会中必然有仁的道德，正所谓"己立立人，己达达人"，所以我们要向德才兼备的人物学习，虽然不同的历史时期对于人格与品德的衡量标准有所差异，但对于德才兼备的要求却始终不变。

社会生活中的方方面面都体现着中华传统美德中的社会风尚，大学生把握和践行崇德向善的良好品质是一个需要长期砥砺的过程，所以大学生德育要把大学生培育为拥有高尚道德情操的人作为根本任务，坚持向大学生传递崇德向善中"厚德载物、上善若水"的本质，以及积极鼓励大学生向有德的人虚心学习，以期实现弘扬真、善、美，真正做到"明德惟馨"，正确处理好人与社会的关系，并且不断丰富自身的道德精神世界。当代大学生不仅要遵守社会公德里的文明礼貌和遵纪守法等内容，也要学会正确使用网络工具，积极加强网络文明建设，要与全社会一起努力，创造一个良好的网上道德氛围，真正实现"明大德，守公德，严私德"。

（三）孝、悌、忠、义、廉

对于个人而言，中华传统美德则是以荣辱观念为主。古代认为孝、悌、忠、信、礼、义、廉、耻是"八德"，并指出孝是根，悌是本，忠、信、礼、义、廉、耻则是枝叶花果。忠诚孝顺、内化于心，礼义廉耻、外化于行，人无信不立，对父母要孝养敬谢，做事要以礼厚待，中华传统美德里的荣辱观念是中华传统伦理道德的主要内容，秉持"八德"不仅可以为构建新时代和谐社会提供思想基础，还有利于个人推崇和形成优良的道德风尚。以诚信问题为例，近些年来涌现出的"扶与不扶"、学术不端和明星偷税漏税等事件，从侧面反映出目前仍存在诸多个人诚信缺失的现象，所以需要中华传统美德为个人提供更多的道德资源作为精神支撑。

社会主义荣辱观作为社会主义基本道德规范，集中体现了全体社会对荣誉和耻辱的看法和态度，在一定程度上对于协调各种个人利益关系、化解各种社会矛盾起到了调节、改善作用,促进了人们的精神状态修复与文明修养的提高。中华传统美德深刻影响着社会主义荣辱观的产生和发展,是社会主义荣辱观文化内涵的历史来源,而当代大学生社会主义价值观离不开社会主义荣辱观的塑造,因此,大学生德育必须继承中华优秀传统文化的精华,挖掘"八德"的时代价值和民族气质,坚守中华传统美德中的精神追求、人格品质和思想脉络,引导大学生奋发向上并提升大学生明辨是非的能力,实现知与行的统一。

三、制度文化

(一)宗法制度

宗法制度是以血缘为纽带的庞大、复杂的政治社会结构体系,它主要包括三个方面的内容。

一是嫡长子继承制,这是宗法制度的核心。严格区分嫡庶以及嫡长子与别子,确立继统秩序,即确立嫡长子的优先继承权。宗族内分大宗、小宗,都以嫡长子为宗子。嫡长子与宗子一体,宗权与政权合一。周王在政治关系上是天下的共主,在宗法关系上是天下的大宗,自命"天子","奉天承运",治理普天之下的土地和臣民,具有特殊的权力,宗族成员必须尊奉宗子。

二是分封制及世卿世禄制度,这是由嫡长子继承制演化而来的结果。天子之位由嫡长子继承,世代保持大宗地位。嫡长子将若干土地连同平民分封给诸弟,并允许诸弟享有对这部分土地、居民的统治特权和宗主地位,这就是诸侯;诸侯相对于位居王位的嫡长子是小宗,但各自在其封侯国内又是大宗,其位也由其嫡长子继承,余子则封为卿大夫;卿大夫以下,大小宗关系依上例。这种在政治上"授土授民",在宗法上"别子为祖",两者合一,就是分封制度。各级宗子可以世代继承爵位和权力,这就是世卿世禄制度。

三是宗庙祭祀制度,这是宗法制度的物质载体和精神保障。宗庙是帝王、诸侯、卿大夫、士等祭祀祖宗的处所。西周确立了严密的宗庙祭祀制度,规定天子七庙、诸侯五庙、卿三庙、士一庙,庶人不准设庙。大宗的尊贵地位通过隆重庄严的宗庙祭祀制度得以体现和强化。

尊祖、敬宗，这是宗法制度的基本原则。层层相属的宗法关系，使宗权和政权合一。为了维系宗族的团结和统治的稳固，各级奴隶主贵族十分重视他们共同的祖先，天子是最大的大宗，各级小宗都要尊崇孝敬大宗，其他各级宗族成员则要以各级宗族为核心，表示"尊祖"和"敬宗"。因此，尊祖、敬宗就成为维护宗法制度的根本要求。

宗法制度的实质，是以父家长制为核心、以血缘为纽带的尊卑有序、长幼有等、亲疏有别的等级秩序精神。嫡长子继承制度以血缘亲疏来辨别嫡庶、长幼、亲疏，并按照子继父、嫡统庶、兄先弟、尊临卑的原则，确定各级奴隶主贵族的尊卑地位和等级关系；分封制及世卿世禄制度是嫡长子继承制的补充，互为表里，共同构建了西周政治和宗法等级体制；严格的宗庙祭祀制度，则进一步从思想上强化了这种等级秩序，后世君王承袭了这个传统，宗庙与社稷并重，成为国家权力的象征。秦汉以后，严格意义上的宗法制度虽然瓦解了，但宗法制度的遗存和变种却遗留下来，并在小农经济条件下与君主制度的结合中进一步得到强化，以父家长制为核心、以血缘关系为纽带的尊卑上下等级精神贯穿于中国古代社会始终，宗法观念渗透到中国古代社会生活的方方面面，对于中国古代政治、经济、文化、社会都产生了深远的影响。

（二）礼乐制度

周代是我国历史上第一个建立礼乐制度的朝代。礼乐制度的目的是巩固等级制社会，使"礼"和"乐"成为统治国家的工具，同时也吸取商代灭亡的教训，反对"淫乐"，采取"节乐"措施。

周代的礼乐制度主要包括以下两个方面的内容。

1. 繁复的礼乐文化

在周代的礼节活动中，音乐往往参与其中，构成了特殊形式的礼乐文化，并且相当繁复。礼乐制度从礼节的内容出发，对乐律、乐器、乐舞都有详细的规定。

2. 等级化的音乐制度

周初讲求"明德慎罚，废止暴政"，同时为了加强对诸侯的控制，确立了一套宗法制和等级制相结合的礼仪制度。周王把自己说成天地的儿子,故称"天子",以天子为中心实行土地分封制,形成一种血缘关系的宗法制,形成了天子、诸侯卿、大夫、士这样一种阶梯式的等级制度,在此基础上产生了一套严格的君臣、上下、兄弟、尊卑、贵贱等礼仪制度。

音乐的等级化主要体现在乐悬和佾两个方面。乐悬为乐队的排列及所用乐器的数量和规模,佾指乐舞中舞队所用的人数和排列的方法,在烦琐的周朝礼仪中乐队的使用是有严格规定的:"王宫县"(即王)使用乐队可以东南西北四面排列;"诸侯轩县"(诸侯阶层)是三面排列;大夫判县(卿和大夫阶层)是两面排列;"士特县"(士阶层)是只排列有一面乐队的。同时乐舞使用的人数分别:王用六十四人,列成八行,称为"八佾";诸侯用三十六人,列成六行,称为"六佾";卿大夫用十六人,列成四行,称为"四佾";士用四人,列成二行,称为"二佾"。

总之,关于礼乐的这些规定中,音乐被统治者作为限定等级制度的一种工具。由于音乐的内容符合统治者的统治需求,所以受到高度重视,礼乐制度在这一时期得到了迅速的发展,并且维护了西周社会近300年间的政治稳定,在漫长的封建社会发展过程中占据了一席之地。

四、文学艺术

(一)文学

文学以生动、具体、形象的方式,反映着人类社会历史发展的进程,是人类心灵历程的生动写照。下面就其中极为突出的《诗经》进行分析。

《诗经》是我国最早的诗歌总集,它收录了自西周初年到春秋中叶500年间的诗歌,共305篇,也称《诗三百》或《诗》。它形式多样:史诗、讽刺诗、叙事诗、恋歌、战歌、颂歌、节令歌以及劳动歌谣样样都有。它内容丰富,对周代社会生活的各个方面都有所反映,如劳动与爱情、战争与徭役、压迫与反抗等,可以称为周代社会的一面镜子。它们可咏诵、可器乐演奏,也可用于歌唱或伴舞。《诗经》作品在当时都是可以入乐的诗篇,所以又有"歌诗"之称,并且大多是用琴来伴奏进行演唱的。关于《诗经》,一般认为,它是在西周以来民间所采集的3000多首诗歌的基础上,经过周朝历任乐官们的不断删减和加工改编,最终由孔子校订辑录而成的,并按其音乐特点不同,分为《风》《雅》《颂》三类。

《诗经》以其鲜明的现实主义创作方法为后世留下了宝贵的财富,影响甚广。《诗经》中的句子常被士大夫引用"赋诗言志",以表达自己意志和愿望;孔子在《论语》中提出"不学《诗》,无以言"的说法;两汉时期,《诗经》被朝廷正式列为经典;唐宋以后,文人还拟作了《诗经》乐谱《风雅十二诗谱》。《诗经》是我国音乐和文学的光辉起点,它以其丰富的内容和思想艺术上的高度成就,成为我国古代最为珍贵的艺术遗产之一。

（二）乐器与器乐

一个国家的传统文化是本国人民集体创造的智慧结晶,它可以展示出一个民族的精神面貌和风土民情,是一个国家的灵魂与象征,是区别于其他国家最重要的标志。中国便是凭借着自己博大精深、绚丽多彩的优秀传统文化长立世界文化之林而不倒,成为一道亮丽独特的风景线。

国乐飘飘,在源远流长的中华优秀传统文化中,传统民间器乐文化凭借其数千年的积淀,成为其中一个重要支流,以旺盛的生命力传承至今,历久弥新。它汇聚了历代文化艺术的精粹,是蕴含各个历史时期文化特征的产物,是中国传统音乐的一座宝库。对民间器乐进行传承与保护,是我们了解音乐艺术与社会文化背景关系的重要途径,同时也有利于中国民间器乐学的发展与建设。人们挑选好合适的材料,然后将这些材料通过加工制成可以演奏音乐的器具,这些器具便称为乐器。

五、风俗礼仪

（一）吉礼

吉礼是古代"五礼"之一,指祭祀之礼。《周礼·春官·大宗伯》:"以吉礼事邦因之鬼神示（祇）。"郑玄注云:"事,谓祀之、祭之、享之,故书吉或告。"在以礼治为本的中国古代,祭礼是十分受重视的。在古人看来,"礼有五经,莫重于祭"（《礼记·祭统》）,祭是礼的发端,是"国之大事"。因此,吉礼被视为"五礼"之冠。吉礼作为一种祭礼,祭祀的范围很广,主要包括上帝天神、日月星辰、山川林泽、社稷祖先等。

（二）凶礼

凶礼是古代"五礼"之一，指遇有凶事而进行的哀悼之礼。《周礼·春官·大宗伯》云："以凶礼哀邦国之忧。"郑玄注云："哀谓救患分灾。"贾公彦疏曰："凡言哀者谓被凶灾，从后以物哀之也。"根据凶事的不同，凶礼又可分为札、灾、禬、恤、荒、丧等礼，后来凶礼又多专指丧礼。李商隐《杂纂·失本礼》谓"吊孝不哀，失凶礼本"，即以丧礼为凶礼。下面就凶礼所包括的一些具体礼仪简述如下。

（1）札礼。"札"指疫疠疾病，札礼所含的内容主要是治病葬死。对于死于凶荒疫疾而来不及掩埋的人，国家常要给予安葬；对于病患者，要给予诊治救济。如西汉河平四年，黄河流域洪灾泛滥，成帝曾派人前往巡视，并拨款埋葬淹死者，所行的就是"札礼"。

（2）灾礼。这里的"灾"主要是指日月食、地震山崩等自然现象。灾礼之制规定，在这种怪异灾象出现时，应以俭省娱乐、节缩膳食等方式感动神灵，以达到消灾除祸的目的。春秋战国时期，在发生灾变时，诸侯之间要相互吊问。如《左传》"宋大水，公使吊焉"，就是有关"灾礼"的记载。

（3）禬礼、恤礼。先秦时代，诸侯国如有遭受灾祸、蒙受财物损失者，"同盟者合会财货以更其所丧"，是为禬礼，如春秋襄公三十年冬，宋灾，诸侯会于澶渊，谋归宋财，即是。又邻国相忧寇乱、遇乱，则"遣使往咨问安"，是为恤礼。

（4）荒礼。此礼是指因自然灾害而引起歉收、饥荒后，国家为救荒而采取的种种礼仪措施。

（5）丧礼。丧礼就是丧葬之礼。根据服丧人与死者的关系，依尊卑亲属的不同，丧服分斩衰、齐衰、大功、小功、缌麻五等，丧礼还规定有五服制度。丧期则有三月、一年、三年等不同，这些在《仪礼·丧服》中都有明确规定。

（三）军礼

《周礼·春官宗伯·大宗伯》云："以军礼同邦国。"就是说镇之以威，使诸侯邦国不相竞争而得以和同，这就是军礼的作用。和吉、凶、宾等其他礼制的产生一样，军礼虽然起源的时间难以确考，但它同样是阶级社会的产物，这一点是毫无疑义的。在中国古代的众多礼制中，军礼也是不断发展变化的。清朝学者、文学家、考据学家臧庸在《拜经日记》中引称《管子·五行》"黄帝的大封为司马",来证明远自五帝时代即有军礼的实施,这显然只能算是一种推测之词。根据现有文献史料,最早要到西周时才有较完整的军礼,以后经各朝沿革,不断完备和发展。

（四）宾礼

宾礼,顾名思义是接待宾客的礼仪,但首先是指诸侯对王朝的朝见、各诸侯之间的聘问和会盟等礼仪。周礼的宾礼是邦国间礼遇亲善的礼节。由于时间和形式的不同,宾礼分为朝、宗、觐、遇、会、同、问、视八种。这八种宾礼的种种细节对秦汉以后各王朝的影响很大,各王朝群臣朝觐皇帝时的礼仪、皇帝出巡时的礼仪、王朝与周边国家使臣之间的交往礼仪等都以此为基础。

第二章　大学生德育概述

随着时代的发展，大学生德育教育的重要性日益凸显。国家的发展离不开人才的培养，而人才的培养在一定程度上需要重视德育知识的渗透。只有所培养的人才具有较高的德育水平，才能真正为国家的发展贡献自己的力量。本章就对大学生德育的相关基础知识展开分析。

第一节　德育基本理论分析

一、德育的含义

狭义德育即道德教育的简称。依据新时期德育实践的发展，我国学者对德育的任务、目标和具体内容进行概括，将德育大致划分为思想教育、政治教育、法制教育、道德教育等几个组成部分。

这几个组成部分是有区别和相对独立意义的，但在德育的实践中存在着不可分割的内在联系，特别在其具体内容上相互交叉、包容的部分更是难分难解。思想教育主要指思想观点的教育，属于认知范畴。认知虽与智育紧密相连，但由于德育的认知对象和思维有其特殊性，与智育领域的一般认知是不完全相同的，这里更多的是属于价值判断性质的认识。思想教育的最终目标是使受教育者形成一定的人生观、价值观和世界观。人的思想认识问题与政治、法治、道德问题是不同的，相对区别对待是十分必要的。

二、德育的本质属性

德育是教育的一个组成部分,它也和其他组成部分一样是教育者根据一定社会的要求,有目的、有计划地培养人的活动。在整个教育组成部分中,德育之所以能与智育、体育、美育等教育并列,取得独立存在的资格和地位,就是由它的特殊本质属性所决定的。只有揭示德育的特殊本质,才有助于进一步认识和运用教育的普遍规律和德育的特殊规律。按照辩证的思维方法,认识事物的特殊性就是要认识该事物内部的特殊矛盾。事物的特殊矛盾构成一事物区别于它事物的特殊本质。德育过程是教育者与受教育者共同参与的、实现一定德育目标的教育活动过程,该过程的主要矛盾是教育对象思想品德发展现状与德育目标要求之间的矛盾。德育过程就是这个矛盾不断产生和不断解决从而使教育对象的思想品德不断发展的过程,这个特殊矛盾也就是德育在本质上区别于其他各育的根据。

多年来,我国的教育理论工作者对德育本质属性的研究成果,加深了人们对德育本质的认识。1985 年,董纯才等人主编的《中国大百科全书·教育》认为:德育是"把一定社会思想和道德转化为个体的思想意识和道德品质的教育"①。1990 年,顾明远主编的《教育大辞典·教育学》中对德育释义为:"德育旨在形成受教育者一定思想品德的教育。在社会主义中国,包括思想教育、政治教育、道德教育。"

2002 年,鲁洁、王逢贤主编的《德育新论》表述为:"德育是教育者根据一定社会和受教育者的需要,遵循品德形成的规律,采用言教、身教等有效手段,在受教育者的自觉积极参与的互动中,通过内化和外化,发展受教育者的思想、政治、法治和道德几方面素质的系统活动过程。"②

---

①　董纯才.中国大百科全书·教育[M].北京:中国大百科全书出版社,1985:59.

②　鲁洁,王逢贤.德育新论[M].南京:江苏教育出版社,2002:128.

第二节　高校德育与大学生成才

社会主义高等学校要把学生培养成为德、智、体、美、劳全面发展的专门人才。这一系统工程的实施,表现为有目的、有计划、有组织的教育过程。在教育过程的整体中,德育是一个重要组成部分。德育过程既贯穿于学校一切教育活动的始终,又有相对的独立性、特殊性和规律性,我们必须把它作为一个独立过程来研究。关于德育过程及其规律的研究,既是确定德育方针、原则、途径、方法的理论基础,也为实现大学德育科学化提供科学依据。

德育是有规律的。那么德育的规律是什么呢？我们把握德育规律对提高德育实效性有什么意义呢？德育目的的实现和德育实效性的获得,离不开对大学生成长规律和时代特点的了解。那么大学生成长的规律和时代特点又是什么呢？在德育规律的认识和把握上存在一些什么样的问题,我们应该采取一些什么样的对策呢？这些就是下面要研究的主要问题。

一、影响大学生成长的因素分析

(一)大学生思想与行为特点

随着市场经济体制的逐步完善,青少年的思想观念和行为方式发生了巨大的变化。这种变化,在作为敏感的具有较高知识层次的社会群体的大学生身上表现得更加明显,应该引起我们的关注。

1. 部分学生的政治观念有所淡漠

学生活动中的政治性色彩减弱,非政治性色彩强化。一些学生认为,只要学到知识和技能,就可以适应社会,无须谈什么政治素质,只要我不违法,别人就管不着我。这些学生把对自己的要求降到了一个很低的标准,而无视自己作为完成第二个百年奋斗目标的一代知识分子所应承担的历史责任,缺乏应有的精神追求。2021年,某市组织了高校大学生思想状况滚动调研,调研数据显示,一些学生理论困惑颇多,政治观点模糊甚至错误。有13.5%的学生认为"共产主义是美好的幻想但无法实现";有29%的学生认为"社会主义前途难测,说不清楚";还有15%的学生持有"现在不知道社会主义和资本主义的区别在哪里"等形形色色的看法,有38.41%的学生认为"私有化是我国社会发展的必然选择"。

上述调查的结果表明,近些年来,大学生虽然对党和国家的大政方针增强了共识,他们拥护改革开放,希望国家富强,但是他们的政治辨析能力不容乐观。

2. 部分大学生价值观表现出实惠与趋利的倾向

社会上存在的拜金主义、享受主义、个人主义对在校大学生产生了明显影响,求富、求美、求乐成为一些大学生的价值追求。他们抛弃了"君子不言利"的旧观念,把求富当作自己的第一追求。他们把求知看作求富的手段,求知识,求事业成功,其目的在于求富。一些学生表现出强烈的拜金主义思想,他们以金钱的多少、地位的高低及物质生活的档次来衡量价值,以个人欲求的满足、个人切实感受到的享受程度来评判价值,表现出鲜明的个人主义倾向。通过对大学生思想滚动调查的数据分析,我们可以看到,有45%的学生认为:"现实生活中,人人都在为自己。"有15.23%的学生认为人与人之间只有永恒的利益,而无永恒的友谊。在选择价值标准时,有60.3%的学生选择了"整个生活经历是否快乐"。

大学校园中,出现了多元价值趋向,一些学生认为个人功利、个人幸福、个人享受是人的本性,应当得到尊重和理解。在实现价值的途径上,许多学生认为应当通过"自我设计""自我奋斗"。当然,仍有多数学生能够从社会与个人的双重角度来正确认识人生的价值,他们希望通过自己对社会的贡献来获得社会对个人的满足,从而在推动社会的进步中实现自我价值。

3. 大学生的社会活动增加,自我行为的控制能力有所减弱

在主观思想支配下和社会观念、社会行为方式的影响下,大学生行

为表现出明显的发散性和释能性。他们与现实社会和虚拟的网络社会的直接接触大量增加,情感活动、人际交往活动、经济活动、娱乐活动等频度和深度都加大了。从大学生的生理、心理特征来看,他们处在青春期,生理上的发展成熟,使其思维扩大,精力充沛,感情丰富。在心理上,自我意识、独立性增强。

另外,当代大学生处在社会改革的洪流中,与上代人相比,他们的思想解放,更倾向于独立思考,民主平等的意识更强;大学生在表现出大胆开拓、勇于实践、敢冒风险等积极因素的同时,也表现出了盲目、草率、随心所欲等不良倾向,不考虑其行为的后果,易受激情的左右而缺乏应有的理智。近年来,大学生中违反校纪现象有所增长,考试作弊等不良的学习风气有所蔓延。因心理困扰问题、情感问题,对学校教学、管理、生活服务等方面工作存在的不满情绪而导致的发泄现象和突发事件时有发生。

总之,当今青少年特别是大学生的思想品德状况在新形势下表现出不同于以往任何时期的新特点,这对我们提高德育的实效性既提出了新的挑战,又创造了新的机遇,为我们开展德育工作、提高德育的实效性提供了客观依据。

(二)高校德育环境分析

德育是一个科学的系统工程,它依赖于教育学、社会学、心理学等诸多学科理论知识的支持。同时,德育也受到社会大环境、校园小环境、教职工素质、个人成长经历和自我心理环境的诸多影响。要实现德育的实效,达到目的,就必须客观分析大学生德育的环境因素,并且遵循大学生品德发展的规律来实施德育。

1. 社会经济活动方式的新变化对德育的冲击

改革开放以来,我们国家实行了社会主义市场经济体制,由此形成了一些新的社会经济活动方式,比如经济成分的多样化、分配方式的多样化,过去我们讲社会主义、共产主义,面对的是公有制的前提,几乎看不到其他经济成分,而现在在公有制的基础上又出现了多种经济成分,有的地区出现了私有制为主体的情况,分配原则由过去的按劳分配转变为按生产要素分配,现实社会生活中出现了贫富差距、分配不公等现象,面对这些新的社会问题,大学生出现了对理想、信念的迷茫情绪,甚至对德育教育产生了一定的抵抗心理。

2. 社会信息活动方式的新变化对德育的冲击

21 世纪,人类最伟大的贡献是计算机科学的突破和信息网络化的出现,当今的大学校园已不再是过去的如象牙塔般的封闭世界,学生也不再是"两耳不闻窗外事,一心只读圣贤书",国内外各种社会政治、经济、文化的信息随时在学生中传播与交流,古今中外各种哲学理念、文化思潮以及由此而形成的价值导向对大学生形成了一波又一波的冲击。当今的大学生不会轻易接受某一种思想、观念的灌输,他们在思考、在比较。传统的思想教育内容、方式在各种思潮的冲击中显得有些无力与僵化。

3. 社会文化活动方式的新变化对德育的冲击

随着科学技术的日新月异和经济建设的飞速发展,我们身边的文化生活发生了量和质的变化,人们在享受着丰富多彩的文化活动方式和先进的活动设施带给我们的快乐的同时,感受到了社会的进步与现代文明的发展。但我们必须关注的是,掩盖在经济繁荣和生活方式多样化背后的黄、赌、毒、迷信、官员腐败等社会丑恶现象,以及西方腐朽、堕落生活方式对大学生也造成了一定的负面影响,有的老师讲,我们几堂课讲的内容,抵不上一件社会上的坏事的冲击。

4. 大学生自我角色的变化对德育的冲击

随着高等教育改革的深化,高校开始收取一定的培养费用,虽然说学生所交学费仅为其全部培养费用的一小部分,但毕竟与以前有所不同,学生家庭要有一定的经济投入。同时,学生毕业时学校不再包分配,而转为就业指导与服务,学生在学校的帮助下,双向选择谋取职业。这些现实,都使学生的自我角色发生了微妙的变化。学生的维权意识日益突出,学生希望在对等的前提下接受学校管理与教育,希望得到学校方方面面更好的服务。他们特别反感居高临下的管理者和教育者,对一些僵化的、脱离实际的思想教育非常抵触。对此,我们应进行客观的分析,在积极对学生进行引导的同时,也要看到传统的思想教育模式和教育内容已滞后于社会的发展,需要进行改革,以实现德育实效性目标的要求。

影响大学生接受教育效果的因素主要有:学校综合环境(人文环境、校园环境、学生班级或宿舍风气等)、教师素质能力(思想境界、理论水平、教授方法等)、成长经历(成长挫折、家庭条件、社会应激事件的影响等)。而市场经济的社会背景又对以上因素和受教育个体产生正向或负向的影响。

(三)大学生品德发展规律分析

品德是一个人建立在一定的心理素质基础上的思想品质、道德品质和心理品质的总和,是一个人完整的精神世界。大学生在校期间恰值其一生中最重要的身心成长时期,也是品德发展的关键期。大学生品德形成和发展具有其内在的规律。根据品德发展心理学的研究,人的品德的形成是一个动态的由低级向高级(心理发展—道德认知—思想观念)逐步发展的过程。高层和低层之间互相渗透成为一个统一的整体,构成一个人完整的精神世界。

二、大学生德育过程

德育过程是一个相对独立的教育过程,贯穿于德育活动始终,有其自身形成的特点和发展规律,它与人的成长、发展有着密切的关系。

(一)学生品德的发展是个体认知、情感、信念和行为等内在认知运动的结果

按照教育学、社会学、心理学的有关知识,我们可以作以下归纳:人们在学习、接受、实践一种理论、思想的过程中,应表现为四个环节,即认识、情感、信念和行为,这四个环节是相互影响、辩证发展的。

德育第一阶段是大学生的认知,该阶段主要以大学生理性思维为主导,通过参加课余活动的方式增加自身的实践和体验,进行比较和选择,从而产生对德育思想的认同,在第一阶段,教育者应把握好"启动效应",以生动的教学方式和对德育的科学阐述调动学生的学习热情。

德育第二阶段是大学生的情感反应阶段。这种情感来自认知,而情感的丰富和发展又能强化认知,扩大认知的深度和广度。通过对大学生

的调查研究,我们可以看到在大学阶段,学生的爱国主义情感、集体主义情感、社会责任感、美感等情感已日渐形成,并且已初步形成对人生、理想、社会、政治等问题的理性思考。这为大学生德育奠定了良好的情感基础,而情感的应激因素主要来自社会实践和环境影响。社会上存在的一些不良现象会对大学生的情感产生负面影响,因而导致大学生出现情感波动,直接影响其对德育的认知。在这一阶段,教育者应引导学生科学地、辩证地、发展地、全面地分析问题,从而逐步把所学的理论、观点转化成为大学生认识各种社会现象和社会关系的依据,进而指导自己的行为实践。

德育第三个阶段是大学生信念和思想方法形成的阶段,社会主义高等院校的重要任务就是通过行之有效的思想教育帮助大学生确立科学方法论和价值导向在内的正确的理想信念和科学的思想方法。真正实现这一目标还需要在今后较长的社会生活实践过程中经过知、情、意的互动逐步努力。在这一阶段,教育者应注重指导大学生将德育所体现的科学方法论和价值导向与个人成才发展结合起来,从而指导大学生的人生实践。

(二)德育过程的本质

我们探讨了什么是德育过程,了解了德育过程的含义,就不难从中看出它的本质。所谓事物的本质,即事物的根本性质,是规定某一事物为该事物并且将其自身与其他别的事物区分开来的东西。那么,德育过程的本质是什么呢?事物的本质是在事物与事物相互比较的过程中显露出来的。如果说智育过程是促使学生学习知识、发展智力、提高技能的过程,主要解决人的认识世界、改造世界的能力问题;体育过程是增强人的健康程度,从生理和心理上提高人的身体素质。那么德育过程主要是要求学生掌握一定社会的道德规范、社会思想和政治原则,解决学生的人生观、世界观、道德观和政治观及价值观等问题,教给他们怎样处理个人与他人、个人与社会、个人与客观世界的关系和应持的态度。这是德育过程的根本特点,也是德育过程的本质。正是这一点,规定了德育过程之为德育过程,把德育过程同其他过程区别开来。很显然,德育过程是受教育者在教育者的指导和协助下,通过自己的主观努力和根据自己在生活、学习和实践当中的切身体验,去掌握和实践业已形成的思想方法、道德规范等德育目标。

三、大学生德育的规律

规律,即事物本身所固有的、内在的、必然的联系。德育过程的规律是什么呢? 关于这个问题,应当说人们已经进行了很多研究和探索,提出了许多宝贵见解,值得我们学习、借鉴和参考。德育活动是有规律可循的。为什么有些德育内容、途径和方法会收到显著的效果,而另外一种内容、途径和方法则遭到学生的冷遇,陷入形式主义的泥潭呢? 这说明德育活动确实存在着客观规律,德育规律确实支配着德育活动。只有对德育现象达到了本质的认识,我们才能正确解释错综复杂的德育活动;只有把握了德育活动的客观规律,我们才能在德育实践中获得自由,收到预期的德育效果。我们研究德育实效性,就是为了更好地把握德育规律,用反映德育规律的理性认识来指导德育实践。在此,我们重点指出把握德育规律对提高德育实效性的重要意义。

(一)德育是教育者、受教育者和环境共同起作用的过程

德育过程是由诸多要素构成的,而其中主要是教育者和受教育者及教育环境三个要素。它们是构成德育过程的三个最基本的要素。因此,德育过程的规律,首先是这三个要素之间相互联系、相互作用的规律,或者三要素共同起作用的规律。那么,教育者和受教育者及教育环境三者在德育过程中各自起着怎样的作用呢?

1. 德育过程中,教育者处于主导的位置

没有教育者的德育过程,当然也就无所谓德育过程的实现及德育的一切,这就是教育者在德育过程中起决定作用的充分体现。

2. 大学生是德育过程中自觉的、积极的、能动的主体

大学生虽然是教育对象,处在被教育、被动的地位,但是这绝不意味着大学生在德育过程中只能是完全处于消极被动状态的受教育的客体,准确地说,大学生是德育过程中自觉的、积极的、能动的主体。受教育者这种主体作用发挥得怎样,直接关系着德育的质量和效果。提高德育质

量,求得较好的德育效果,最终要把社会所需要的道德规范、社会意识和政治原则落实到受教育者身上,使其转化为他们的信念、行为和习惯。不论教育者对受教育者施加教育影响,还是受教育者积极、主动地接受教育者对自己施加的教育影响,都需要经过一定的中间环节或借助于一定的中介手段(即学校、社会、家庭、党团组织、班、宿舍集体、教育内容、教育手段和方法等)。我们把这些需要经过的中间环节或借助的中介手段统称为教育环境。

3. 教育环境在德育过程中发挥重要作用

好的党风和社会风气对学生品德的形成和发展起好的作用,党内不正之风和负面社会风气则对学生起相反的作用,甚至成为学生接受某些错误思潮影响的根据和理由。此外,在一定条件下,家庭对学生的政治思想、道德品质、性格爱好、职业选择乃至生活方式等都有影响。这种影响之大之深甚至有时能够超过社会和学校。因此,我们绝不可小看教育环境在德育过程中的作用。德育过程是教育者和受教育者以及教育环境共同起作用的过程。这里讲的起作用,就教育环境来说,当然是指它们起的好的积极的作用。

(二)德育是教育与实践紧密联系、相互作用的过程

1. 德育具有教育性

大学生科学的世界观、人生观和道德观不是与生俱来的,必须伴随着系统的、严格的教育过程才能形成。我国社会主义德育过程贯穿着小学、中学、大学的全部学业过程,进入大学学习阶段之后高等学校有责任按照国家教育主管部门颁布的《普通高等学校德育大纲》对大学生实施德育,即主要通过课堂教学、社会实践等各种教育形式,有目的、有计划地对大学生施以系统影响。因此,大学生德育中的理论灌输是必要的,我们不能随意否定德育理论教育中的灌输原则。但是,强调灌输原则的重要性,绝不是把德育过程单纯变成学生接受教育者说教的过程。关键在于大学生德育工作者如何使理论教育更加生动和鲜活,更加贴近大学生的成长发展的实际需要,教育方式更加新颖,从而使德育理论教育形成更好的发展空间。

2. 德育具有实践性

德育的实践性体现在德育必须符合社会的客观状况和客观要求,必须注重引导学生践行社会道德规范。一个人思想品德的形成,不仅表现在他懂得了许多道理,而且表现为他能够把思想品德的认识付诸实践,从而达到"知"和"行"的统一。

有一种观点认为,由于学生阅历浅、比较单纯,其参加实践活动,会被某些不良的社会风气所污染,因此应该把学生的实践活动严格限制在德育过程的可控范围内。不可否认,社会上确实存在某些消极影响,德育过程完全排除这些消极影响是不可能的,关键在于引导学生如何去辨别和化解甚至扭转这些消极影响。我们认为,鼓励并创造条件让学生积极主动地参加社会实践活动,正是大学生德育需要重点开发的工作领域。这是因为,实践活动既可以开阔学生的生活视野,丰富学生的知识和经验,又为学生提供了正确比较、鉴别和选择吸收社会正向影响的条件。在把握德育规律时,必须认识到,德育过程是受教育者在实践活动中接受教育的过程。我们不仅要注重德育理论的研究,还要注重德育实践的研究。

3. 德育具有社会性

德育过程不是脱离社会影响的、孤立的、封闭的过程,而是需要对来自社会上的影响不断作出反应的。改革开放的社会大环境,使得学生从来没有像今天这样多地接触社会、接触世界。可以说,德育过程越来越受到来自社会其他方面的影响,这种影响在学生思想品德形成过程中的作用也越来越大。德育过程是有目的、有计划、有组织的影响过程的一种特殊形式,从这种意义上说,它也属于社会影响,而且是积极的社会影响。积极的影响有利于学生形成正确的思想品德,有助于学校德育任务的顺利实现;消极的影响则干扰学校德育过程,对自觉的教育起着阻碍或抵消的作用。在这种情况下,学校德育要对社会各种影响作出反应、选择和调节,发挥积极影响,抑制以至消除消极影响,在尽可能的范围内调控影响的社会条件,使学生朝着社会所期望的方向发展。因此,要全面完整地把握德育过程的规律性,必须改变把德育过程封闭起来的传统观念,认真研究德育过程和社会影响的关系,考察制约学校德育效果的宏观环境和微观环境。

第三节　大学生德育的历史回溯

大学生德育工作在我国的历史比较长远,通过回顾大学生德育工作的历史,可以总结以往的经验,吸取以往的教训,更好地开展当前的德育工作。

一、大学生德育目标变革的历史经验

从近年来大学生德育目标的发展历程来看,其道路是曲折的。中华人民共和国成立后,尽管在制定和实施德育目标的过程中,曾多次受到社会各种因素的干扰,但是,在马克思主义、毛泽东思想、邓小平理论以及习近平新时代中国特色社会主义思想等指引下,大学生德育目标日臻完善,最后终于形成了符合时代发展需要的大学生德育目标体系。

（一）确定和实施德育目标的重要前提

1. 正确分析形势

任何时期的德育目标都必然为一定社会的政治经济所决定,并为一定的社会发展服务。半个多世纪以来的德育实践表明,只有正确分析和把握一定历史阶段的国内外政治经济形势,才能科学地设置和实施大学生德育目标;如果分析发生偏差,所确定的德育目标及德育目标的实施就会脱离社会前进的方向,违反学校教育的规律,而走入歧途。

在这个问题上,我们的经验教训是比较多的,比如,当社会主义改造基本完成以后,全国人民正满腔热情地进入全面建设社会主义时期,党的中心任务应该是集中力量发展社会生产力,大规模地开展社会主义经济建设。但是,由于错误地分析了国内外政治斗争形势,仍然强调"政治挂帅",大抓阶级斗争,使党所确定的国内的主要矛盾以及社会主义建设的主要任务和目标未能得到落实。反映在学校教育中,重政治,轻业务,以"红"代"专"、以"红"压"专"的现象非常突出,致使德育目标逐步脱离了德、智、体全面发展的方针,背离了社会发展的方向,造成了重大失误。

历史经验表明,正确分析国内外政治经济形势,是确定德育目标的重要前提条件。只有经常注意并正确把握客观形势的变化,才能使大学生德育工作始终不脱离社会发展的方向,德育目标的指向不偏离正确的轨道。

2. 正确认识大学生

大学生德育的对象是在校大学生,德育目标要反映他们的实际愿望和需求。正确分析和评价大学生的主流和支流,对他们的情况有一个准确的把握,是正确确定和实施德育目标的前提和基础。在抗日战争时期,全国各地的大批知识青年,怀着抗日救国的意向,纷纷奔赴革命圣地延安,投入全民抗战的洪流。当时,党和边区人民满腔热情地接待他们,并把他们送入"抗大"等革命大学学习。为了把他们培养成为抗日救国的军政干部,各学校在深入了解他们的思想状况和革命要求后,对他们进行了系统的思想政治教育,除了对他们进行马克思主义基本理论教育和形势政策教育外,还特别注意在实践中转变他们的思想,组织他们深入工农群众,参加实际斗争,在实践中改造世界观,树立正确的政治方向。

由于各学校的教育目标正确,教育措施得力,一批批优秀的抗日军政干部脱颖而出。所以,毛泽东赞扬说:"延安的青年运动是全国青年运动的模范。延安青年运动的方向,就是全国青年运动的方向。"但是,我们也出现过由于不能对大学生作出正确的分析和评价,致使德育目标发生偏离的错误。比如在把刻苦钻研科学文化知识的学生,视为"白专典型";把注重发展个人兴趣爱好的学生,视为"个人主义";那些服饰穿着好一点的学生,被视为"资产阶级生活方式"等。这样片面地理解大学生,错误地批判大学生,不切实际地要求大学生,理所当然地会受到大学生的排斥。

实践证明,要正确确定和实施德育目标,一定要把大学生放在一定的社会历史条件下予以正确的分析。在分析过程中,要注意把握大学生的整体状况,要把时代特点同大学生的年龄特点结合起来,对大学生多一些理解和尊重；把大学生的主流和支流区别开来，主要看大学生的本质；把先进的因素和后进的因素联系起来，主要看其发展与进步的可能性；把稳定的因素和暂时的因素区别开来，主要看其稳定的东西。这样分析评价大学生才是符合实际的、科学的。以此为出发点提出和实施德育目标才是科学的、合理的，才能为广大教育对象所接受。

（二）正确处理德育目标的整体性与层次性的关系

大学生德育目标是高等学校整个培养目标的重要组成部分，是对大学生在政治、思想、品德方面的整体要求，对学校德育工作起导向作用。在实施德育目标时，首先要考虑目标的整体性要求，按照目标的总体要求去合理地分解、实施，可以有所侧重，但不应有所偏废，这是正确实施德育目标的重要原则。

在中华人民共和国成立后至党的十一届三中全会召开之前的一段时间里，我们注意了德育目标的整体性，却忽视了其层次性。这种不分层次的做法最突出的有两种表现。

一是片面强调政治性要求，对基础道德品质要求不够。特别是在强调"政治挂帅"的年代，大学生德育目标的政治化倾向也是很浓的，单纯从政治思想的角度来考察人、评价人，几乎成为固有的思维模式。诚然，大学生德育目标的政治性是客观存在的，也是不可抹杀的，但是，政治品质只是德育目标的一项要求，而不是它的全部。就政治品质与道德品质而言，道德品质是基础，只有打好了品德基础，才可能塑造出一个完美的人格。

二是只强调先进性要求，而忽视广泛性要求。大学生德育目标的先进性是它的本质特点，它必须源于现实又高于现实，坚持用共产主义的思想体系来教育学生，力争培养更多的先进分子。但是在实施过程中必须从基础开始，一个台阶、一个台阶地前进。从教育对象来讲，任何时期个人的思想品德基础及其发展要求都不可能在同一水平线上。从这一客观事实出发，大学生德育目标对每个学生的要求也不能是统一的，应该是分层次的，有高有低的，"尽可能使每个人按不同的条件向社会主义和共产主义的总目标前进"。

为了改变这种状况，有学者对大学生德育目标设定了三个层次，即基础目标、主导目标、最高目标。基础目标侧重于基础道德品质的训练；主导目标侧重于思想政治品质的培养；最高目标注重于健全的综合素质和完美人格的塑造。以此把先进性要求与广泛性要求结合起来，以满足不同类型的大学生对思想品德发展的不同需求。应该说，对大学生德育目标层次性的这一构想是很有现实意义的，是正确处理德育目标的整体性与层次性关系的有效对策。

（三）坚持德育目标的稳定性、一贯性和连续性

大学生德育目标反映了一定社会的政治方向和对大学生的思想品德素质要求。德育目标一旦确定，它将主导着一定时期大学生德育的发展方向，只要历史不发生重大逆转，社会不发生重大变迁，德育目标的这种主导作用是不会改变的，这就是它的稳定性和一贯性。只有坚持大学生德育目标的稳定性，才能把目标要求贯彻到底，在学生中形成共同的、稳定的价值取向，才能培养出一代又一代合格的人才。但是，在新中国德育史上，由于种种外来因素的干扰，使德育目标失去稳定性以致发生偏离的现象时有发生。

历史经验表明，实施大学生德育目标既要立足现实、面向未来，又要承袭传统，保持一贯性。大学生德育目标的基本内容反映了大学生思想品德结构的构成要素，这些要素包括政治素质、思想素质、道德素质、心理素质等。这些基本内容是具有稳定性和连续性的，一般情况下不会轻易变化。但是，随着时代的发展、社会的进步，这些素质的具体内涵是会有发展和变化的，即新的形势下不断会有新的内容来充实和更新。从这个意义上讲，德育目标的稳定性又是相对的。由此可见，大学生德育目标的相对稳定性体现了继承性和创造性的统一，只有在继承的基础上创新，在稳定的基础上发展，才能使德育目标既具有时代特色，又能保持其一贯性和连续性。

二、大学生德育原则的体现

（一）大学生德育原则与大学生德育规律

大学生德育规律是在大学生德育过程中，内部各要素之间以及德育

活动与其他活动和社会环境之间普遍的、本质的、必然的联系。大学生德育规律是客观存在的,它不以人的意志为转移。但是我们可以在实践中通过抽象概括和总结来反映大学生德育规律的基本面貌,形成对大学生德育规律的认识。德育原则和德育规律有着紧密的联系。

首先,德育规律是德育原则的来源。德育原则不是凭空塑造出来的,而是通过在实践中不断地摸索,在总结认识规律的基础上制定出来的。因此,我们必须根据德育规律制定相应的德育原则。

其次,德育原则是德育规律的外在体现。规律只能被人们认识和利用,德育规律在具体德育实践中的运用是通过德育原则来实现的,没有德育原则作为中介,德育规律就难以成为指导实践的有力武器。可见,德育规律与德育原则是辩证统一的关系,两者相辅相成、互为补充。

但是,大学生德育原则并不完全等同于德育规律。德育规律与德育原则的主要区别在于以下几个方面。

(1)从认识论上看,大学生德育规律具有客观性,在基本条件不发生变化时,其内涵也不会发生变化,人们只能在实践中逐渐认识它。而大学生德育原则是人们对大学生德育规律的主观认识,随着人们认识能力的提高,人们逐渐把握规律的实质,并随着人们对德育规律认识的逐渐深入而不断深化和完善。因此,大学生德育原则是一个历史性的范畴。从对其历史演进的严谨梳理中可以揭示人们在对德育规律认识上的思维变化过程。近年来,许多德育研究者和德育工作者不断致力于大学生德育规律的探索,为大学生德育原则提供了重要的理论依据,正是在这些不间断的探索中,人们对大学生德育原则的认识也不断发展成熟。

(2)从相互关系上看,大学生德育原则建立在对大学生德育规律认识的基础上,它永远只是部分反映德育规律的实质,不可能真实反映德育规律的全貌。人们对大学生德育规律认识水平的提高,并不表示人们可以完全把握德育规律,只可能无限地接近它。因此,德育原则不可能达到至臻至善的境界,总是需要不断地改进和完善。从历史角度审视,有助于动态地认识德育原则,不拘泥于现有的认识和表述形式,有助于解放思想,勇于创新,为实现大学生德育目标而创造性地使用原则。

(3)从时代性上看,德育原则与时代特点有着紧密联系,而德育规律基本上不因时局的变化而变化。大学生德育原则的历史发展,既是人们对德育规律的认识过程,也是不同历史时期对德育实践的经验总结。德育原则是大学生德育规律的主观反映和重要体现,它主要体现了以下四个方面的规律。

其一,从社会宏观上看,大学生德育原则体现了社会发展规律;

其二,从高校整体上看,德育原则体现了高校内部教育规律;

其三,从具体德育活动上看,德育原则体现了德育过程规律;

其四,从微观个体上看,大学生德育原则体现了人的身心发展的规律。

(二)大学生德育原则受制于对社会发展规律的认识程度

社会发展规律是关于人类社会发展变化的基本规律,包括社会发展的基本矛盾、历史发展的动力以及社会形态演变趋势等问题。不同的世界观和方法论对社会发展规律的解释自然不同。大学生德育原则与社会发展规律相一致表现在以下两个方面。

一方面,德育原则由人们认识和运用规律的能力决定,而这个能力的发挥又决定于实际的生产方式发展状况。在不同的历史阶段,生产方式发展不一样,人们对社会发展规律的认识也有所差别。因此,人们依据对规律认识程度而制定的原则也有所限制,它必然是当时社会生产力发展水平的写照。另一方面,社会发展规律为德育原则提供方向性指导,德育原则无论怎样反映德育规律,它都只能是人们主观认识的表现,是上层建筑的,因此,它不得不受制于当时的生产关系的状况,并为一定的阶级服务。

社会发展规律并不是一开始就被人们所了解,由于认识能力的限制和阶级局限性,人们很难准确把握社会发展的内在规律。各种哲学思想对社会的发展有不同的解释,在世界观上表现为唯物主义和唯心主义的对立,在方法论上表现为辩证法同形而上学的对立。在近代中国,先后经历了清政府、北洋军阀、南京国民政府等,在不同的时代,对社会发展规律的认识都有所不同。因此,不同时期的统治阶级对大学生德育原则的认识不同,德育原则也为不同统治阶级的利益服务。

中国传统哲学信奉天道,"人法地,地法天,天法道,道法自然"。因此,在教育方面也信奉学合于道,"大学之道,在明明德,在亲民,在止于至善"。中国近代史的发展冲击了传统的教育观。在高等教育问题上,主张改革的洋务派和维新派分别改革旧教育体制,建立新式大学,揭开了中国高等教育的新篇章。但两者由于对社会发展规律认识上的不同,在办学体制和德育原则上也存在差别。洋务派虽为改革派,但在对社会发展规律的认识上始终没有脱离封建宗法思想,在思想上他们仍然充当着封建王朝卫道士的角色,以实现"自强"和"求富"。在洋务派开办的学堂中,"中体西用"色彩十分浓厚,如京师大学堂仍以忠君、尊孔、尚公、尚实为主要趋向,教育内容也以封建纲常为主。维新派则强调立宪,发展工商业,尤其强调废科举,倡新学,养有用之才,认识到封建君主专制于社会发展不利,"政权不许参与,赋税日以繁苛,摧抑民生,凌铄士气"。

1911 年,辛亥革命将中国的反帝反封建的革命推向一个新的高潮,中国绵延数千年的封建统治在摧枯拉朽般的革命中迅速崩溃。与此同时,中国的革命民主主义思潮开始影响中国高等教育。在对社会发展的认识上,孙中山指出,"中国数千年来都是君主专制政体,这种政体不是平等自由的国民所堪受的",他力主建立民族立宪政体,提倡民主、平等、自由,推动社会进步。按照建立民主自由的资产阶级共和国的主张,蔡元培起草的《大学令》和《大学规程》都充分反映了反帝反封建革命民主主义要求。

在蔡元培担任北京大学校长期间,他始终用民主主义思想改造高校教育体制,尤其是德育体制,摒弃了忠君、尊孔的封建礼教式,主张民主与自由的新学风,蔡元培的德育体制改革为后来的五四运动奠定了良好的思想基础。

马克思主义为我们提供了一个崭新的视角来认识人类社会和整个世界历史。五四运动前后,中国出现了第一批马克思主义者,他们为马克思主义在中国的生根而孜孜不倦地播种。这个时期,在高等院校中有一批知识分子开始了解马克思主义。在五四运动的沐浴下,马克思主义思潮成为影响中国大学生德育原则发展的一个重要力量,许多高校已经建立马克思主义学习小组,马克思主义的德育原则逐渐在高等学校中萌芽。在黄埔军校,中国共产党领导的政治部不断宣扬马克思主义,帮助学生认清社会发展的基本规律,让他们认识到中国现在需要反帝反封建的革命以至于打倒一切剥削阶级,建立社会主义的新国家。马克思主义德育原则在黄埔军校中的运用效果彰著,为北伐战争的胜利奠定了思想基础。

南京国民政府成立后摒弃了孙中山先生的新三民主义,成为封建地主阶级、买办资产阶级和帝国主义的代言人。为了维护其专制统治,对抗革命和进步力量,南京国民政府在高等院校中实行党化教育,使国民党统治区的德育原则浸透了法西斯主义的思想。

中华人民共和国成立后，摒除了旧中国对社会发展规律的种种错误认识，将马列主义、毛泽东思想作为思想和行动的指南，使我们能够科学认识社会发展的客观规律。马克思主义提出唯物史观是对社会发展规律的科学阐释，而毛泽东思想是这个基本原理在中国特殊历史背景下的具体应用。

在马克思列宁主义、毛泽东思想的指导下，各高等学校确立了一系列正确反映社会发展规律的德育原则，如理论联系实际的原则、德育与生产劳动相结合的原则、密切联系群众的原则等，这些德育原则为新中国大学生德育工作的顺利开展奠定了基础。

十一届三中全会以后，党和国家的工作重点转移到社会主义现代化建设上来。邓小平结合新的时代特征和我国国情，创造性地发展了马克思主义，使中国人民再一次正确认识社会发展的必然规律。

综观整个大学生德育原则的发展史，可以清晰地看到，当人们正确认识社会发展规律时，大学生德育原则能够正确反映社会发展的要求，促进德育工作的顺利开展，进一步推动高等教育乃至整个社会的进步。当人们不能够正确认识社会发展规律时，大学生德育甚至整个高等教育工作都有可能会走弯路。由此可见，大学生德育原则必须建立在正确认识社会发展规律的基础上，与社会发展规律相一致，才能有效地推动大学生德育工作和社会发展。

（三）大学生德育原则必须反映高校教育规律

在高校教育体制中，德育工作不是一个孤立的体系，而是与高校教育和管理工作的各个环节相互联系、相互制约的。高校教育体系主要包括德育、智育、体育、美育及劳育等内容。高校教育规律要求我们在德、智、体、美、劳几个方面均衡发展，不要只注重某一方面的教育而忽视其他方面的教育。毛泽东曾指出："我们的教育方针，应该使受教育者在德育、智育、体育几方面都得到发展。"其中最重要的是要搞清楚德、智、体三者之间的辩证关系，可以分别从德育与智育、德育与体育、体育与智育三个方面的关系来考察。这里着重探讨德育与智育、德育与体育之间的关系以及它们对大学生德育原则的影响。

首先是德育与智育的关系。教育学的研究结果表明，在德育与智育之间存在着一种相互平行的关系。在一般情况下,一个受过良好知识教育的人其道德素养也相对较高。两者虽然存在一定程度上的相关性,但不是简单的决定与被决定、制约与被制约的关系,有时一些文化水平较低的人也具有朴素的良好品质。高等院校培养的各类人才不仅需要有较高的科学文化素质,也需要有较高的思想道德素质,两者缺一不可。历史经验告诉我们,只重视德育而忽视智育或者只重视智育而忽视德育,都会严重影响高等院校人才的培养质量甚至影响社会安定。

智育与德育协调发展的规律必须贯彻在高校教育全过程中,并成为指导德育实践的一项基本原则。只有坚持政治与业务、智育与德育相结合,两者协调发展的原则,才能将这个基本规律运用到具体的德育实践中,不至于重蹈历史的覆辙。

其次是德育与体育的关系。体育不仅是为了帮助学生锻炼身体,让他们形成健康的体魄,体育还具有另外一个重要功能,即提升人们的精神境界。在古希腊的斯巴达,每个即将成年的人都必须接受军事训练,其目的不仅在于强军,而且在于让人们形成对斯巴达城邦的归属感。在中国近现代高等教育史上,各个统治阶级都十分注意体育与德育的结合。中华人民共和国成立后,在部分高等院校试行的"劳卫制",充分体现了德育与体育相结合。德育与体育相结合的规律已经在中国近现代教育史上得到普遍的认同,在不同的时代,它始终作为一项基本德育原则出现在各种规章制度中。

高等教育不仅强调德育与智育、体育相互协调的教育,而且也承认德育的特殊地位,即认为德育是一项有着相对独立的实体性教育工作,又始终与智育、体育等工作紧密结合,并渗透在智育和体育的过程中。但是,德育的特殊性并不表示德育可以凌驾于智育和体育之上,它仍然是与智育、体育同等重要的工作。我们承认德育的特殊性,要求德育工作一刻也不能放松,是如实地认为它始终贯穿于高校教育体系之中。因此,长期以来都将德育视为其他一切工作的"生命线",在高等教育体系中,德育也是智育与体育的"生命线"。对德育工作"生命线"地位的认识是给予德育工作一个准确的定位。因为有无马克思主义的德育是能否培养出社会主义的有用之才、区分社会主义高等教育与资本主义高等教育的一个重要标志。

大学生德育工作不仅与智育、体育相结合,还要与高校的管理工作相结合。管理是人类一项基本社会活动,具有广泛的社会性和普遍性。

管理活动是在许多个人共同进行协作劳动的过程中产生的,是社会化大生产的产物,是人类一切有组织的活动中一个必不可少的组成部分。大学生德育工作与管理工作有一定的联系,一方面,德育工作是教育工作的一部分,是管理工作的对象,管理工作必须制定相应的德育管理制度,对德育目标、德育内容、德育方法、德育队伍等方面进行全方位的管理;另一方面,大学生德育工作本身就是一种管理工作,德育需要贯彻一定社会发展的要求,将其转化为人们的思想意识。

因此,德育工作本身就是在管理人们的思想和行为,纯化人们的精神世界。大学生德育和高校管理互通互融、相互结合,不能将两者截然分开。因此,在大学生德育中,一般都确立和贯彻了德育工作和管理工作相结合的原则。

（四）大学生德育原则与德育过程规律相一致

大学生德育过程是教育者根据一定的社会要求,通过相应的方式、方法和手段,塑造和转化受教育者思想品德素质,并促使受教育者践行社会要求的过程。作为一个有机运行的系统,大学生德育过程包括四个基本要素,即德育主体、德育对象、德育中介和德育环境。在德育过程中,四个要素相互配合、相互制约的关系体现了德育过程中内蕴的客观规律性。经过经验总结和理论抽象,人们总能从一些具体的德育实践中发现这些规律,这些规律不以人们的意志为转移,所以在开展德育工作时,只有依照客观规律办事,才能达到事半功倍的效果,否则,德育的有效性将大打折扣。按德育过程规律开展德育活动,是大学生德育工作的一项基本要求和依据,而在这些规律指导下确立的行为准则,就成为大学生德育的原则。从我国高等教育创立开始,一些学者就致力于研究德育过程规律,并试图运用到实践中。如蔡元培在担任北京大学校长期间,主张以美育代替宗教,通过对学生的审美教育提升学生的文化素质和思想境界。

中华人民共和国成立后,许多教育学者对德育过程规律进行了深入的研究,并将研究结果作为原则指导德育实践。此外,一些一线的德育工作者及时总结自己的实践经验,为规律的发现、原则的确定提供了宝贵的依据。

在大学生德育过程中,以"适应超越律"为基本规律,结合"双向互动律""内化外化律""协调控制律"等具体规律形成了大学生德育过程规律体系。与此相适应,大学生德育原则也自然形成相应的原则体系,这个原则体系随着人们对大学生德育过程的研究而逐步深化。在整个德育过程中,大学生德育原则除了反映各个要素之间的互动关系,将这些互动关系转化为行动的准则之外,还必须将这些准则结合起来形成系统的规范,在其中体现出层次性的特点。

德育过程的具体规律繁多,德育原则也多种多样。在大学生德育实践中,由于对德育过程规律认识上的不同,体现在德育原则的反映上也有所不同。

首先,关于对大学生德育过程中主体性的认识,体现为主体性原则,即在德育过程中尊重教育者和受教育者的主体性。德育过程中教育者和受教育者都是作为主体性的个体存在的,他们不是德育过程中任由支配的零件,而是能够根据自己的选择,自觉地进行施教和受教的主体。然而,由于对德育过程主体规律的错误认识,长期以来影响着我国大学生德育的发展。

在很长一段历史时期,我们认为在大学生德育过程中,教育者是德育的主体,受教育者是德育的客体,这种划分显然忽视了受教育者的主体性,使一些高校的德育活动成了单纯的理论说教和填鸭式的灌输。相反,在中华人民共和国成立初期,在大学生德育中开展讨论式教学,让学生各抒己见,然后由教师加以引导,这样的德育方式体现了对学生主体性的尊重,帮助许多学生转变了错误的、落后的思想,促使他们积极向上,奋发图强。由此可见,唯有坚持主体性原则,才能有效地开展德育。

其次,德育联系业务工作和社会实践的原则。德育工作在任何时候都不是孤立的,它需要与一定的业务工作和社会实践结合起来,否则,德育工作便会成为无源之水、无本之木。只有将德育工作贯穿于业务工作和社会实践,德育工作才具有生命力。

最后,教育者和受教育者的情感交融原则。教育者和受教育者不能简单看作教与被教的关系,而是一个情感相互交融的过程,二者之间情感基础越深厚,越容易开展德育工作。融洽的师生关系有益于沟通,有益于学生接受教师讲授的思想与内容。因此,德育工作者不仅仅要当学生思想和知识上的良师,还要做学生生活中的益友。德育工作者需要充分关心学生的成长,关心他们的实际生活,帮助学生在思想品质上不断进步。如果德育工作者只是片面地强调内容的灌输,忽视德育过程中师生情感的交融作用,甚至引起师生之间的对立情绪,都会影响德育的实施效果。教育者与受教育者之间的情感交融是德育过程中的重要原则,只有坚持该原则,才能使德育工作密切联系实际,增强德育工作的针对性和有效性。

(五)大学生德育原则必须符合学生思想品德形成与发展规律

个体思想品德形成与发展规律是大学生德育原则确立的微观依据。大学生德育的最终目的不只是将一定的社会要求灌输给受教育者,更重要的是要引导受教育者经过自己的心理活动,内化为自己的思想品德情感和意志,最终外化为具体的道德行为。因此,对个体在心理上如何接受德育内容,都要求对学生的思想品德形成的规律有一个正确的认识。

个体思想品德形成和发展规律可以划分成两类不同的规律体系,从共时性上来看,个体在接受并践行一定的社会要求时,需要经过知、情、意、行的矛盾变化,这就是说,个体在接受教育时,具有一定的主动性。德育只有注意发挥受教育者的主体性,才能收到实效。在历时性上,由于人在不同的时期生理和心理特征有所不同,个体思想品德的发展状况在不同的年龄段和学段上也有差别。大学生德育对象主要是高校学生,他们在生理上大多处于青春中晚期,趋近成熟;在心理上,他们思维活跃,情绪变化丰富,并具备了较强的自我意识。大学生德育对象的特殊性要求德育工作加强针对性,做到有的放矢、区别对待,以增强德育的实效性。

在人的思想品德形成的过程中,他们的知、情、意、行之间总是存在各种矛盾,只有促使受教育者的品德认知、品德情感、品德意志、品德信念、品德行为的协调发展,才能使他们顺利形成良好的道德品质。人们在知、情、意、行上的矛盾运动是提高思想品德素质的内在动力。中国科技大学学者们总结的"三全育人"的模式,即全员育人、全方位育人、全过程育人,有效地体现了对学生的知、情、意、行全方位、全过程的关注。如他们提出:"以'两课'(马克思主义理论课、思想品德课)为主导、'三进'(进教材、进课堂、进学生头脑)为主旨、'两校一会'(党校、团校、学生邓小平理论研究会)为主阵地,以广泛开展'第二课堂'、积极引导学生能动参与自我教育为补充"。在这个德育模式中充分体现了知、情、意、行相结合的原则。因此,他们的德育工作成效显著。

除了了解学生在知、情、意、行上的矛盾变化外,还必须尊重学生在接受教育过程中的主体性。受教育者不是被动地接收所有的信息,而是有选择地接收信息,而一部分转化为道德认识的信息也不会全部转化为道德情感和道德意志,最终体现在道德行为方面的更少。因此,个体的思想接受规律是大学生德育原则确立的重要依据。由于近代心理学的发展,我们能够了解一些关于个体接受学方面的知识,如设立接受目标、产生接受动机、创造接受氛围等,但我们对这方面规律的认识还十分肤浅,因此大学生德育原则在反映这一规律时,还有相当大的局限性。

在我国大学生德育发展过程中,并非一直注意遵循受教育者的接受规律。中华人民共和国成立初期,虽然我国尚未开展对接受规律的研究,但从革命战争时期积累的丰富的德育经验告诉我们,在开展德育中需要尊重学生的主体性,因而在一段时期内,我国的大学生德育工作呈现出繁荣活跃的局面。

强调学生在接受过程中的主体性不等于对学生放任自流,在尊重主体性的同时还需要加强积极的引导和严格要求。一些论著指出,学生接受德育的过程应该坚持目标导向与尊重学生的主体性相结合,即必须体现方向原则、激励原则、主体原则等。

大学生德育必须符合学生的身心特点。大学生是特殊的德育对象,他们处于青春期,生理上趋于成熟,心理上自我意识明显,但在思想上仍存在较大的可塑性。针对大学生的身心特点开展德育是大学生德育原则中不可缺少的要求。德育工作是一项实践性较强的工作,它的对象是具体的、现实的人,在德育过程中,不同特征的人表现出不同的道德需求,一种德育方式在不同的人身上效果也迥然不同。因此,欲达到最佳的德育效果,不对受教育者的特征进行考查是不行的。在以往一段时期的大学生德育中,存在着空谈共产主义的远大理想,而不考虑青年学生成长的现实需求的状况,这样的德育效果自然低下,尽管学生会形成对共产主义的某些思想认识,但由于其目标与现实相去甚远,学生难以形成相应的意志和行为。

在德育过程中,仅仅教育共产主义理想,缺乏对现实道德问题的阐释会使学生在现实问题上产生迷惘,形成精神空虚,对社会和个人的发展丧失信心,这样也是对德育工作不利的。有人比喻,在进行德育时,就像摘桃子,"既要'蹦一蹦'才能摘到,又要'蹦一蹦'就能摘到"。大学生德育既要为受教育者设立目标、内容,但德育的目标、内容又一定要符合受教育者身心发展的实际。

近年来,各个高校越来越注意针对学生的实际情况开展德育,如有的学校提出"两头抓紧、中间夯实"的德育原则:"两头抓紧"是指抓好学生入学和毕业的思想工作,入学时学生要完成从中学生向大学生的角色转换,是一个思想转折时期,而在毕业期间,学生即将走向社会,要让学生学会如何正确面对社会;"中间夯实"是指针对学生在校期间容易产生一些实际问题,如恋爱问题、贫困生问题、学习问题、师生关系问题等,从实际出发,进行教育和引导,帮助他们解决好人生观形成过程中存在的认识问题和实际问题。"两头抓紧,中间夯实"的原则充分体现了大学生德育注重与学生身心发展阶段相适应的要求,在具体实施中比以往更加具有针对性,同时也提高了大学生德育工作的实效性。

三、大学生德育原则实施的效果与经验

(一)大学生德育原则必须和德育目标相一致

大学生德育目标是培养符合一定社会要求的、为社会发展服务的人才。一定的社会要求必然与统治阶级的意识形态相一致,属于上层建筑,因此,大学生德育目标必然受到一定社会的经济基础的制约。大学生德育原则是对客观规律的主观反映,是德育规律的主观化和意识形态化,在一定程度上被用来服务于统治阶级的意识形态,以保障他们的阶级统治和社会的正常秩序。尤其是在剥削制度下,德育原则背离德育规律更是常有的事;但不论在什么情况下,德育原则与德育目标相一致,总是为实现一定社会的德育目标服务。具体来说,德育目标与德育原则相一致体现为方向性原则,方向性原则是贯彻实施其他德育原则的前提条件。

大学生德育原则与德育目标相适应是不以人的意志为转移的必然规律。在不同的生产关系条件下,所确立的德育目标是不同的。当大学生德育原则与德育目标的要求不相一致时,处于统治地位的阶级总会处心积虑地改变德育原则,使之与所需的德育目标相适应。如果德育原则

与社会发展的要求背道而驰，人民大众和先进生产力的代表就会竭尽全力去推翻它，正如南京政府在高校中推行党训和政训教育，极大地扼杀了学生的主观能动性，违背了人民大众对民主与自由的向往，所以人民大众推翻了它。由此可见，大学生德育原则与大学生德育目标相一致的本质在于与社会生产方式发展的水平相适应，与一定经济基础和上层建筑相适应。

（二）坚持实事求是的思想路线是实施大学生德育原则的立足点

大学生德育原则总是与一定的实际情况相关联的。在实际的德育过程中，大学生德育原则不能脱离一定的历史背景、一定的人文和自然环境、一定的教育对象而孤立地存在，它必然是针对一些具体的实际问题和现实水平而提出的。脱离实践的德育原则，往往不能被教育者和受教育者所接受。因此，实事求是是大学生德育原则得以有效贯彻实施的根本出发点，否则，所制定的德育原则只能是形式主义的条文，不可能成为指导德育实践的原则。

（三）遵循大学生身心发展规律是确立与实施德育原则的重要依据

大学生一方面在生理上处于青春期，心理意识上趋于成熟；另一方面，他们又是未来建设社会主义的栋梁，有着丰富的科学文化知识，能够根据自己的思维作出理性的判断。人的道德素质的发展是分阶段的，在不同的阶段，所采取的方法、所依据的原则都应有所不同。因此，大学生德育原则的确立必须实事求是地以大学生身心发展的实际水平为依据。

在青春期的大学生情绪容易变化，敢于抒发自己的情感。大学生是最热血的，在他们认为值得去献身的时候，他们总是义无反顾。大学生具有明确的自我意识，主体意识也开始增强。在过去很长的一段时间里，大学生德育原则忽视了大学生的主体性。改革开放后，大学生的主体性在全新的德育原则的指导下得到了恢复，但是由于缺乏必要的约束和引导，资产阶级自由化思潮也一度在大学生中泛滥开来。

因此，在原则上，一方面必须发扬大学生的主体性，另一方面对大学生的主体意识要加以正确引导。此外，大学生兴趣爱好广泛，参与意识和社会责任感正在逐步增强,这些特点有利于德育工作者对大学生进行针对性的德育工作。如许多高校针对学生不同的爱好,设立各种协会和社团,这些协会和社团组织本身就是有效的德育团体,在促发大学生兴趣爱好的同时,也使他们在协会和社团的各项主题活动中受到了教育。

研究和遵循大学生的身心发展规律,对改进德育工作、保持德育原则的正确性都是十分重要的。如果德育原则的贯彻实施脱离了大学生的实际特征,就会降低德育工作的有效性。因此,在大学生德育中,充分研究大学生身心发展的特征,是正确有效实施德育原则的重要依据。

(四)加强大学生德育研究是创立和实施德育原则的理论前提

大学生德育原则是大学生德育规律的主观反映,因此,一定的大学生德育原则与对大学生德育规律的认识是分不开的。什么时候对大学生德育规律有正确的认识,什么时候的大学生德育原则就容易得到贯彻实施。对大学生德育规律的正确认识必须建立在对大学生德育的科学研究之上,大学生德育研究一方面注重德育过程规律研究,确立系统化的德育工作理论体系;另一方面也注重大学生身心发展规律和思想品德形成规律的研究。只有在加强德育研究的基础上,德育原则的确立才更加科学。

(五)学校、社会、家庭齐抓共管为实施大学生德育原则创造了良好条件

大学生德育工作的对象是具有社会性的学生,学生不仅在学校中生活,对他们进行思想道德教育的影响必然向家庭和社会延伸。学生在学校中是学生,在家庭中是子女,在社会上是社会的普通一员,在不同的领域,具体的道德要求有一定的差别,但总体上看,一个人在家庭里,在社会上和在学校中的总体要求和目标是一致的。如在家庭里尊敬父母和长辈,在社会上就会尊敬老人,在学校中就会尊敬师长。因此,大学生德育的范围并不单纯局限在高等院校中,其效果必然向全社会延伸和拓展。这就需要全社会的关心与支持,对学生实施共同的德育原则进行全方位的教育,在各种场所都能接受正确思想道德的沐浴和熏陶。

高校都很注重家庭、社会和学校相结合来开展德育工作,如经常组

织学生参加社会实践，在下工厂和农村劳动时，工人和农民师傅也主动关心青年学生的思想教育工作，不仅在劳动技能上对大学生进行指导，而且经常给他们讲在万恶旧社会的痛苦，让学生体会成长在新中国的幸福。在家庭中，绝大多数父母关心子女的成长，尤其关心他们道德素质的培养，积极教育他们为建设社会主义服务。同时，家庭、学校、社会共同抓大学生的德育工作，为大学生德育原则的实施创造了良好的外部条件。由于全社会对德育的共同关心，得到大学生的广泛理解和支持，他们主动接受大学生德育的各项原则，并积极配合其实施，因而取得了较好的效果。

第四节　大学生德育的载体与机制

一、大学生德育工作的载体

通常，人们把"某些能够传递能量或运载物质，能够承载知识或信息的物质形体"称之为载体。大学生德育载体就是指那些能够承载大学生德育活动进行从而实现德育目标的事物，这里所指的事物既可以是有形的，也可以是无形的。德育实践表明，载体对于德育目标的实现意义重大，选择不同的载体作为组织德育活动的"中介"，会收到截然不同的德育效果。因此，与时俱进、努力创新学生乐于接受且行之有效的德育载体就显得十分重要。

（一）高校内部德育载体创新

相对于社会而言，高校作为教育组织，其本身就是一个德育载体，对学生进行道德社会化是高校承担的一大重要任务。那么在高校中哪些是德育载体呢？对于这个问题我们可以从广义和狭义两个角度来理解。从广义上讲，高校内部的任何物质和精神文化产物都可以被视为德育载体，学校内的一草一木、一幢建筑、一座雕塑，以及教师的言行、管理者的工作作风、校园的环境氛围等都对学生具有德育意义。从狭义上讲，由于高校还承担其他专业知识社会化的任务,因此,在具体载体的主要功能上还是有主次之分的,我们将那些主要承担道德社会化的载体理解为德育载体,如学校德育理论课、"团课""党课"等。依据不同的分类方法,我们可以将高校内部德育载体划分为自然德育载体和人工德育载体;物质德育载体和精神德育载体;显性德育载体和隐性德育载体;第一课堂德育载体和第二课堂德育载体等。依据教学习惯,我们选取第一课堂德育载体和第二课堂德育载体的分类法。

1. 第一课堂德育载体及其创新

第一课堂德育载体是指教育者为了实现其德育目标,有组织、有计划地在学校教学中以明确的、直接的、外显的方式,通过受教育者有意识的、特定的心理反应,从而获得道德认知方面教育的那些课程或内容。第一课堂德育载体主要由直接德育课程和间接德育课程组成。

我们所理解的第一课堂德育载体主要是指"直接德育课程和间接德育课程"。很显然,在课程的形式上,与传统相比,第一课堂德育载体并没有发生很大的变化,就像交通工具一样,原来是汽车、火车和飞机,今天仍然是。但是,仔细分析,虽然在形式上还是"汽车、火车和飞机",其实本身已经面临着许多的创新压力。这种压力来自社会形势的发展和人类自身发展的需要,如今天的汽车需要革新其燃料以满足环境的可持续发展,需要革新其制动系统以满足人们的安全需要。第一课堂德育载体也是如此,随着国际国内社会形势的不断变化,以及社会和人类本身对于"德"的含义理解的不断深化,对第一课堂德育载体也就自然产生一个创新问题。综合分析,为做好第一课堂德育载体的创新,目前我们可以从以下方面开展工作。

(1)与时俱进,编写新教材,及时传递切合时代要求的新内容

德育课程的内容选择决定于诸多社会因素,如政治、经济、文化、科技等,经济是决定因素,但政治、文化、科技对德育课程内容具有更为直接的影响。为适应社会形势发展的需要,今天,在大学生德育课程中及时加强教材建设,增强德育教材的时代感,从而增强其吸引力、感染力和可读性。在德育中应全面贯彻科学发展观,坚持人的全面协调发展,克服"道德人""经济人""工具人"的局限,真正按照人的属性实现人的物质与精神、科技与人文、政治与道德、生理与心理、知识与能力等方面的全

面发展,真正成为"完整人"。

(2)创新德育课程的教学方式

在教学方式上,首先,要充分利用高科技发展带来的成果,制作多媒体课件,开展形象生动的多媒体教学。这样既有利于单位课时的有效利用,扩大信息容量,也能增强教学的感染力,有利于提高教学效果。其次,可以开展案例教学,针对社会上出现的典型案例,如黑客攻击事件、防控"新型冠状病毒"时期大学生网上造谣等案例适时开展案例教育,以增强德育课程的时代感和针对性。最后,开展互动式教学,在课堂上经常开展讨论,调动学生学习的积极性和主动性,避免一味地"我讲你听"的"灌输式""填鸭式"教学方法,从而收到较好的效果。

(3)创新德育课程的教学评价制度

在学校德育理论课的教学评价上,我们应该采取有别于其他一般知识传播课程评价的方法,既要考察学生的基础理论知识,同时更要考核他们的政治思想和道德行为,两者不可偏废。在此,以德育理论课中的思想政治理论课"思想道德与法治"课程为例,这是一门有别于一般知识传授的道德与法治素养的养成与提升课,教学评价上要兼顾理论知识和道德行为养成两个方面,不仅要考察学生的道德理论知识掌握程度,而且更重要的是要进行道德行为养成的考核。因此,在教学评价上不妨来个"五五开,外加一票否决",即在计算学生该门课的最终成绩时,平时成绩占50%,期终考试成绩占50%,如果该学生在本学期有违反学校纪律而受到行政处分的,则定为不及格,因为道德的基本要素就是纪律精神。

2. 第二课堂德育载体及其创新

(1)第二课堂德育载体

①校园文化。所谓"无声润物三春雨,有心护花二月风",生活、学习在高校中的每一个学生都会受到校园文化潜移默化的影响,会被校园文化的氛围所感染,并自然而然地接受其影响,形成一种与校园文化合拍的道德风尚、行为习惯和人格特征。

②学生社团。学生社团是指在大学生中由具有共同爱好和志趣的学生自愿组成的、有正式名称的,并为学校批准认可的学生非正式群体。一些不被学校认可的群体,如同乡会等不属于大学生社团。目前,高校中的学生社团类型繁多、数量庞大,其类型大致可以分为科技型、学术

型、娱乐型、服务型、文化型、政治型等,但无论其属于何种类型,都具有独特的道德社会化功能。

③社会实践活动。社会实践活动是一项由中宣部、教育部和团中央联合主办的活动,主要目的是让学生把在课堂上学到的理论知识与劳动人民的生产实践结合起来,在社会实践活动中"受教育、长才干、作贡献"。大学生社会实践活动作为大学生德育载体的重要组成部分,是青年学生全面发展、健康成长的正确道路。社会实践活动的内容十分丰富,它涉及挂职锻炼、科技扶贫、社会调查、文化科技卫生三下乡、青年志愿者活动以及其他类似的社会公益活动等,并已成为整个高等教育体系中不可缺少的重要组成部分。

④党团活动。党团活动是高校学生德育工作的传统载体和阵地,在大学生德育工作中发挥着重要且无可替代的作用。党团活动由党支部活动、党校活动、政校活动和团支部活动等内容组成,是一条连接党团组织与学生的重要桥梁。通过开展系列教育活动和主题党团活动,党支部积极吸引优秀学生向党组织靠拢;通过实施党校培训计划,加强对学生骨干和入党积极分子的教育和培养,不断扩大学生骨干队伍;通过团内教育活动,如青年志愿者活动、社会实践活动、校园文化活动、希望工程等,培养大学生的高尚品质和社会责任感。党团活动已经成为高校最重要的德育载体之一。

⑤学生公寓文化活动。学生公寓是一个教育概念。学生公寓作为大学生的生活社区,在空间上,有的分布在校园内部,有的分布在校园外部,使得高校的德育工作面临着新的挑战和机遇。

学生公寓文化活动是指高校依托学生公寓这个特殊的空间而开展的系列学生活动,是校园文化活动向新的学生生活社区的延伸。对于公寓的学生而言,学生公寓文化活动具有教育导向功能、陶冶塑造功能、凝聚激励功能和约束规范功能等。高校学生公寓是学生学习、生活、交往的重要空间,与之相适应,学生公寓文化活动也日益引起人们的高度重视,并成为一个不容忽视的新的大学生德育载体。

(2)第二课堂德育载体创新

第二课堂德育载体所包含的内容是多方面的,有校园文化、党团活动、学生公寓文化、学生社团和社会实践活动等。与时代发展相适应,它们各自都面临着创新和发展的问题,限于篇幅,在此我们选取"学生公寓、学生社团和社会实践活动"三个第二课堂德育载体作重点分析。

①创新学生公寓德育载体。如果从德育视角审视目前的高校学生公寓,其作为德育载体所暴露的问题是显而易见的。公寓德育创新势在必行,其重要创新点可以充分运用中华优秀文化给公寓楼、宿舍命名和装饰。

②创新学生社团德育载体。由于学生社团特有的组织形式和特殊的群体构成,使它有着强大的道德社会化功能。从组织形式来看,学生社团的非正式性使得身处其中的成员在地位上更加平等,交流变得容易,成员的自主性因此得到提高,有利于自主性道德发展;从社团的组成人员来看,除去指导教师,都是 20 岁左右的大学生,这些大学生不仅在年龄上相仿,而且生活阅历、社会经历也大致相同,社会学理论将此类群体称为"同辈群体",指的是有大致相当的社会地位,并且通常年龄相仿的一群人。由于同辈群体能帮助青少年在社会中找到自己的平等位置,因此它对青少年有着特别的影响,是最有影响的社会化主体之一。

高校应把引导和扶持优秀学生社团开展活动视为德育工作的有机组成部分。事实上,学生社团活动是大学生德育"隐蔽课程"的重要组成部分。隐蔽课程这一概念首次出现在美国课程论专家杰克逊的《班级生活》一书中。虽然学术界关于隐蔽课程内涵的争论颇多,但是有一点却是一致的,即隐蔽课程对学生的影响的确存在,并且越来越受到教育者的重视。以往的大学生德育实践表明,学生社团活动在培养大学生的道德素质方面起到了第一课堂无法替代的作用。

一些活跃在高校校园内的学生社团,如"世界文化遗产保护和宣传协会""清洁环境保护和宣传协会""红十字学生分会"等,他们通过社团活动,传播和宣传着社会公德、人间美德,并通过自身的道德践行,洗涤着自己的心灵,感染着周边的人们。再如,在提高学生的理论素质方面,政治理论型学生社团发挥了重要作用。从近十年高校政治理论型社团的发展来看,一条主线还是十分明显的。

从 20 世纪 90 年代初引导并支持学生成立"马列学习小组"开展活动,到 20 世纪 90 年代末高校纷纷成立"邓小平理论研习会",开辟政治理论学习的新途径,再到 21 世纪初的"邓小平理论与'三个代表'重要思想研究会",到现在的"习近平新时代中国特色社会主义思想研究研读会",在团结和引导青年学习政治理论、追求政治进步、坚定政治方向方面起到了积极的推动作用,培养了一批青年马克思主义者。大学生德育工作者应与时俱进,根据社会发展和时代需要适时引导社团发展,积极指导社团开展活动,就会产生较好的德育效果。

科学指导,力促社团发展。学生社团与班级、团支部等其他正式组织相比,一个主要不同的方面就是学生社团是一种"自定规范、自我约束"的非正式组织,学校对社团的管理只是宏观上的,社团组织在运作方面具有极大的自主性和灵活性。

从目前高校学生社团的管理制度来看,学校主要负责登记、指导和审验。登记,即由学校主管社团机构对社团的名称、章程、活动内容和宗旨进行记录和审核,登记发生在社团成立之初;指导,即指导社团开展活动,由学校配备给学生社团的党员指导教师负责;审验,即学校登记部门对学生社团进行重新登记审核,一般每年进行一次。从学校对学生社团的管理来看,只有"指导"这个环节具有比较实质性内容,其他不过是进行一个例行手续而已。那么如何作好"指导"呢?我们认为有两条原则可以作为参考,即"指导"不"领导","放手"不"放任"。

"指导"不"领导",就是要求指导教师积极参与学生社团的指导工作,为他们出谋划策,献计献策,参与设计多种活动方案,但是最终的决策还是由学生社团负责人来定。"指导"的过程就是学校参与学生社团活动的过程。此间,一方面,学校的主导思想在无意识的议事中得以贯彻,把握住了社团的前进方向。另一方面,作为学生来讲,他们不仅平等地参与了社团活动方案的产生过程,而且还最终主导了活动方案的选择。在这一过程中学生获得的不仅是一种对于决策问题的感性认识,更重要的是他们获得了对组织、对社会负责的理性把握。

"放手"不"放任"。如果说"指导"不"领导"原则主要规范的是指导教师在学生社团中的角色,那么"放手"不"放任"原则主要规范的是指导教师在学生社团活动中的态度问题。对于指导教师而言,"放手"是在某些活动环节上的放手,有关大是大非的问题还是要积极过问。"放手"的目的是让学生能得到更多的能力锻炼,"放手"并不等于"放任"不管,不等于不闻不问,任其自生自灭,如果是这样的话,那么社团也是一把双刃剑,它能培养学生好的素质,也能教会学生不好的东西。因此,社团指导教师应切实担负起指导的责任,及时了解社团活动情况,参与社团建设,确保学生社团沿着正确的方向发展。

积极引导,大力扶持品牌社团。类型繁多、数量庞大应是国内高校学生社团的两大特点。从类型上讲,高校学生社团有科技型、学术型、娱乐型、服务型、公益型、文化型、政治理论型等,应有尽有;从数量上讲,每个学校登记在册的社团都有数十甚至数百个之多。众多的社团类型、庞大的社团数量从另一方面给学校管理者提出了问题,那就是如何保证社团活动的质量?如何发挥社团全面贯彻学校德育目标的要求?全面扶持显然是不现实的方法,也难以收到良好的效果,因此"多中选优、优中选精",有计划地选择一些优秀社团,集中精力和财力积极扶持一些主流社团,并把它们打造成学校的品牌社团不失为上策。学校优先保证品牌社团的活动,优先保证优秀指导教师配备,优先保证办公设施配备,优先保证资金资助,优先保证网页提供等。如果一所万人规模的高校能够打造十个左右具有一定规模、一定影响的品牌社团,能吸收数千名学生加入社团活动,那么这将是一支不可忽视的德育力量。

高度重视,强化对社团干部的培养。社团开展活动的质量如何,以社团为载体的德育目标的实现程度如何,关键在于社团干部,干部的思想素质和管理水平影响着社团活动的方向和质量。因此,转变对社团干部轻视的状态,重视社团干部培养就显得尤其重要和有意义。目前,在高校中存在着轻视社团干部的思想是一个不争的事实,社团干部几乎处于无人管的状态,社团组织的非正式性决定了社团干部的"非正式性"。在人们的观念中,社团干部是"民间"的干部,不那么正规,几乎不被视为是干部。通常而言,所谓高校学生干部是指那些在高校内正式组织中任职的干部,包括学生会、科协、党支部、班委和团支部等组织中的干部。这种观念必须转变,并从管理思想上首先确立社团干部在大学生德育中的重要地位,"落实政策",尽快建立一整套针对社团干部管理、培养和考核的办法,这是提高社团活动质量的干部保证。

③创新社会实践活动德育载体。创新社会实践活动德育载体,要转变思想观念,确立社会实践活动在大学生德育工作中的重要地位。长期以来,人们习惯地将社会实践活动和学校德育工作割裂起来对待,把前者更多地视为一种"活动",更有甚者把它作为一种"应付"上级或获取奖项的途径,没有从根本上认识到社会实践活动的重要德育意义。

社会实践活动作为学校德育工作向校外的延伸,其作用是学校德育理论课所不能替代的。社会实践活动将有利于学生由被动接受理论灌输变为主动进行自我教育,是大学生德育的重要组成部分,是大学生道德实践中不可缺少的重要环节。创新社会实践活动德育载体,要与时俱进,不断丰富和及时更新社会实践活动的内容。

创新社会实践活动德育载体,还要创新社会实践活动的方法。在过去,人们总结并积累了一些行之有效的社会实践活动的方法,如以社会实践活动小分队的形式,组织讲师团、服务队深入社会各地开展活动,或建立长期的社会实践活动基地、爱国主义教育基地、德育基地等。实践表明这些方法均获得了较好的德育效果,对于大学生树立正确的人生观、世界观和价值观有着很大的帮助。我们要继承已有的好方法,克服原有方法的不足,不断探寻新方法,以适应新形势发展对社会实践活动的客观要求。概括起来,创新的社会实践活动方法主要有以下几个。

其一,建立相对稳定的社会实践活动基地,是确保大学生社会实践活动走上规范化、正常化的重要条件。相对稳定的基地不仅有利于学校和社会对社会实践活动的统筹安排、集中管理,同时也保证了社会实践活动的长期性和连贯性,而且还有利于学校和社会双方从长远角度不断改进社会实践活动中存在的问题和不足,使社会实践活动能顺利、健康地发展。

建立相对稳定的社会实践活动基地并不等于说不要开辟新的社会实践活动基地,恰恰相反,学校要不断开辟新的活动基地,因为只有这样,社会实践活动才能做到常新。由于事物总是不断发展的,社会上也会不断涌现出新的道德典型,开辟新的基地是社会实践活动本身创新的内在要求。

在对待社会实践活动基地建设问题上,正确的方法应该是把开辟新的基地与建立相对稳定的基地两者有机地结合起来,重在建设,切莫"打一枪换一个地方",要开辟一个,建设一个,巩固一个。只有这样,通过一段时间的建设才能拥有一批高质量的社会实践活动基地,才能真正实现"受教育"的社会实践首要目标。

其二,开展以德育为主题的社会实践活动。根据对象特征,分类安排和指导社会实践活动的开展。如针对一年级学生所组织的社会实践活动与针对三年级学生就应有所不同,前者可以安排一些"参观教育型"的项目,而后者则可以安排一些"专题调研型""服务贡献型"和"活动交往型"的项目。另外,学校在组建社会实践活动小分队时,还要充分考虑到小分队的人员结构,包括年级结构、性别结构和专业结构。如组建一个社会调查小分队,最好要有管理和社会学专业的同学参加,否则其调查结果很容易产生偏差。

其三,走"社会化"的社会实践活动道路。这里的"社会化"不是社会学通常意义上的社会化,而是专指社会实践活动开展要依靠社会力量和针对社会发展需要来进行。要充分利用社会力量参与大学生社会实践活动的组织工作。由于学生社会实践活动是一项系统工程,涉及社会的方方面面,必须依靠社会的力量才能完成,绝非学校单方面力量所能及。

(二)高校外部德育载体创新

1. 高校外部德育载体的分类及构成

一般而言,家庭德育载体和社会德育载体构成了高校外部德育载体的主要部分。

(1)家庭德育载体及其基本构成

与社会的其他组织相比,家庭是社会最基本的组织,它以婚姻和血缘关系为基础,是社会机体的基本细胞。由于实行计划生育国策,我国现代家庭在人口的组成上已经不如传统的家庭复杂,但这也丝毫没有改变家庭所担负的多种社会功能,如人口再生产功能、物质生产功能,同时还肩负着子女的道德教育任务。从道德教育视角来看,家庭与学校一样,本身就是一个德育载体,那么家庭作为德育载体是由哪些主要构件组成的呢? 我们认为"家风、家长的道德素质、社区的环境质量及家庭的人际关系"是组成家庭德育载体的主要构件,其他诸如"家庭的生活方式、家长的教育能力和家庭生活条件"等也在一定程度上影响着家庭德育载体作用的发挥。

(2)社会德育载体的主要构成

由于社会本身在构成上具有复杂性,因此社会德育载体的构成也是一个十分复杂的系统,在此,我们无意深入探析社会德育载体的所有构成要素。我们认为以下要素是构成当前社会德育载体的主要构件,即社会风气、党风和大众传媒。下面主要分析其中的社会风气这一要素。

社会风气是在某种社会心理的驱动下或某种价值取向的引导下,表现出来的一种普遍流行的社会行为,是社会的政治状态、纪律秩序、生活方式、精神风貌和道德水平等状况的综合反映。在社会生活中,社会风气常常以社会群体的精神风貌和行为方式表现出来,社会风气状况的好坏也由社会上大多数人的精神风貌和行为方式集中体现。社会风气一旦形成,便会成为一种巨大的力量,影响着社会各个领域,包括道德领域。

2. 家庭德育载体创新

家庭德育作为家庭教育的一种概念,是德育活动的主要形式,它不仅是整个德育体系的重要组成部分,而且也是家庭教育中不可缺少的一部分。大学生在家庭中接受的德育是学校德育、社会德育及其他任何机构都难以取代的。因此,无论是学校还是家长,都应重新审视家庭德育的重要作用,开辟多种"家校联系"途径,共同关心学生的成长。

(1)转变观念,确立家庭德育载体在大学生成长中的重要地位

长期以来,许多错误的认知干扰着家庭德育载体的发展。

首先,许多家长普遍认为家庭教育的对象是学前婴幼儿和中小学生,而不应包括大学生。在我国目前的教育体制下,"考入大学"成为众多家长培养子女的"终极目标",因此,家长们更多地关注子女的学龄前教育和基础阶段教育,"十年寒窗"只是为了将子女送入大学校门。等到子女考入大学,"终极目标"实现后,家长会有一种如释重负的感觉,大多数家长就认为子女已被送进了"保险箱",余下的事应由国家(即大学)来负责,自己的任务已经完成了,这是目前存在于家庭德育认知上的误区之一。

其次,由于受"应试教育"的影响,家庭教育在内容上更重视对子女进行专业技能知识传授,而忽视对子女进行道德知识的教育和道德素质的培养。家庭教育的内容大部分是围绕着"升学"这个指挥棒进行的。

最后,与中小学生不同的是,大学生大多到远离家乡的地区求学,且学习和生活都在学校,这种距离在客观上造成了大学生与家长联系减少,家长不能再像在中小学时那样了解子女,不能有更多的"面对面"的互动教育,只能通过电话、微信等进行沟通。

其实,在大学生的整个德育体系中,家庭、学校及社会三者是缺一不可的,但就目前家庭德育的现状来看,家庭的德育载体功能远没有得到充分发挥,如不及时改变这种状况,势必影响大学生德育目标的实现。而要做到这一点,转变观念,确立家庭德育载体在大学生成长中的重要地位是十分重要的。只有首先从思想观念上确立家庭德育载体在大学生德育中的重要地位,才能在行动上采取积极措施,推动家庭教育的改进和加强。

（2）开辟多种途径，使家长与子女保持热线互动

在大学生德育工作的实践中，一些高校已经探索出了一些行之有效的沟通方法，总结起来主要有以下几条途径。

第一，建立校方与家长联系制度。针对学生的思想、学习、生活状况，由辅导员、班主任不定期和家长联系，共同配合做好学生的工作。

第二，家长与学生联系。作为高校教育和管理的一项要求，高校要鼓励家长和学生保持经常联系，家长由此了解子女的学习、生活、思想状况，并配合高校进行教育。

第三，召开家长会。召开家长会的形式可以是多样的，如座谈会、报告会，可以请家长到学校开，也可以到某一地区去开，目的就是交流情况、互通信息，共同关心学生的成长。

第四，学校成立由辅导员、班主任、学生家长代表参加的大学生家庭教育指导委员会，协调家庭教育的组织、指导工作。

（3）积极学习，不断提高家长的自身素质和教育能力

目前，教育的现状决定了我国还是一个中低素质人口占大多数的国家。众多家长面对已经就读于大学的子女，感到自己无法对其进行教育。在这个终身学习型社会中，我们向众家长们发出倡议，要根据自身的实际情况，选择适合自己的方式接受继续教育，积极学习，不断提高自身素质和教育能力，只有这样才能把子女教育得更好。

3. 社会德育载体创新

（1）加强社会主义精神文明建设，营造良好的社会风气

回顾过去，历史的经验和教训给出了明确的答案。中华人民共和国成立初期，由于我党坚持了实事求是的思想路线，干部深入群众，廉洁奉公，人民奋发向上，一心为公，涌现出了一大批雷锋式的先进人物，社会风气很好。十一届三中全会以后，我党重新确立了实事求是的思想路线，在不断深化经济体制改革的过程中，始终把建设良好的社会风气放在重要的位置，提出了"两手抓，两手都要硬"的战略方针，狠抓党风建设和社会主义精神文明建设，使党风、政风都得到了很大的好转，为良好社会风气的形成奠定了基础。

（2）积极推进党风廉政建设

"坚决反对和防止腐败"与"密切联系群众"是一个问题的两个方面，

如果这一点做不好，那么党同人民群众的血肉联系就会受到严重损害，党的执政地位就有丧失的危险，党就有可能走向自我毁灭。这些年来，拜金主义、享乐主义和奢靡之风在党员队伍和干部队伍中有滋生蔓延之势，艰苦奋斗的优良作风在一部分党员、干部那里被淡忘了，在少数人那里甚至被丢得差不多了。我们必须充分认识反腐倡廉的紧迫性，认真落实党风廉政建设责任制，坚定信心，扎实工作，旗帜鲜明、毫不动摇地把反腐败斗争深入进行下去。

二、大学生德育工作的机制

当前大学生德育工作中出现的一系列问题，其重要原因之一在于大学生德育工作者和学生之间的信息不对称。许多大学生德育工作者认为他们是很了解学生情况的，对学生思想境况是一清二楚的。有的甚至想当然地认为学生很稚嫩，德育工作者可以或者说应该包办学生德育工作的一切。而另一方面学生对大学生德育工作者的思想、行为和根本出发点又不甚了解，对德育工作者的行为不理解，对德育教学及活动的兴趣不高。我们认为大学生德育工作者与学生之间的信息不对称是目前大学生德育工作效果不佳的重要原因之一，这就需要我们从新的角度去重新审视当前大学生德育工作的机制，并以创新的思路重新构建大学生德育机制。

（一）大学生德育机制创新的理论及主要假设

1. 委托—代理理论与大学生德育机制创新

制度及机制的问题在亚当·斯密等人的古典经济学中并没有得到应有的重视，直到 1937 年科斯提出交易成本理论之后，20 世纪中叶哈耶克、米塞斯等人与兰格等人的社会主义大论战以来，机制问题才得到了应有的重视，特别是经济体制设计理论（以赫维茨、田国强等人为代表），经济体制设计理论主要涉及两个维度的问题：信息传递和激励问题。经济体制设计理论告诉我们，可以通过法律、激励和资源配置机制引导与协调个人行为，使个人目标与社会目标的要求一致起来，它的研究思路和方法为我们研究大学生德育机制的设计提供了借鉴。①

在信息经济学中"机制"的概述占有一个非常重要的地位,在那里机制被认为是一个博弈规则(或简称博弈)。根据这个机制,代理人发出信号,实现的信号决定配置结果。机制设计以后,代理人选择接受或不接受所设计的机制。如果代理人不接受,他则接受保留效用;如果接受则根据机制的规则双方进行博弈。信息经济学中的机制事实上就是指规则或制度,委托人和代理人在这个规则下进行行为选择。机制的设计要满足两个约束条件,即"参与约束"和"激励相容约束"。

如果把高校当作一个整体组织来看,可以发现在大学生德育工作中同样存在着委托—代理问题。可以假设校长是委托人,校长与各院系的管理者之间形成一级委托代理关系,部门管理者具有私人信息优势为代理人;院系管理者与教师之间又形成一级委托—代理关系,教师知道自己的努力水平而管理者处于信息劣势,管理者为委托人,教师是代理人。委托—代理之间的层级越多,获取信息的难度就越大,管理的难度也越大,也就越需要设计更复杂的组织制度。对于特定的大学生德育机制而言,学校德育工作者与学生之间同样也可以假设存在着委托—代理的关系,学生拥有对自身的道德认知水平和道德行为的信息优势,而德育工作者只能从学生相关的道德行为中获取学生道德水平的信息。

为此,在大学生德育机制的研究中,我们可以假设大学生德育工作者为委托人,学生为代理人,这也说明我们同样可以用委托—代理理论来分析大学生德育的机制问题。用委托—代理理论分析大学生德育机制的创新问题有其理论上的切合性。为了分析的方便,假设在大学生德育机制中德育工作者与学生之间只存在一级的委托—代理关系,德育工作者和学生之间不存在任何其他的管理层,这个假设不影响任何分析的结果。在这个假设前提下,大学生德育机制的创新问题可以归纳为如何合理地设计面向学生的德育制度安排和组织设计,规避因非对称信息而带来的德育工作力度不够的问题。

2. 对大学生德育工作者和学生所持的基本假设

(1)效用最大化

德育工作者主要的追求是使德育目标得以实现,而学生则追求如何使自己的效用最大化。但需要指出的是,学生追求自身效用最大化,他可能并不选择德育工作者所要求的行为。例如,学生德育工作者希望学生认真学习道德规范,努力提高自身的道德修养,而学生则不一定是这样考虑,他可能考虑如何选择策略使德育工作者认为他已经符合了学校德育的要求,而不是真正地按学校德育要求进行行为选择。

(2)有限理性

在大学生德育机制创新问题的研究中,无论是德育工作者还是学生,其信息处理能力是有限的,这不仅是因为获取信息的成本较高,还是由于德育工作者和学生彼此都无法彻底摸清彼此心中的真实想法,自己的观念和思想只有自己才能有效地了解。

(二)对称信息条件下的大学生德育机制创新

1. 对称信息条件下的大学生德育机制的制度安排

信息经济学将"机制"视作一种博弈规则,更多地关注激励与效用最大化方案的设计。而管理学将"机制"视为是组织与制度的总和,强调管理者与被管理者互动的有机性,更带有系统性。在此我们将从信息经济学的角度出发,并结合管理学对机制的理解来进一步探讨大学生德育机制创新的制度安排。

管理学认为,所谓机制,是指在组织系统中,组织对员工有行为调节的所有制度总和。一般认为,一个完整意义上的机制主要包括五个方面的制度。

第一,诱导因素集合:诱导因素是指满足个体的某种需要,激发个体努力工作的东西。

第二,行为导向制度:指组织对个体行为所设计的价值观规定。

第三,行为幅度制度:指对由诱导因素所引出的个体行为进行一定程度制约的制度,使个体行为符合组织目标和要求。

第四,行为时空制度:指诱导因素作用于个体在时间、空间上的规定。

第五,行为归化制度:是指对个体的行为进行有效管理。

大学生德育机制就是上述制度的总和。大学生德育机制由激发和制约两个方面的制度共同构成。机制实际上是各种制度安排的有机组合。大学生德育机制的重要性就在于它直接影响大学生德育对象的行为趋向和选择,直接关系到大学生德育目标的实现。

(1)学生的个人理性参与约束

在对称信息条件之下,由于学生参与德育的行为和为德育所付出的努力水平,包括自然状态(即其他影响因素,如环境、运气、天赋等)都是可观测的,故此时大学生德育机制中的所有制度以及它的目标都是为委托人和代理人所知晓的,两者都可以根据制度的安排获得各自的效用最大化。大学生德育工作者作为委托人可以根据观测学生参与德育的行为和为德育所付出的努力水平,再加上对自然状态的考虑,对学生实施奖惩。

(2)信息对称条件下大学生德育机制的行为(即行为趋向的选择)

目前,高校通过在评定奖学金中给定德育分,并将此分解为一些具体的道德行为就是一例,另外一些德育教师尝试的"积德分"和社会上尝试的"道德银行"也都是对这个问题最好的实践。

2. 对称信息条件下的大学生德育机制的组织设计

如果从信息的角度来考虑大学生德育机制中的组织设计问题,可以发现在信息对称的条件下,组织设计问题不是很重要。这是因为在信息对称条件下,德育工作者作为管理者,对他所属组织成员(即学生)的每一个信息都非常了解,而学生对组织中的明文规定的制度也是非常清楚的,当然,这只是从理论上讲的理想状态。在这种情形之下,德育工作者可以根据学生所表现出来的行为给予相应的激励。

无论是在有机式组织机制中,还是在机械式组织机制中,这个激励问题都可以得到实现。在此条件下,组织设计问题中的组织分工和具体制度的设计已经不是很重要。在信息对称条件下,组织设计问题中最重要的就是如何使有关学生的行为信息更快、更有效地从基层传播给德育工作者,这其实就是组织层次设计和管理幅度的问题。为了更有效地进行信息传送,应该进行组织创新,设计出组织层次小、管理幅度适当的扁平化的组织。

(三)非对称信息条件下的大学生德育机制创新

1. 对现行大学生德育机制中组织管理模式的评价

大学生德育机制的缺陷,不仅导致我国大学生德育工作不能很好地适应当今变化了的环境,而且产生了一系列新的问题。

一是学生对大学生德育工作存在着明显的"逆反心理",感到德育工作是一种桎梏。许多学生对于德育的内容不感兴趣,学生对周围同学不关心,与他人感情冷漠,对社会主义、共产主义等问题均没有明确的是非判断,严重影响了德育工作的效果。

二是大学生德育工作存在着明显的形式主义,大学生德育工作不能取得预期的成果,学生的道德认知水平,特别是道德行为没有明显的提升。

三是大学生德育工作非常的"不经济"。这里所讲的"不经济"是指党和国家在大学生德育工作方面投入非常大,但德育工作的成效却不尽如人意。

可见,大学生德育机制所暴露出来的问题已经严重影响了大学生德育的发展,旧的机制已经滞后于时代发展的要求。在此情形下,我们只有从实际出发,研究新情况,解决新问题,按照"确立全员育人、全过程育人同全方位育人相协调的工作制度和实践机制"的新要求,在非对称信息的框架下运用委托—代理理论创新大学生德育机制。

2. 非对称信息条件下的大学生德育机制的制度创新

由前所述的委托—代理模型得知,委托—代理理论中的非对称信息主要是指代理人拥有自己的私人信息,而这些私人信息又不为委托人所得知。例如,企业中员工的一举一动和努力程度不可能完全被企业管理层所知晓,每一位学生参与德育的行为和努力水平同样不能被学校德育工作者所全部得知,学生的道德认知水平和参与德育的努力水平很难被学校德育工作者所测量和考评。在这种情况下,委托人与代理人所签订合约必须让代理人承担一定的风险。这主要是因为委托人无法直接观察代理人努力的水平,只能从代理人行为的结果来推测代理人的努力水平向量。

众所周知,学生的道德认知水平和参与德育的努力程度是很难测量的,因为德育既牵涉到知识点的教育,又涉及实践的具体行为(即德育的外化),德育的效果在短期内是很难通过测评衡量出来。在德育效果很难测评、学生参与德育的努力程度又很难完全监督和考核的情况下,如果不采取其他有效的激励措施,学生的道德认知水平和参与德育的努力程度只能依靠学生自身的觉悟水平。从学校立场来看,对学生参与德育的行为是难管理的。这就是当前学生德育效果不佳、学生参与德育的程度不高的根本原因。在学生道德认知和参与德育的努力程度很难测评的情况下,学生在德育方面一般会有机会主义行为。

以上分析结果表明,在非对称信息条件下,学生作为代理人必须承担一定的风险,也就是说在学校德育工作者与学生之间应建立有风险的制度合约。为此,应该执行与对称信息条件下不同的制度安排才能更有效地提高学生的道德认知水平和参与德育的努力程度。假设学生的道德认知水平和参与德育的努力程度的结果满足随机占优条件(即指学生在以认真、刻苦的态度来参与德育获取效果好的概率大于偷懒时的效果),此时可以采取如下的制度安排。

(1)加强对学生道德认知和道德行为的监督力度

一般而言,学校管理者监督学生参与德育的行为选择力度的途径主要有两个:一个是把更多的精力放在监督学生道德行为选择的工作上,另外一个途径就是通过学生周围的人提供学生德育方面的信息。因为从信息的角度来看,学生道德认知水平和参与德育的努力程度其周围的人比管理者更为清楚,所以从理论上讲,应该以学生的监督途径为主。

(2)加强校园文化建设

优良的文化氛围可以促使学生受到潜移默化的熏陶,更为有效地接受德育的成果。具体而言,优秀的校园文化可以对学生的道德行为产生以下几个方面的影响。

首先,它可以起到更好地教育学生的功能。校园文化可以通过把沉淀下来的价值观念用在群体特别是新的校园群体身上,以起到教育的作用。

其次,它可以起到调适的功能。当个体的心智或行为偏离道德行为要求时,优秀的校园文化可以潜移默化地引导个体回到集体中。

最后,它具有陶冶功能。校园文化是历史积淀下来的精神财富,具有高尚的氛围,这些都会对学生的心灵产生强烈的影响,陶冶情操,提升其品德和行为,使他们渐趋高尚。

3. 非对称信息条件下的大学生德育机制的组织创新

在大学生德育管理机制中,德育工作者与学生之间存在着严重的信息不对称的问题,而这种信息不对称是导致当前大学生德育水平不佳的重要原因。与此同时,从组织经济学和制度经济学的观点来看,信息不对称同时也是导致组织(这里的组织可以包括企业、政府、社会中介等)存在的根本原因。解决信息不对称的问题是大学生德育机制中组织存在之必要性所在。如果大学生德育工作者与学生之间既不存在着信息不对称的情况,同时他们又不是机会主义者,那么从理论上讲组织也就没有存在的必要性了。

因为如果德育工作者与学生之间是信息对称的,只要指定好德育的负责人,学生的道德认知水平和参与德育的行为就可以被德育工作者很清晰地了解,那么学生任何道德行为的偏差均可立即被纠正。德育工作者之间可以组成松散的联合体,就没有必要专门成立固定、专业的组织了。在信息不对称条件之下,组织设计的一个重要问题就是如何使有关学生德育情况的信息更快、更有效地从学生那里传送给德育工作者,消除大学生德育机制中存在的非对称信息。大学生德育的组织在消除信息不对称方面有以下几个方面的功能。

(1)评估鉴定功能。德育组织介于高校管理者与学生之间,其行为具有相对的独立性、技术性、客观性,可以为学校提供评估和鉴定的功能。

(2)协调管理功能。主要指德育组织在充分考虑德育管理和学生要求等现实条件下,介入双方的运作过程,从而实现双方关系的相互协调。

(3)信息沟通功能。一般来说,发生关系的双方很多情况下都存在着信息不对称,为了消除这种信息不对称,如果当事人直接去获取信息,就存在着交易成本。当交易成本太高时,他的行为就显得不经济,为此就有必要成立专门的组织来协调。

信息时代的来临为大学生德育机制中的组织创新带来了新的机遇,未来的大学生德育组织应朝着信息化、扁平化和自治式的方向发展,未来的大学生德育组织可以采取以下四种典型的组织模式。

第一,信息型的大学生德育组织。信息型组织最初是由管理大师彼德·德鲁克提出来的。企业信息型组织的理论完全可以在大学生德育组织中加以应用,这主要是因为现代大学生德育的环境已与传统的德育环境不一样。在传统德育环境中,高校学生的思想状况、学生所处的环境变化慢,社会形势比较单一,在此情景之下,高校的德育可以按机械式的模式来组织,德育工作者拥有很大的权威,大学生德育可以实行以德育工作者为主的单向式管理。然而随着当前大学生德育环境的快速变化,学生自主性和独立性不断增强,如果德育工作者再以专家式的、权威式的组织方式来开展工作,它不仅容易导致学生的"逆反心理",而且还不能保证德育工作者真正了解学生的道德情况而采取针对性的措施,最终导致大学生德育效果不佳。

这就要改变传统机械式的组织方式,建立信息型的组织。在信息型的德育组织模式中,大学生德育工作者不应该以专家或权威的身份出现,相反应该以公共关系、学生朋友、沟通协调员的身份出现,与学生以平等的方式共处,与学生开展广泛的沟通与交流,在与学生平等沟通交流的过程中,使学生完全明确大学生德育中自身应该承担的目标和义务,在此基础上制定出具体的规章制度,把学生所明了的德育目标转化为双方都能接受的行为,消除学生的"逆反心理",这是建立高校信息型德育组织的前提。在上述基本前提得以实现以后,大学生德育信息型组织中的每一位成员(这里成员包括德育工作者和每一位学生)还必须承担起信息交流的责任,使大学生德育中出现的任何偏差都可以得到及时有效的纠正,从而保证德育的效果。

概括而言,所谓信息型的大学生德育组织应该具备以下几个方面的特征。

一是组织中每位成员的地位是平等的。

二是沟通的方式是协商和交流,而不是强制和说教。

三是信息交流的方式是双向的,不仅德育工作者负有与学生主动沟通的责任,而且学生也有向德育工作者积极反馈的责任。

第二,扁平化的大学生德育组织。在信息型德育组织中是通过德育工作者和学生之间的平等对话来消除信息不对称所导致的德育效果问题的。另外,还可以改变德育组织的管理层次和管理幅度来提升大学生德育信息传递的准确性,降低信息不对称所带来的问题。在这种德育组织模式之下,学校党委作为德育组织的最高层,与学生之间间隔了两个管理层次,管理层次多,使学生的德育信息与德育管理层之间的传送效率不能得到保证。

学生的德育信息和德育管理层所掌握的信息不能保证一致,德育管理层并不能获取学生即时、有效的信息,他们做出的决策有时是以旧有的、过时的信息为基础的,大学生德育管理的效率受到很大的影响。由于管理层次过多而导致的信息不对称问题可以部分地由现代信息技术和组织结构的再造来解决。当今时代,信息技术正以独特的优势推动着组织结构的变革。

信息技术具备的信息传递与中介沟通功能以其网络性、发散性对传统的组织结构带来冲击。在企业界,由于信息技术的发展,管理学界正在发起组织再造和流程再造的管理时尚。组织再造的一个普遍趋势就是企业组织从过去高耸性的结构向扁平化的组织结构发展,这种组织结构的改造使企业界的管理效率得以迅速提高。在当前大学生德育管理机制中,同样需要进行德育机制的组织再造,减少由于管理层次过多而导致的信息不对称问题。

现代信息技术的发展为大学生德育组织的扁平化改造提供了工具,它可以帮助高校建立管理层次更少的层级制的精益组织,有利于信息以更快的速度和更好的质量传递到组织的每一个角落。信息技术能够将学生的德育信息直接从基层运作单位传送到德育管理的最高层,同时又可以将信息通过信息平台直接传送到基层人员,使德育管理的中层人员减少,同时还可以降低德育管理层信息的获取成本和信息的扭曲程度。

第三,学生自治式的大学生德育组织。大学生德育工作可以通过信息型组织和组织结构再造减少信息不对称所带来的德育效果不佳问题,但我们也要看到通过这两项措施不可能彻底解决大学生德育中信息不对称的问题。既然信息不对称问题不能彻底解决,我们还可以从另一个方面来审视大学生德育机制中的组织问题。如在委托—代理理论模型中所言,信息不对称问题部分是由于个人的机会主义所导致的。

所以可以通过放松对学生机会主义的假设来审视大学生德育组织。假如学生是可以依赖的,即对学生的机会主义假设适当放宽,可以考虑高校学生自治组织。虽然到目前为止,真正意义上的高校学生自治,在我国当前还没有出现,但是高校学生自治将成为当代教育界的一个大的趋势。这是因为当代学生越来越自主,他们自我管理的能力也逐渐增强。

除了学生会以外,大学生德育学生自治组织还可以包括校学生社团、校学生刊物、宿舍楼长自我管理协会,在学生当中还可以建立校自治委员会或道德法庭。虽然高校学生自治在我国还没有普及,但有些高校已经开展了学生自治的尝试。南京农业大学就尝试了学生考试不监考、考场纪律自我管理的活动。当然这样的尝试必须有制度上的保证,南京农业大学规定如果发现或有人举报考试时有人作弊,或发现考试试卷有雷同,全班考试必须重来,被举报者不得再参加考试。学生对这项活动的反映良好,考试的纪律也很好,大大降低了成本。

第四,建立网络式组织。随着网络技术的普及,网络企业、战略联盟和虚拟组织纷纷出现。当代经济界内就有许多虚拟式的企业,比如大家熟悉的网上银行。网络在大学生德育中大有用武之地。目前,许多高校都建立了"红色网站",通过网络平台,部分学生可以把感到困惑的问题及时与德育工作者进行沟通和交流,保证道德问题解决的及时性。但目前德育网站的建设存在一个问题,就是部分高校对德育网站重视不够,对于学生发布在网络平台上的道德问题反馈也不是很及时,降低了网络平台在德育中的作用。为此,学校可以组织一些专家学者组成网络式的虚拟组织,这些专家学者之间甚至可以不相识而且平时不与学生接触,但要及时解答或反馈学生在德育网络上提出的道德问题。这样的组织可以消除学生对德育工作者的警戒心和不信任感,有助于大学生德育工作的长期开展。

总之,大学生德育作为我国社会主义建设的重大任务之一,它同样面临着发展和创新。没有健全的大学生德育机制,当前乃至将来的大学生德育工作都不可能取得成功。随着知识经济时代的快速变化和当代学生个性的不断增强,积极进行德育机制的创新,解决当前德育机制与德育工作不协调的问题就显得非常重要。

第三章　中华优秀传统文化融入高校德育建设的价值

中华优秀传统文化是中华民族最深层的精神追求，是中华民族不断壮大的深厚基础。大学生担当着国家强大的大任，肩负着祖国的未来，不但需要科学知识的储备，还需要健全的人格品质，二者相互支撑，不可或缺。将中华优秀传统文化渗透到大学生的德育中去，一方面可以传播中华优秀传统文化教育，增加大学生对祖国、中华文化及中华民族的认同感，另一方面也可以通过文化的力量搭建大学生德育的平台，拓宽培育的渠道。

第一节　中华优秀传统文化对大学生德育的价值

一、促进中华优秀传统文化主动转化和发展的需要

我国正步入一个新的文化自信时期，有关中华优秀传统文化创造性转化与创新性发展的理论研究也逐渐被提上议程。人们越来越认识到，中华优秀传统文化的创造性转化与创新性发展，是当代中国文化强国与新时代道德建设的重要理论支撑，也是维护当代大学生中华文化和中华民族认同、凝聚大学生历史责任感、增强大学生文化自信的重要途径。

中华优秀传统文化融入大学生德育是中华优秀传统文化创造性转化的需要，在融入过程中，不仅能让中华优秀传统文化以大学生喜闻乐见的形式进行展示，用德育话语体系对中华优秀传统文化的基本内容进

行全新的、积极的、全方位的解读,也能根据这种形式上的变化充分调动大学生学习和践行中华优秀传统文化的积极性,丰富大学生德育和现代社会道德建设的思想内核;中华优秀传统文化融入大学生德育也是其创新性发展的需要,在融入过程中,不仅可以促进中华优秀传统文化研究的不断发展,为其不断增添符合时代特征和大学生思想发展规律的内容,也能探讨中华优秀传统文化在新时代的外延过程中,遵循中华优秀传统文化自身传承的发展规律,厘清中华优秀传统文化与现代社会存在矛盾的内在逻辑,积极促进中国特色社会主义道德的形成与发展。

二、深化大学生德育理论研究的需要

中华优秀传统文化中深厚的道德教育资源对大学生德育进行了长期的滋养,与大学生德育的产生与发展都息息相关。此外,大学生德育与中华优秀传统文化教育的主客体、载体、作用等方面都有着许多共性,二者的互相渗透和交融,将有助于大学生德育和中华优秀传统文化在理论层面的共同提升与创新发展,对于稳定高校教育文化的根基有着重要意义。一些学者认为,"中华优秀传统文化是社会主义核心价值的来源和基石,而这两者又有着本来和未来的联系",有的学者还认为:"中华优秀传统文化与社会主义核心价值观共同构成了中国特色社会主义的道德基础,社会主义核心价值观则在理论价值层面对中华优秀传统文化加以升华。"中华优秀传统文化融入大学生德育不仅可以完善与发展社会主义核心价值体系与和谐文化建设理论、丰富"五爱三德"的基本要求,也可以为大学生德育理论在塑造大学生人格品质、促进大学生自由全面发展、激发大学生为中国特色社会主义现代化而努力等方面提供新的方向。

三、推动大学生德育实践发展的需要

大学生德育的获得感不仅体现在思想层面,还有一部分源于大学生的行为层面,体现在大学生有价值意义的道德行为的过程中。目前,传统班级授课制的教育方式已不能满足新时代大学生德育工作的需要,中华优秀传统文化的融入将有助于高校德育工作厘清育人和育才相互统一的关系,避免"重才轻德"的现象频频发生,注重培养大学生对于中华优秀传统文化精神补偿价值的认同与实践。

大学生德育不仅要让大学生了解和学习中华优秀传统文化的基本内容,更要把大学生培养为响应时代发展的新道德准则的践行者。大学生在传承和发扬中华优秀传统文化的同时,也要把寓于其中的德育付诸实践,就拿大学生志愿者来说,"自愿"和"服务"是一种很好的意识,但是一些大学生却变成了精致的利己主义者,他们为了达到自己的目标,不择手段,善于在别人面前奉承和表演,失去了本真的美好,面对这些情况,就需要中华优秀传统文化的融入为大学生德育实践提供源源不断的动力。

四、有助于加强大学生的文化自信

文化自信是培育大学生爱国情怀以及帮助大学生达到"树人"目标的首要因素。试想一下,倘若对自己祖国的优秀传统文化都缺乏自信的人,那么其发自内心热爱自己国家和民族的可能性有多大? 未来真正达到"树人"目标的可能性又有多大? 倘若忽视在高校德育中加强大学生的文化自信,高校德育亦会变作无根的游说。中华优秀传统文化的博大精深和对世界的深刻影响有助于在高校德育中加强大学生的文化自信,进而厚植其爱国情怀。

首先,中华优秀传统文化具有博大精深的特征,其丰富内涵和深厚意蕴是大学生得以树立文化自信的重要因素之一。中华优秀传统文化的丰富内涵不仅在古代彰显着思想之美,并且在当代也滋养着高校德育。纵使当今世界文化激荡,但中华优秀传统文化的博大精深仍可以让我国大学生找到精神归根并坚定文化自信。

其次,中华优秀传统文化不仅在我国发挥重要意义,对世界亦产生深刻影响。中华优秀传统文化对世界的深刻影响是大学生得以树立文化自信的另一个重要因素。无论是古代"张骞出使西域""鉴真东渡",还是当代构建"人类命运共同体""一带一路",无不闪烁着中华优秀传统文化的光辉。中华优秀传统文化的博大精深以及包容性等特点,使得中华优秀传统文化深受国际友人的喜爱,并且为生态治理、抗击新冠疫情、发展中国家脱贫等当代全球性问题提供了中国智慧。因此,大学生有理由亦有底气树立文化自信,进而厚植爱国情怀、坚守中华文化立场。

五、有助于提升大学生的道德水平

中华优秀传统文化向来重视人才的道德培养。在当代,将中华优秀传统文化运用于高校德育有助于大学生从中华优秀传统文化中汲取道德养分,从而在高校德育中提升大学生的道德水平。

举例来讲,"杨震暮夜却金"的历史故事有助于培育大学生的自律意识;"百里负米""鹿乳奉亲"等历史故事有助于培育大学生孝亲敬长的观念;岳飞、戚继光等严明军纪的历史故事,有助于培育大学生的集体主义精神;屈原、文天祥等古代志士的历史故事,有利于培育大学生的爱国情怀。种种此类,不胜枚举。高校教育者可针对党和国家对人才的要求,充分运用中华优秀传统文化中的丰富育人元素帮助大学生养成个人美德、家庭美德、社会公德和爱国情怀,从而全面提升大学生的道德水平。

六、有助于丰富德育的素材

在高校德育中运用中华优秀传统文化,将有助于在革命文化、社会主义先进文化等高校德育的现有素材上实现进一步丰富。这不仅可以使高校教育者在德育的过程中获得更多的教育资源,也可以使大学生获得更多的思想、道德以及精神滋养,进而增强德育的效果。由于中华优秀传统文化中的育人元素众多,下面仅以其中的理想信念和价值观为例进行阐释。

首先,中华优秀传统文化中蕴含丰富的理想信念元素,而理想信念教育在高校德育中发挥指引性作用。例如,李白的"大鹏一日同风起,扶摇直上九万里"、王勃的"穷且益坚,不坠青云之志"、李清照的"生当作人杰,死亦为鬼雄",上述古代名言均强调为人要树立远大的理想与坚定的信念。高校教育者可将中华优秀传统文化中的理想信念元素与中国梦教育相结合,并引导大学生理性看待实现中国梦过程中的诸多障碍,譬如贫富差距、贪污腐化等现实问题。这有助于大学生借助中华优秀传统文化的滋养来树立远大的理想与坚定的信念,并将其付诸实践。

其次,中华优秀传统文化中蕴含丰富的优秀价值观元素。譬如在民众地位上,提倡民贵而君轻;在道义和利益的抉择上,看重义而淡化利;在人与自然关系上,推崇和谐统一。高校教育者可将中华优秀传统文化中的优秀价值观元素进行充分挖掘,并将其运用于社会主义核心价值观教育或是关于形塑健康价值观的新闻热点,进而引导大学生树立正确的价值观。

七、有助于拓展高校德育的方法

高校德育的现有方法以说服教育法以及品德评价法为主。在长期的教育理论与教育实践发展过程中,中华优秀传统文化孕育了众多的育人方法。这有助于拓展高校德育的方法,从而使高校德育更容易为大学生所接受。由于中华优秀传统文化中的杰出育人方法众多,下面仅选取其中具有代表性的两个育人方法,即榜样示范法和慎独自律法进行分析。

首先,榜样示范法意为教育者利用榜样的示范力量对受教育者实施教育影响,进而使受教育者达到预期教育目标的教育方法。春秋时期的孔子便是运用榜样示范法的典范。孔子强调教育者要以身作则,为学生的言行举止树立表率作用。无独有偶,后世的荀子也强调“夫师,以身为正仪而贵自安者也”,这对后世的育人方法同样具有重要启示,即教育者的示范对学生养成良好道德品质具有榜样的作用。因此,高校教育者也应注重运用榜样示范法来进行德育。除自身作出表率外,高校教育者还可选取中华优秀传统文化中一些大学生耳熟能详又感染力强的古代道德榜样,并将其与一些新时代道德榜样进行比较,从而使大学生通过榜样的影响来提升自身的道德水平。

其次,慎独自律法意为一个人在别人看不到的独处环境中,依然自觉地要求自己的言行举止合乎规范的方法。不同于其他对受教育者施加外在影响的方法,慎独自律法是一种更高层面的、要求受教育者自省自查的教育方法。《礼记》中的“故君子必慎其独也”,即强调道德高尚的人须学会慎独自律的道理。诚然,形塑个人品德不能单靠外界影响,个人的主观能动性往往更能起到决定性作用。因此,在高校德育过程中高校教育者同样要通过培育大学生的慎独自律意识来引导大学生进行道德的自我完善。高校教育者可运用譬如"曾子一日三省""杨震暮夜却金"等体现慎独自律法的中华优秀传统文化素材,并将其与大学生在缺乏外界监督时可能遇到的一些道德问题相结合,以此提高大学生的自律性。除此以外,学思并重法、启发教学法等古代杰出育人方法均有助于高校德育方法的拓展。

第二节　中华优秀传统文化在大学生德育中的缺失及成因

一、中华优秀传统文化在大学生德育中的缺失表现

(一)对中华优秀传统文化内容的了解广泛但不深入

新时代大学生已经对中华优秀传统文化的各种类型有了一定的了解。但是在某些类型或内容上,依旧存在了解程度不深的问题,在喜好上也较为集中,但是存在一定的片面性、表面性。一方面,学生了解极为常见的或学校学过的内容,却不了解比较生僻,宣传甚少的知识。熟知甚至喜欢较为具体的,可以直接带来感官体验的内容,却不熟悉某些看不见摸不着的,蕴含丰富精神内涵的部分。另一方面,大学生对某些内容的熟悉还是不够深入,部分停留在表面的认识,缺乏对其深层次内容的探究。为此,我们应该加大对中华优秀传统文化的深入学习。既要学得广,又要学得精。

(二)了解途径以互联网为主但主动性不够

目前,互联网已经融入新时代大学生日常生活的方方面面,是最常用的接收信息的途径,通过调查得知,它也是大学生认识中华优秀传统文化的首要选择方式。虽然大学生在认识中华优秀传统文化方面主要依靠互联网,但是缺乏一定的主动性。很少有学生会在上网时主动查找

相关内容,也有相当一部分学生认为目前的相关互联网平台内容比较枯燥。不仅如此,即便是在当前最流行的社交工具——微博、微信上,学生关注的传统文化的公众号的数量也不多。

因此,新时代大学生将互联网应用于认识中华优秀传统文化方面缺乏一定的积极性,并不能充分利用互联网上的众多平台或其日常频繁使用的 App 来自主学习中华优秀传统文化知识,这与其对互联网的依赖程度有较大的反差。可见,中华优秀传统文化在互联网上的传播没有达到更好的效果,部分平台在内容上或形式上不能充分引起大学生的兴趣,这也是大学生不够积极的一个重要原因。对此,我们不仅要对个人进行中华优秀传统文化教育,互联网平台也应该进行适当的改进,调动大学生使用并学习知识的热情。

（三）整体较为积极但部分认识不足

新时代大学生多数能正确认识何为中华优秀传统文化,对它有着深厚的感情,同时也对其能在全世界流行充满信心,能认识到中华优秀传统文化自身的价值和文化认同的重要性。但是,还是有一部分学生在这方面在一定程度上缺乏正确的认识。

有少数大学生认为学习中华优秀传统文化没有太大的益处,对个人的成长成才没有帮助。即便是具体到非物质文化遗产方面,依旧有极少数学生认为了解或学习它没有什么太大的用处,这显然没有充分认识到中华优秀传统文化的重要价值。不仅如此,尽管目前我国优秀传统文化在国际上的影响力越来越大,未来形势一片大好,但仍然有少部分人对中华优秀传统文化的信念不够,一味否定它的未来。他们认为中华优秀传统文化的吸引力不够,不适应现代社会,将会逐渐被淡忘,如他们认为有的古代传统典籍也已经过时,当今时代已经没有必要阅读。除此之外,还有相当一部分学生对此持有不关心、无所谓的消极态度。因此,部分新时代大学生既没有充分认识中华优秀传统文化并认同其对国家、对个人的重要意义,也对它的光明未来缺乏坚定的信念,甚至不甚关心相关事情。这种错误看法不仅对大学生中华优秀传统文化认同造成极大的障碍,也非常不利于文化自信的建立,更会危及我国的文化安全。为此,应该高度重视大学生对传统文化的态度或看法,及时引导学生改变错误思想。

（四）意愿较高但行动力不足

新时代大学生在践行中华优秀传统文化方面的整体意愿是比较高的，他们非常愿意为我国优秀传统文化的继承与发展奉献力量。但当这种积极的想法落实到具体行动上时，有相当一部分学生明显的后劲不足。

一方面，大学生表明愿意深入系统学习中华优秀传统文化知识，参加各类宣传优秀传统文化的活动，可以看出大学生参与的想法是非常积极的。但在践行方面行动力却不够，很少有学生会主动阅读传统书籍。有相当一部分人仅是偶尔参加学校宣传优秀传统文化的实践活动，例如社团，同时还有很大一部分人并没有参加过。

另一方面，新时代大学生的主体意识较为强烈，因此在选择行为时会为自身考虑，更多的是依据时间和兴趣来决定。在调查他们参与实践的情况时会发现，阻碍他们继续深入学习中华优秀传统文化相关知识和参加实践活动的大部分原因不仅是缺乏合适的渠道、了解的相关活动较少，而且更重要的是会占用更多的精力或对某项活动并不感兴趣。

因此，新时代大学生在中华优秀传统文化认同方面，较为突出的问题就是认识其价值，但行动力不够；有着较高的践行中华优秀传统文化的意愿，但将正确的认知转化为实际行动的人还不够多。独立自主的性格特点使大学生在作选择时，会更多地考虑个人利益，这种标准无疑会降低大学生付诸行动的热情。与此同时，宣传中华优秀传统文化相关活动的内容或表现形式也成了激发大学生参与其中的关键。为此，我们应该着重思考怎样能提高大学生践行传统文化的行动力，怎样使实践活动更有吸引力。

总之，新时代大学生中华优秀传统文化认同既有不错的成就，但也存在一定的问题。大学生对我国优秀传统文化的认识虽然广泛，但缺乏更深层面的理解；经常使用互联网，但将之运用于学习中华优秀传统文化的主动性却不够；多数对优秀传统文化及其认同有正确的认识，但也不乏存在错误思想的人；有较高的践行弘扬中华优秀传统文化的意愿，但体现在具体行动上却远远不足。因此，要改变现状，必然需要从以上几个问题着手。

二、中华优秀传统文化在大学生德育中缺失的归因

(一)融入工作的体系化水平有待提高

近年来,国家颁布的一系列文件反映了对中华优秀传统文化继承和发扬的高度重视,具体在中华优秀传统文化中充分挖掘中华优秀传统文化德育资源的相关文件比较少。而且这些文件大多以指导性、纲领性为主,并没有强有力的约束力,加上种种条件的限制,最终落实到部分高校的工作上可能已是一纸空文,导致许多高校在开展德育工作时"换汤不换药",这从侧面恰恰说明中华优秀传统文化融入大学生德育缺乏一定法律法规、机制体制的保障。

在实际的融入过程中,大多高校仅以教材和课堂为依托进行知识灌输,缺乏志愿服务、实地考察、社会互动等具有实效性的实践教育方式,未能充分做到理论联系大学生的社会生活学习实际。虽然当前大学生往往出于获取素质分数的目的对志愿服务活动的积极性较高,但关于弘扬中华优秀传统文化的志愿服务活动不多,且形式单一、内容浅显也鲜能吸引人参加,甚至在志愿服务活动的队伍中有人参与的动机不纯,并不是发自内心地主动参加志愿服务活动,而是认为此举会"有利可图",在志愿服务活动中也是能懒则懒、能躲则躲,严重影响整个志愿服务队伍的积极性。

大部分高校并没有开设专门的中华优秀传统文化教育课程,自然也就缺乏对应的所需教材,不利于教材体系的建设和完善。目前,中华优秀传统文化的教学任务仅依靠着一些公共基础课进行,甚至主要依赖思想政治理论课中的"思想道德与法治"这一门课程,但尽管众多德育工作者在课程建设上付出了艰辛努力,在《思想道德与法治》2021版教材章节里增添了不少与中华优秀传统文化相关的内容,措辞也更加贴近生活实际,即使这样,中华优秀传统文化在教学内容中所占的比重仍然很小,并没有系统化地对大学生造成影响。

(二)国内不良风气冲击中华优秀传统文化

由于我国法治时间与西方发达国家相比较短,因而法治水平亟须

提升。再加之我国的精神文明建设还有待完善,使得社会中出现譬如物欲横流、弄虚作假等不良风气。历尽数千年构筑起来的中华优秀传统文化长城,正逐渐被这些不良风气所侵扰,这对中华优秀传统文化在高校德育中的运用的不利影响是全方位的。举例来讲,当前"炫富""拼爹"等不良风气使部分大学生的功利心态愈演愈烈,进而也影响其认同和践行中华优秀传统文化的"重义轻利"义利观。同时,部分高校也在功利心态的影响下坚持"毕业至上""就业至上"的教育方向。在实际教育过程中,部分高校只注重大学生的考试成绩、就业率等"硬数据",却忽视对大学生进行德育教育,更不用说将中华优秀传统文化运用于高校德育。

即使将中华优秀传统文化运用于高校德育,部分高校也只钟爱课堂教学这一便于考核的教育形式,而忽视活动教学、网络教学等教育形式,这显然不利中华优秀传统文化在高校中发挥德育的作用。

我们应当看到,尽管考试成绩和就业率对大学生具有重要意义,但这与中华优秀传统文化运用于高校德育并不矛盾。中华优秀传统文化运用于高校德育对大学生和高校都具有重要意义,中华优秀传统文化的丰富育人元素能够塑造大学生的"大德""公德""私德",也能够助力高校完成德育这一根本任务。

综上所述,高校教育者应尽力克服国内不良风气给中华优秀传统文化运用于高校德育带来的冲击,努力引导大学生汲取中华优秀传统文化中的高校德育养分。同时,政府教育部门和高校党委也应加快完善相关制度,切实保障中华优秀传统文化在高校德育中的运用。

(三)外来不良文化侵扰中华优秀传统文化

经济全球化是当今世界的主要潮流之一。伴随着经济全球化的发展,各种外来文化不断涌入我国。不可否认的是,外来文化中的优秀元素值得中华优秀传统文化借鉴。例如,古印度文化、古罗马文化中的优秀元素对中华优秀传统文化的发展产生了一定的积极影响。但在当代,一些譬如资本主义腐朽文化、民粹主义思潮的外来不良文化也给中华优秀传统文化运用于高校德育带来侵扰。同时,这也在一定程度上导致部分大学生对汲取中华优秀传统文化的德育养分重视不足。与当前国内的不良风气最终可以随着我国法治建设的完善和国民素养的提升而逐渐改善不同,对待外来不良文化特别是有害文化我们必须坚决加以警惕和抵制。

举例来讲,当下大学生可以在各大网络视频平台上收看到异国的电影、电视剧、综艺节目等。在丰富大学生精神生活和帮助大学生了解他国风土人情的同时,一些外来不良文化也随之进入我国大学生的日常生活中。以前些年在我国一度网络收视率火爆的美剧《纸牌屋》为例。透过美剧《纸牌屋》,大学生可以窥见美国政坛的诸多阴暗面,譬如贪污腐化、权利私授等。由于部分大学生的思想观念尚存不确定性,因此《纸牌屋》中虚伪的"美式民主"之类的外来不良文化很可能被我国部分大学生推崇,进而动摇其对"重义轻利"等中华优秀传统文化的认同。再比如近年来一些国外网络综艺中出现的"辱华""娘炮"等外来不良和有害文化,亦会对中华优秀传统文化运用于高校德育造成不利影响。

需要说明的是,并不是意图将中华优秀传统文化运用于高校德育中强调文化复古主义或是对文化多元化持否定态度。外来文化中的优秀元素亦值得学习和借鉴,但对于外来不良文化特别是有害文化,我国高校教育者和大学生应当保持一双"慧眼"并坚决加以抵制。

第三节　中华优秀传统文化在大学生德育教育中的实现方法

一、明确融入的基本原则

任何事物都拥有其自身的发展规律和内在要求,当前我们正处于一个世纪以来最大的变革时期,新时期的社会主要矛盾也发生了变化,即人民日益增长的美好生活需要和不平衡不充分的发展之间的矛盾。这对于实现大学生德育的基本目标,拓展中华优秀传统文化教育资源既是机遇,也是挑战。因此,中华优秀传统文化融入大学生德育想要取得不错的育人实效,在融入过程中,要遵循和掌握融合政治性与科学性、协调历史性与时代性、结合理论与实践、统一教育和自我教育的基本原则。

（一）坚持政治性与科学性相融合的原则

大学生德育的实质是主流意识形态的捍卫和教化，而坚持以马克思主义为指导的大学生德育同时具备政治性和科学性，保证了它从根本上不同于资产阶级的以鼓吹普世价值等为主的意识形态。大学生德育最重要的要求就是讲政治，这个原则不能变，涉及培养什么样的大学生、怎样培养大学生等问题，我国高等教育里德育课的主要任务就是帮助大学生学习世界本质和社会运行规律、把握马克思主义及其中国化理论成果的基本原理，树立正确的政治立场、掌握正确的政治观点、养成道德法纪自觉等，并能够以此来认识和分析现实问题。

中华优秀传统文化与大学生德育是你中有我、我中有你的关系，中华优秀传统文化中的思想精华和道德精髓是中华民族的道德根基，作为中国人民的道德标准影响着中华儿女在生活中的方方面面。在千百年的历史长河里，中华优秀传统文化中的思想精华和道德精髓是维护民族团结、祖国统一、社会稳定的道德规范与社会准则，具有相当程度的稳定性与持久性。因此，学习中华优秀传统文化既是出于历史的选择又是得益于现实需要，任何有关减弱大学生德育政治性力度的思想或言论都是错误的，任何将中华优秀传统文化与其割裂对立的思想也是错误的，要引导大学生认清和消除"马克思主义在中国行不通才学习中华优秀传统文化""大学生德育不需要中华优秀传统文化"等错误理念，要积极利用二者的契合性加强融入。

中华优秀传统文化想要获得长足进步与发展，不仅要根植于马克思主义中国化的生动实践，还要不断地增强自身的现代调适性，寻找其创造性转化与创新性发展的内外源动力。毋庸置疑，为中华优秀传统文化注入"科学性"是其在融入过程中面对的重要命题，在融入过程中要旗帜鲜明地讲政治讲科学，不能一味自我膨胀，更不能以取代马克思主义、中国特色社会主义理论为前提。中华优秀传统文化的现代调适要引导大学生树立科学的"三观"，培育崇高的理想信念，坚持为社会主义道德建设服务，坚持为国家富强、民族振兴和人民幸福的中国梦服务，坚持为实现第二个百年目标而奋斗。

（二）坚持历史性与时代性相协调的原则

中华优秀传统文化融入大学生德育要坚持历史性与时代性相统一的原则，以保证大学生德育理念与传承中华优秀传统文化的思想互相融合。厘清思想教育的理论逻辑和价值逻辑能够有效帮助大学生科学了解历史，顺应时代潮流。同时，还能提高大学生作为受教育主体践行中华优秀传统文化的积极性，也能反向促进大学生德育内容更新的时效性，这有效地提高了中华优秀传统文化融入大学生德育的针对性与适应性。

历史证明，中华优秀传统文化与马克思主义结合有着相当大的力量。鸦片战争后，中国社会逐步沦入了半殖民地半封建社会，一些国人早已道德贫弱，地主阶级、农民阶级和资产阶级，由于其各自的阶级局限性都没能从根本上解决这个问题，直到中国共产党的成立，中国革命道路有了新的指导思想，马克思主义不仅改变了中华民族的历史命运，也赋予了中国人民新的民族精神面貌。当时在不同的救亡图存方案中，实际上都体现了各自阶级对于不同文化价值的追求，但在中国共产党成立之前这些文化价值追求在与中国实际、中国文化的碰撞中无一例外地失败了，只有马克思主义成功同中国实际和中华优秀传统文化有机地联系起来，并取得了马克思主义中国化历史性飞跃的重大理论成果。也正因如此，在马克思主义指导下的中华优秀传统文化，其意义与内涵也在中国革命、建设和改革的过程中得到不断扩充，如井冈山精神、塞罕坝精神、探月精神、脱贫攻坚精神和抗疫精神等中国精神都是中华优秀传统文化在现实背景下不断调适从而产生和发展的。

现实也证明，二者在融入的过程中都迸发出了新的活力。传承与弘扬中华优秀传统文化已经成为道德建设的重点任务，进一步阐述了中华优秀传统文化作为道德根脉与源流对培育社会主义核心价值观的积极作用以及在大学生德育工作中的地位。同时，高校要依据公民道德建设的新要求，把党和国家关于传承与弘扬中华优秀传统文化的相关要求落细、落小、落实，在融入过程中促进中华优秀传统文化的创造性转化和创新性发展，并以中华优秀传统文化为载体，对大学生德育的内容进行补充与完善。

（三）坚持理论与实践相结合的原则

"理论与实践相结合是党的德育的优良传统。"这不仅是马克思主义哲学的一个基本原理，更是中国共产党坚持群众路线的理论基础，中国共产党始终坚持把现实实际与理论发展相结合作为基本原则，保证中国特色社会主义事业能够长久、持续、稳定发展。在融入过程中，一方面，要科学地向大学生进行马克思主义基本理论和中华优秀传统文化的理论教育，提升青年思想政治能力与文化素养。另一方面，又要充分利用各种形式的社会实践活动巩固理论学习成果，要学会灵活运用知识，能以正确的世界观、人生观、价值观去发现和解决社会现实中的问题，与自己的行为实践相统一。

除了理论与实践相结合，在融入过程中还迫切需要理论上的创新，从马克思主义理论的特质我们知道，理论不是一成不变的，它是与时俱进的，目前，习近平新时代中国特色社会主义思想是我们党在理论上最新的创新成果，凝聚了历史与时代的智慧，指明了中国的前进方向。因此，在融入过程中，我们要把习近平新时代中国特色社会主义思想武装到大学生的头脑里，使大学生领悟到这一思想的精髓和丰富的内涵，提高思想觉悟和认知能力。同时，还需要结合社会实际情况，要不然就会脱离大学生群体，得到与教学初衷背道而驰的教学效果。在融合的过程中，教育者既要加强自身的理论知识、教学能力，又要结合多元化的社会实践活动充实教学内容，积极开展丰富的融入实践方式，如开展假期的博物馆志愿者活动、保护非物质文化遗产的志愿者活动等，让大学生在活动过程中切身地感受到中华优秀传统文化的魅力，并潜移默化地受其影响深入理解和逐渐践行中华优秀传统文化，进而更加积极主动地投入大学生德育，提高融入的实效。

中华优秀传统文化在人的发展思想上跟大学生德育有着一脉相承的价值理念，而中华优秀传统文化又能为大学生德育不断注入新的能量。在融入过程中要牢牢把握理论和实践的结合，不能单纯地再以书本为上，也不能在开展实践活动中缺乏一定的目标导向和正确的价值引导，所以要始终坚持理论创新和实践创新的良性互动，在融入过程中不断提升大学生在理想信念和道德观念上的统一，加强对中国特色社会主义现代化的道路认同。

（四）坚持统一教育和自我教育相统一的原则

在融入过程中，要把统一教育和自我教育有机地统一起来，在教育者和受教育者之间树立师生共同发展的主体性意识。教育者要有效发挥自己的主导作用，努力把融入的教育内容转化为教育对象的实际活动，并在融入过程中不断提升自己的人格魅力；受教育者更要充分利用自己的能动作用，在融入过程中主动提升学习和践行中华优秀传统文化的积极性，不断提升自己的道德修养和精神品质。

统一教育和自我教育实质上就是事物运动发展变化的内外因。一方面，统一教育是外因，灌输是形式，教育的本质就是教育者通过自己的行为方式，有组织、有目的地把受教育者培养成为社会需要的人，教育内容以政治观点和道德规范为主，而且还受教育者自身的意识形态的影响。另一方面，自我教育是内因，受教育者积极提升自己的思想修养和精神品质，内省是方式，旨在让受教育者经历思想矛盾变化后主动按照教育者的指导进行行动。能否进行自我教育是检测教育效果的有力体现，教育的终极目标是教会受教育者如何学习和如何实践，所以统一教育与自我教育的统一是融入的关键，融入不能一味地以统一教育为单一形式，也不能完全以自我教育为主的方式进行。

在融入的过程中，教育者和受教育者除了由外向内的外化教育，都更应注重由内而外的自我教育，实现自我的全面发展。融入不仅要积极发挥教育主体的"教育自觉"，发挥其在探索发现以及接收中华优秀传统文化知识上的主观能动性，使教育主体积极参与到融入的过程中来，有效提高融入的整体化水平；也要充分发挥教育客体的"学习主体"作用，在教育者的正确引导下，学会做自己生活和学习的主人，进而为融入提供"朝气蓬勃"的活力，促进融入教育目标的实现。

二、着力提升融入的体系化水平

（一）坚持党对高校德育工作体系的全面领导

"党政军民学，东西南北中，党是领导一切的。"这不仅是对我国革命、建设和改革的深刻总结，更是为构建高校德育工作体系提供了理论遵循。坚持党的全面领导,是建设高校德育工作体系的灵魂所在,把党的组织优势和制度优势结合起来,这不仅为新时代高校德育工作体系发展指明了方向,也更加坚定了大学生德育的决心和信心。

我国的高校是具有中国特色的社会主义高校,坚持党对高校的领导是社会主义办学的一项重要原则,要全面发挥高校党委的领导核心地位,进一步明确高校党委的领导责任,加快健全党委领导下的校长负责制。高校德育工作体系的建设不能脱离大学生,尤其是高校党委,要着重推动高校党委进课堂、进食堂和进宿舍等活动,促进构建高校党委与大学生常态化交流模式。所以在融入过程中,高校依然要坚持以党的全面领导为前提,始终遵循党的教育方针和政策,强调大学生德育的重要性,以社会主义办学方向为指引,以中华优秀传统文化为基本要素,以当地德育资源为依托,不断充实完善德育工作体系内容。

先进性是中国共产党最本质的特征,也是中国共产党作为一个百年大党的基础和动力,它不仅指导着大学生在中国的现实条件下,善于运用马克思主义的观点和立场,也为融入工作的发展方向提供了科学的保障。党的建设始终坚持与时俱进,通过总结不同历史时期的任务来进行强化,高校基层党建工作作为融入过程中不可或缺的环节亦是如此。高校要在充分理解和掌握全员全方位全过程育人理念基础上创新方式方法,以激发基层党组织的活力,扩大基层党组织的覆盖范围,以党建带团建,在融入过程中引导更多的大学生熟悉和理解党的教育政策、方针和路线,不仅要着重抓教师党支部的融入工作,也要积极发挥学生党支部、团支部在融入过程中的重要作用。高校党建工作能力建设是构建和完善高校德育工作体系的关键,党建工作是融入的前沿阵地,是融入工作在高校得以顺利推进的有效保障,更是推动中华优秀传统文化融入大学生生活并与其建立密切联系的重要途径。

(二)加快融入理论体系建设

在融入的整个过程中需要科学的理论体系支撑,好的思想引领着好的时代走向,好的理论体系引导着更好地融入工作开展。高校在推动融入建设中,要充分从政治引领、爱国情怀和价值引导三个方面助推融入理论体系的建设与完善,为融入工作提供坚实的理论、思想基础,坚定融入工作者的信心,以这种更深刻的方式潜移默化地增强大学生对理论的认同，引领新时代大学生的思想健康发展的方向，真正实现立德树人的根本任务。

在政治引领上，融入理论体系建设要始终坚持以马克思主义为指导思想，把习近平新时代中国特色社会主义思想落实到高校德育工作中。高校要积极拓展和创新融入理论体系内容，运用当地的中华优秀传统文化教育资源，开展符合时代和学生发展规律的校本课程，落实党和国家关于继承与创新中华优秀传统文化的具体要求。中华优秀传统文化是中华民族五千年来一脉相承的精神品质，历史和现实都表明，这种精神品质可以与马克思主义有机地结合，所以在融入理论体系建设中，增添中华优秀传统文化的教育内容，推动大学生德育理论的发展，实现建设文化强国的社会主义现代化目标。

在爱国情怀上，融入理论体系建设要以《新时代爱国主义教育实施纲要》为依托，积极培养大学生的爱国情怀与强国意志。爱国情怀是一个民族最深沉、最持久的力量，在中华文明的历史长河中也涌现出了许多歌颂爱国情怀的作品，如王昌龄的《从军行七首》、陆游的《示儿》等，中国共产党更是其最坚定的传承者和践行者。在融入理论体系建设和完善过程中，要有效利用中华优秀传统文化里丰富的爱国情怀资源，让教师和大学生都看到融入与实现中国梦之间的紧密联系，不仅要让教师和大学生知道中华优秀传统文化、认识中华优秀传统文化，更要针对不同地区、不同年龄的教师和大学生开展多种形式的传承中华优秀传统文化与爱国主义教育相结合的实践活动，不仅要在教师队伍中凝聚形成强大的教育合力，也要保证新时代的教师和大学生心往一处想、智往一处谋、劲往一处使。

在价值引导上，融入理论体系建设必须以社会主义核心价值观为指导，使大学生在道德观念上实现高度统一。社会主义核心价值观是在历经千百年传承的中华优秀传统文化里总结出来的，背后凝聚了无数人的心血和智慧，是中华民族在生活习惯、道德品行和民风民俗等方面区别于世界其他民族的关键要素，从三个层面彰显了社会主义意识形态的本质要求。融入理论体系建设要继续加强中华优秀传统文化的涵养作用，要积极运用和善于利用关于中华优秀传统文化的典故、现实个例，结合多元化的新时代先进人物进高校活动等，实现"以小见大"的教育效果，在融入过程中加强对大学生的价值引导，以志气、骨气和底气坚定其品格，以期实现自我的人生价值。

（三）加强教材体系的改革与创新

高校德育理论课教材的选择、编写不仅能巩固马克思主义在意识形态领域的指导地位，也是马克思主义理论研究和建设工程的必要环节。加强融入教材体系的改革和创新，既能充分反映"中国特色"的德育理论课教材体系，也有利于中华优秀传统文化作为重要元素迅速融入高校现有的教学体系，促进德育课程和课程德育的有机统一。

高校德育理论课教材需要强化在传承和弘扬中华优秀传统文化、维护中国文化安全、建设文化强国等方面的教学内容，在立足于国际国内两个大环境和大学生成人成才教育规律的实际基础上，将中华优秀传统文化融入高校德育理论课教材体系，充分发挥高校德育理论课的道德价值导向，增强大学生的中华文化认同感。

除了德育理论课教材需要改革与创新之外，高校现有的专业课学科教材体系也应当进行改革与创新，把"显性的课程"和"隐性的课程"有机结合起来，把中华优秀传统文化"因地制宜"地有效融入各学科教材体系中，强化各学科的德育功能。任何学科都应该始终高高举起马克思主义旗帜，高校应有效发掘中华优秀传统文化与各学科之间的契合点，加强交叉研究与跨学科研究，结合学科专业特点有针对性地、由点及面地进行中华优秀传统文化的融入工作，推动各学科教材体系、教育方式的改革创新，并在各学科的评价体系中体现出关于大学生中华优秀传统文化践行的考察，不断强化大学生在各专业学习中对中华优秀传统文化的认识，以实现德育的目标。

三、强化德育理论课教师融入的责任意识

党和国家对高校德育理论课教师的培养十分重视，也十分认可当前德育理论课教师在育人方面取得的成就。德育理论课教师不仅要传道、授业、解惑，也要做到学高为师、身正为范，在中华优秀传统文化融入大学生德育的过程中担负起相应的政治责任、道德责任和教学责任。

（一）提升德育理论课教师融入的政治责任意识

改革开放成功地使我国的人民生活水平得到了极大的改善，经济、

文化、生态等各方面都发生了巨变,虽然经济全球化趋势越发不可阻挡,但是别有用心的西方国家逐渐向我们的社会意识形态开始渗透,企图动摇千百年来凝聚而成的民族信念,而部分青年学生受错误思想的教唆而萌生了盲目追求自由主义和历史虚无主义等方面的思想问题。青年的政治信仰不够坚定,不只危害了高校的德育教育,还会影响社会的安稳。因此,德育理论课教师要提升融入的政治责任意识,清晰认识当前的国际国内形势,充分了解大学生德育现状和新时代大学生的品德情况,在强调政治责任意识的基础上,积极投身中华优秀传统文化融入大学生德育过程中,加快融入理论体系的建设和完善,加快大学生德育的改革与创新,充实大学生的心灵世界。

在高校,思想政治理论课教师首先是德育理论课教师。习近平总书记对思想政治理论课教师提出的六个方面要求同样适用于德育理论课教师。六个方面的要求中,政治要强就是第一位要求。德育理论课的根本属性是政治性,而德育理论课教师作为大学生思想和行为的"引路人",更要始终坚定自己的政治信仰,不断提高自己的政治站位。在融入过程中,德育理论课教师要不断提高自身的马克思主义理论功底和党性,也要时刻保持自己的政治敏感性,针对大学生感兴趣或者疑问的问题进行正确的解答,不仅要实现中华优秀传统文化自信深入人心,也要增强大学生对党的政策、方针和路线的理解,引导他们树立正确的政治观念、坚定政治信仰和提升政治认同,促进大学生把个人前途与国家富强、民族振兴相结合。

同时,高校也要严格选拔德育理论课教师,为大学生德育队伍建设注入新鲜血液。在整个选拔工作过程中必须明确,马克思主义及其中国化理论成果的指导必须要贯穿始终,把好社会主义办学的方向关,把好大学生德育队伍的"门槛"关,选择一批政治素养要强、严格遵守政治纪律、具备中华优秀传统文化素质的德育理论课专兼职教师。

新时代的大学生德育建设还面临着诸多挑战,德育理论课教师队伍里的党员教师更要充分发挥先锋模范作用,以身作则、关爱学生,让大学生在生活学习中耳濡目染地提升自己使用矛盾分析法分析问题和解决问题的能力,帮助大学生清晰认识世情、党情和国情,进而能自主辨析西方错误思潮的本质与危害,使师生在共同面对外来的、恶意的意识形态领域的冲击时,能够始终保持定力,并且以实际行动阻止错误思想的蔓延与渗透。

(二)提升德育理论课教师融入的道德责任意识

中华优秀传统文化融入大学生德育,对大学生能够起到潜移默化的教化作用,涵养高尚的道德品质,推动我国新时代公民思想道德建设。目前,一些大学生对于社会中的道德产生了质疑,往往主动的一个善举却使得他们的价值观开始产生了动摇,比如有人在需要帮助时,自己应不应该及时施以援手,还是说应该先观察周围的环境,以免被人构陷和诬告。还有的大学生对于自己能遵守的道德,而亲眼看见别人"零成本"的违反,从而导致了一种心理上的不平衡,比如公共场合有人插队、地铁上有人吃东西等。对于德育理论课教师而言,要在充分了解社会道德现状的基础上,切实根据大学生身心发展的规律,不断强化自己融入的道德责任意识,特别是要做到主动地融入、有的放矢地融入,针对大学生可能产生怀疑和动摇信念的问题,要做到超前预判、超前摸排和超前处理,这样不仅有利于提高自身的职业道德素养和人格魅力,也有利于取得更好的融入实效。

"己所不欲,勿施于人",就是如果德育理论课教师对中华优秀传统文化都持怀疑和否定态度,在部分大学生缺失道德品质的今天,就无法要求大学生在辨析思想文化中培育和践行中华优秀传统文化。因此在融入过程中,德育理论课教师首先就要塑造自身的道德品质,努力构建有自己鲜明特色的中华优秀传统文化知识体系,加强各教师之间对于中华优秀传统文化教育的交流与合作,共同全面剖析中华优秀传统文化的价值意蕴,在充分吸收其精华的基础上,致力于将中华优秀传统文化贯穿于大学生德育的全过程。不仅如此,德育理论课教师还要在课上课下的一言一行中注意自身的道德品行,并充分运用德育话语给大学生展现中华优秀传统文化的感染力,以辩证唯物主义和历史唯物主义开展融入工作,让大学生切身体会到它作为文化精髓的核心特质,增强大学生对中华优秀传统文化的亲切感与认同感,塑造大学生优秀的道德品格。

"吾日三省吾身",道德是人们在社会中约定俗成而遵守的行为准则和道德规范,也是一种社会意识形态,做到"有道德情操、有仁爱之心"是党和国家基于新形势下对德育理论课教师的殷切希望。当下,国际秩序和世界格局的变革处于百年未有之大变局中,一些西方国家试图利用市场规则来降低道德规则,蓄意从德育理论课教师身上打开我国大学生道德缺口,宣扬所谓的西方价值观和普世观,从而错误引导部分大学生产生对于我国社会意识形态和中华优秀传统文化的批判和否定意识。在这种情况下,德育理论课教师更要时刻保持政治清醒,做一个在道德上的"巨人",在融入过程中充分汲取道德教育资源,强化自身的道德意识、民族意识和阶级意识,并以《新时代高校教师职业行为十项准则》时刻提醒自己,使自己在大学生的道德教育中不失位、不缺位,带领大学生严守自己的道德高地,遵守社会公德。

（三）提升德育理论课教师融入的教学责任意识

德育理论课会直接影响到大学生德育质量,一堂好的德育理论课首先取决于德育理论课教师的教学水平,而德育理论课教师的政治责任与道德责任也都通过教学得以履行,所以,德育理论课教师在融入的过程中,必须充分认识并承担自身的教学责任,对于中华优秀传统文化以及所授内容必须做到内化于心、外化于行、由己及人,才能真正增强中华优秀传统文化对大学生道德品格塑造的感染力,帮助大学生真正理解共产主义远大理想的内涵。

充分发挥德育理论课教师教学的主动性。在融入过程中,德育理论课教师首先要主动形成学习中华优秀传统文化的高度自觉,把更多的中华优秀传统文化知识装进自己的知识库,形成系统化、结构化的中华优秀传统文化知识体系,并且积极与德育教学内容相联系。比如在中华优秀传统文化融入马克思主义理论知识的讲授过程中,德育理论课教师要善于运用中华优秀传统文化的优秀精神作为引领大学生发展的旗帜,同时,要紧跟时事去了解大学生在中华优秀传统文化方面关心的日常生活热点,将这些关心的热点问题融入德育理论课课堂,在加强对大学生的引导和充分发挥其主体性的基础上,共同对热点问题进行准确的剖析和讲解,进而提升德育理论课的吸引力,从而使大学生实践中华优秀传统文化成为一种行为习惯。特别是在融入的过程中,针对大学生有任何疑问的教学内容,德育理论课教师一定要科学地、正确地和积极地回答,一定要注意不能刻意回避社会现实问题,脱离实际只会导致大学生脱离德育理论课课堂、远离社会主义现代化建设的正确道路,只有消除部分大学生心中的一些疑问,才能使他们更加坚定地选择站在历史、站在人民和站在中国共产党的正确的一边。

　　充分发挥德育理论课教师的创造性。在融入过程中,德育理论课教师要拓展自己的知识视野,从中华优秀传统文化中汲取丰富的教学营养,并联合其他学科知识,构建符合新时代大学生发展的知识体系。中华优秀传统文化融入大学生思想政治教育有利于深化德育理论课教学改革,德育理论课教师应当准确把握融入内容和融入路径对于大学生德育在教学内容、形式、方法等方面的创新,不断为大学生德育注入持续的活力。充分利用好中华优秀传统文化的德育属性,以中华优秀传统文化的主要内容增强德育话语能力,运用大学生喜爱的教学语言,提高德育理论课的亲和力、感染力,从而激发大学生在德育理论课课堂中的主动性。德育理论课教师更要加强对中华优秀传统文化的道德资源的深入挖掘,同时作好对新时代大学生德育教材体系的解读与阐释,深入剖析其历史背景与理论渊源,作好巧妙的情感实践体验设计,有效运用信息化手段,创新教学模式。

　　充分发挥德育理论课教师的积极性。一直以来,国家都在强化高校马克思主义理论教学机构和学科建设,使得包括思想政治理论课教师队伍在内的高校德育理论课教师队伍建设也取得了非常显著的成绩,但仍存在部分德育理论课教师对于工作的积极性不高,落入到了唯职称或者唯论文的职业陷阱里去了,忽视了育人的本质,这样不仅导致课程教育效果不高,也进而造成融入效果不佳。所以在融入过程中,国家和高校要深化德育理论课教师教育考核评价体系改革,始终以德育理论课的教学质量和水平作为首要评价标准,完善德育理论课教师的晋升机制,不再将唯论文、唯项目等作为评价的标准和条件,打破部分德育理论课教师早早存在的"职业倦怠期",强化德育理论课教师在职进修制度的培养方式,使其精力充分回归于钻研教学内容和教学方法等教书育人本身,回归自己教育的初心,从而提高德育理论课教师对于融入的积极性。

四、培育大学生核心素养,提高融入实效

　　北京师范大学核心素养研究小组在 2016 年经过三年的时间和教育部基础课程教材专家小组的评审,终于将《中国学生发展核心素养》发表。该小组从三个层次进行分析,把学生核心素养明确界定为"能够适应自身、社会发展需要的品格能力"。鉴于当前大多数大学生对于自身

和学生核心素养要求的认识还不够深入,因此,要以大学生为主体,提高大学生培育核心素养的自主性,而中华优秀传统文化融入大学生德育必须契合大学生核心素养的发展要求,不仅能够促进大学生把弘扬中华优秀传统文化贯穿于自己的思想和行动中,也有利于大学生主动地融入社会,在社会中实现自我价值。

（一）强调文化基础,自觉重视中华优秀传统文化

核心素养的第一个层面是文化基础,文化基础要求大学生以追求真、善、美为目的,以奠定人文底蕴和培育科学精神两大素养为主,学习并运用人文领域与科学领域的知识和技能。当代大学生要清晰地、正确地认识到自身的文化素养水平,要明确对于文化的掌握,不仅在于其广度,也在于其深度,不能只以能否说出来作为判断文化素养水平高低的标准,更要把握文化中的脉络、核心内容和精神品质等。大学生是社会中的新生力量,也是未来社会中流砥柱的存在,一定要用正确、科学的态度对待中华优秀传统文化,明确其是中国特色社会主义建设的文化支撑和精神源泉,不能对中华优秀传统文化一刀切、以偏概全,应该在新时代中国特色社会主义这一新阶段中继续学习和弘扬中华优秀传统文化,在实践过程中主动孕育自己优秀的精神品格和高尚的价值追求,夯实自身的文化基础,做一个独立的、有思想的、崇尚科学的人。

社会存在决定社会意识,大学生对于中华优秀传统文化的认知也会直接影响到自身文化基础的夯实以及高校立德树人根本任务的完成,因为缺少了中华优秀传统文化的涵养,就不能充分发挥中华优秀传统文化的价值意蕴。因此,高校应该联合相关部门、社会组织和众多家庭共同构建中华优秀传统文化育人格局,形成强大的育人合力,以提升大学生和社会对于中华优秀传统文化的正确认知。古有天下之本在国,国之本在家,而中华优秀传统文化中的爱国情怀、社会风尚和荣辱观念等大多萌芽于家庭,所以高校要高度重视家庭传统美德教育的作用,特别是要以辅导员队伍为主,利用微信、QQ等网络平台,在增强家校之间有效沟通的同时,积极引导家庭建立学习中华优秀传统文化之风的浓厚氛围,以中华优秀传统文化为纽带在家风、校风和师德之间建立可靠的联系。不仅如此,新时代大学生在高校和家庭里接受的中华优秀传统文化教育与德育都将在社会中进行实践与调整,所以高校要加强与社会各方的沟

通,凝聚弘扬和践行中华优秀传统文化的社会共识,让企事业单位给大学生提供更多实习机会,也积极为大学生正确认识中华优秀传统文化提供多元空间。

同时,部分大学生也要端正自己学习中华优秀传统文化的动机与态度,不能把学习中华优秀传统文化和德育视为一种功利性的行为,改正与转变想要以此获利的思想。眼下部分大学生参与融入过程的真实动机并不是真正为了提升自身的人文底蕴与科学精神素养,而是为了以学习这些内容后的结果作为可以评奖评优的有效条件,他们并没有真正的学习热情,既不利于实现大学生德育教育的本质要求,也不利于在融入过程中实现中华优秀传统文化的创造性转化和创新性发展。所以,大学生一定要以正确的态度学习和认识中华优秀传统文化,正确认识到融入对自己提升道德修养与塑造人格品质的重要作用,要提高学习中华优秀传统文化与德育的积极性和主动性,少一些功利性的目的,接受其潜移默化的价值熏陶,并在经济全球化快速发展背景下越来越多思想和文化的交流碰撞中提升自己辨别优秀思想和优秀文化的能力,在中国特色社会主义事业建设中强化自己的主人翁意识。

(二)加强自主发展,自觉习得中华优秀传统文化

核心素养的第二个层面是自主发展,大学生要学会自主学习和健康地生活,让自己的人生有一个清晰的目标,并在现在和未来的学习和生活中主动朝着这个目标不断努力和奋进,以获得更好的人生发展。习近平总书记指出,"想要发挥学生主体性作用就要加大对学生的认知规律的研究",而德育理论与实践重要的研究问题就是主体、客体及其二者之间的关系,并由此延伸出了单主体说、双主体说和多主体说等观点,但"德育主体和客体之间是主客二分和主客合一的辩证关系,是主客同构、共处一体的辩证关系,不能片面看待",所以在融入过程中,高校要通过校园建设、校风建设等,积极引导大学生不断强化学习和传承中华优秀传统文化的自我意识,让大学生在整个融入过程中充分发挥主观能动性,为融入注入活力的同时,也为大学生德育提供动力。

自我意识是大学生彰显自己独立、自觉的重要组成部分,当他们步入大学校园的那一刻,就意味着他们将进一步形成自己的独立性和自主性,而一旦这种自我意识缺失,大学生便不是在学习和生活中的真正主

宰者,已经无法满足高等教育对大学生的要求。因此,在融入过程中,大学生要在对自己道德修养和精神品质等有清醒的认知的基础上,认真学习融入的主要内容,主动提高自身的道德修养,真正习得中华优秀传统文化,锻炼自己自主应对和解决现实社会生活中解决难题的能力。而德育理论课教师也要注意,在融入过程中,应以当代大学生实际的关心方向和现实需要为主,在教学中尽量做到多一些情理、少一点灌输,以实际行动尊重和激励大学生;在整个教育过程中,德育理论课教师也要时刻主动与大学生进行交流,不断迸发出主导和主体的双向力量,促进大学生在思想上多一些创新、少一点标准,提高大学生参与融入的自觉性。

主观能动性是主观意识在客观世界中的积极作用,大学生在融入过程中不仅要以实现人生的价值追求为目标,更要把主体的积极性和精神力量结合起来,充分发挥自身学习中华优秀传统文化的主观能动性,在融入过程里认真学习和领悟中华优秀传统文化的精髓,充分认识自我、发现自我价值和发掘自我潜力,并积极加强对于融入内容的内化,形成自身正确的、符合社会发展要求的中华优秀传统文化知识结构。高校也要努力为大学生搭建可以充分锻炼自我教育的平台,积极开展多元化、多形式的融入活动,不要局限于一间小小的教室,要把融入扩展到图书馆、寝室、食堂和操场等校园的每一个角落,引导大学生在耳濡目染的影响下发挥主观能动性,不断积极参与融入、创新融入和实现融入,真正在整个过程中了解和掌握中华优秀传统文化的内涵和价值。

(三)强化社会参与,自觉践行中华优秀传统文化

核心素养的第三个层面是社会参与,以责任担当和实践创新为主要内容,重在关注价值取向、创新意识、行为方式在自我与社会关系中的作用,大学生要不辜负这个最美好的时代,要向中国社会长河里每一位品德高尚的人学习,积极承担起社会主义现代化建设的重要任务,以服务社会、奉献社会和发展社会严格要求自己,让整个社会不只充满更多的"小爱",还有每一个中国人都认可的"大爱"。"不负韶华,不负党和人民的殷切期望",这是习近平总书记对新时代青年的寄语,作为一名大学生要始终牢记这个时代赋予自己的历史使命,在融入过程中一定要增强对中华优秀传统文化的认同、对中国特色社会主义现代化的认同以及对中国共产党的认同,自觉践行尊师重教等中华优秀传统文化,坚决贯彻落

实党的政策、方针和路线，力求向新时代社会主义现代化国家建设需要的高素质人才靠近，实现全面发展。

从自己做起，每一个大学生都要明确自己在新时代背景下促进社会治理和社会发展的责任，不能天天喊着一些口号却始终坐享其成，要在德育实践课教师和家庭成员等正确引导下，把融入过程中内化的中华优秀传统文化内容积极外化为自己促进社会治理和社会发展的实践活动，以社区志愿者活动为例，提前了解相关社区的居民构成，列出一些可能存在的问题和可能需要帮助的群体，然后根据实地摸排的情况，确定社区中每一个真正需要帮助的群体和他们的实际需求，把自己可以解决的问题处理好，再把自己现在不能处理的那部分内容报告给社区或者有关部门，做到真正以社区居民的实际需求为出发点，践行中华优秀传统文化，提高自身志愿服务的能力和水平。

从小事做起，新时代大学生不仅要积极参与到国家治理体系和治理能力现代化的过程中去，也要以中华优秀传统文化为涵养，不断提升自我的道德修养和人格品质，处理好当前社会发展中的思想道德需要与当前自我道德修养和人格品质之间的矛盾。一方面，社会要加强德治、德育对大学生的启发与引导作用，不仅要通过融入过程让大学生知道中华优秀传统文化的内容，也要通过榜样宣传等形式让大学生看到关于中华优秀传统文化的行为，更要通过多元化的社会实践活动让大学生践行中华优秀传统文化的核心；另一方面，大学生也要不断培育自己的法纪意识，主动了解并向自己身边的同学、亲人普及以《中华人民共和国民法典》为主的法律法规，要在社会中树立勇敢与一切违法乱纪的行为作斗争的思想，要把中华优秀传统文化真正贯彻到自己的学习、生活和未来工作中，更要坚定中国特色社会主义现代化的信心。

第四章　中华优秀传统文化融入
高校德育建设的体现

　　丰富的哲学思想、人文精神、道德理念是德文化的主体内容,以德育人是中华优秀传统文化教育的特质。高校德育在学科建设中推进中华优秀传统文化教育,首先要以"立德树人"为导向,要注重中华优秀传统文化知识学习的系统性和完整性,更要突出本学科的思想教育性。本章就通过中华优秀传统文化思想来分析其融入高校德育建设的主要内容与借鉴。

第一节　大学生德育中儒家思想
先秦德育的示范

一、先秦儒家优秀德育思想

　　在探讨有关先秦儒家优秀德育思想融入大学生道德教育研究之前,我们必须对其相关概念进行界定说明。下面总结了先秦儒家优秀德育思想的概念及特征,对下文的展开具有铺垫作用。

（一）先秦儒家德育思想

1. 先秦儒家思想

众所周知,"儒家"是孔子创立的学派,在先秦诸子百家中占有重要地位。儒家学派自孔子创立开始在我国已经有两千五百多年的历史了，可以说与儒家思想相伴相随的是儒家学派，没有儒家学派，儒家思想也就无从谈起。学术界普遍认同儒家思想大体经历了四个发展阶段：第一阶段是以孔子为代表的先秦原始儒学；第二阶段是以董仲舒为代表的两汉儒学；第三阶段是宋明理学；第四阶段是现代新儒学。这里的先秦主要是指秦朝建立之前的春秋战国时期。先秦儒家思想的产生、形成、发展，都离不开先秦儒家学者的辛勤耕耘，创立者孔子为其确立了基本理论形态，后继者孟子、荀子等将其继承和发展，慢慢发展完善成一个内涵非常丰富的思想体系，其内容不仅包括现代学术意义上的哲学，还包括伦理学、政治学等。先秦儒家的思想主要记载于先秦儒家的作品中，如《论语》《孟子》《荀子》等。

2. 先秦儒家德育思想

先秦儒家德育思想是先秦儒家思想的重要组成部分，也是中华优秀传统文化中不可或缺的组成部分。虽然先秦儒家思想体系中没有"德育"一词，但不难从先秦儒家学者的言行中看出他们推崇道德教育，可谓"没有德育一词，却实实在在有德育之实"。关于"儒家德育"的概念，武汉大学的黄钊教授曾作了界定，他在其著作《儒家德育学说》中认为"'儒家德育'即'儒家学者所倡导的思想道德教育'，它基于道德教育，同时又涵盖世界观、人生观、价值观、政治观等意识形态的内容"①。

由此，我们大体能够归纳出，先秦儒家德育思想主要是指先秦儒家学者在思想道德教育方面形成的系统的具有意识形态的主张、内容、方法、原则等理论思想的总称。

3. 先秦儒家优秀德育思想

对于先秦儒家优秀德育思想概念的界定是比较难的，但我们一般认同先秦儒家优秀德育思想是先秦儒家德育思想的精髓和智慧，是那些与当代文化相适应、与现代社会发展相适应，传承至今的且生命力旺盛的精华部分，而不是那些落后保守、不顺应现代文化主流的糟粕。

综上所述，先秦儒家优秀德育思想主要立足于先秦时期三位著名儒

---

① 黄钊. 儒家德育学说论纲[M]. 武汉：武汉大学出版社，2006：172.

家学者孔子、孟子、荀子的德育思想。这些优秀的德育思想符合马克思主义的基本理论，能够为道德建设提供有益启发，放在当代社会仍然富有魅力。由于先秦儒家优秀德育思想内容、范围广博，无法详尽列举、论述。因此，这里先秦儒家优秀德育思想的主要研究对象选取的是与大学生道德教育联系最为紧密，最具当代德育价值、德育内容和德育方法的思想，主要包括"仁""忠恕之道""君子人格""义利观""孝悌"道德修养论在内的德育内容，以及崇德向善的德育理念，反求诸己、身教示范、知行合一的德育方法为主的思想体系。

（二）先秦儒家优秀德育思想的特征

1. 德育思想的政治性

先秦儒家优秀德育思想的一个重要特征是道德与政治有机统一，即把道德与政治结合起来，重视道德教育的政治功能，借用德治手段以达到治理国家的目的。我们可以从先秦儒家学者的相关经典著作中窥探一二。孔子非常重视道德教化，并主张"为政以德"。"为政以德，譬如北辰，居其所而众星共之"①，孔子说的这句话，表达出道德教育的政治功能，说的是如果统治者采用道德教化的手段来治国理政，那么统治者就像北极星一样，即使他永久处在一个固定方位上，老百姓还是会像众星一样自然而然地环绕着北极星，映射在现实生活中，老百姓便会自然而然地拥戴、拥护"为政以德"的统治者。此外，孔子主张的是德治，而非严刑峻法，他将"德"与"刑"放在一起作对比，最终得出结论为"道之以政，齐之以刑，民免而无耻；道之以德，齐之以礼，有耻且格"。

在治国理政过程中，"刑"所起的作用远不如"德"，统治者采用刑法的手段来治国理政，虽然能使国人免犯错误，起到警戒、威慑、威胁的作用，但国人并非真正从内心主动遵循道德规范，而是被动地出于对刑法的畏惧而遵守道德规范。孔子将"德"与"刑"相较，突出了德治的优越性。孟子在孔子的"为政以德"思想基础上，继而提出了"仁政"学说，认为统治者要重视道德教育以得民心，"善政不如善教之得民也。善政，民

---

① 杨伯峻译注. 国民阅读经典 论语译注[M]. 北京：中华书局，2019：15.

畏之;善教,民爱之。善政得民财,善教得民心"①,从这句话便可看出孟子强调道德教化的作用,相比于好的政令,"善教"更能赢得民心。

综上可以看出,先秦儒家在构建德育理论体系时,往往立足于统治阶级的角度,强调统治者个人道德修养与国家发展之间的关系,重视道德的政治功能,倡导德政或是仁政,主张德育应该为治国平天下而服务。因此,先秦儒家优秀德育思想具有强烈的道德政治性,而这对于我们当今道德建设与治国理政相结合仍然具有理论上的借鉴意义。

2. 德育思想的社会性

先秦儒家优秀德育思想具有非常强烈的社会责任感。"仁"是其伦理道德范畴的核心,孔子推行"仁"的重要标准就是"推己及人""仁者爱人",社会责任感在这里尤为体现出来。"仁者爱人"是一种道德义务,是维系社会关系的纽带。弟子颜渊曾向孔子问仁,孔子对弟子颜渊回答道:"克己复礼为仁。一日克己复礼,天下归仁焉。"②

在这里孔子回答了该如何归为仁的问题,克己复礼为仁即自我约束,便可达到仁。孔子认为,士人君子要以"仁"的道德标准要求自己,学会抑制自己内心深处的欲望,不能放任自己的欲望,做到这样,便是履行了对他人和社会的道德责任。这也从侧面反映出孔子的"仁者爱人"是建立在"克己"的基础之上的。除此之外,孔子的"仁者爱人"思想还包括他提倡的"忠恕之道","忠恕之道"同样也强调个体对他人要宽容、要尊重。在与人相处时,处理人际关系时,要学会做到"己所不欲,勿施于人",做到"己欲立而立人,己欲达而达人""我不欲人之加诸我也,吾亦欲无加诸人"等。

以上提到的有关与人相处时的基本准则,都表现了一种"推己及人"的道德利他主义,而不是极端的个人主义。因此,可以看出先秦儒家提倡的道德教育活动具有强烈的社会性。

3. 德育主体的自律性

先秦儒家优秀德育思想中提倡"慎独",认为培养君子人格的根本在

---

① 赵清文译注. 孟子[M]. 北京:华夏出版社,2021:302
② 杨伯峻译注. 国民阅读经典 论语译注[M]. 北京:中华书局,2019:172.

于自省意识，即个体通过自我反省了解、认识、反思，达到个人对道德的自觉、自律。孔子提倡"内自省"，最早提出"见贤思齐焉，见不贤而内自省也"①，即看见贤能的人，自己要主动向人家看齐，学习人家的优良品德；看见不贤的人，则要学会自检自查，严格审视自我，自省自律，才能实现道德上的自我完善。孟子则提出"反求诸己"的自省意识，"仁者如射，射者正己而后发；发而不中，不怨胜己者，反求诸己而已矣。"②孟子强调遇事要反躬自省，严于律己，要学会从自己身上找原因。荀子同样赞同人要有自省意识，要经常省察自己，他自己则提出"参省"的主张，"君子博学而日参省乎己，则智明而行无过矣"③，荀子认为，君子只有把"博学"与"参省"结合起来，他才会变得聪明，行动上就不容易犯错误了。

综上所述，先秦儒家学者认为，要想实现自我道德的提升，要把克己反省融入日常生活中，要发挥自己的主体性、主动性、自觉性，认真自我评判、反省自检、自我约束，只有通过自我内心的反省，才能达到君子人格，才能拥有良好的德性。

4. 德育施教者的示范性

在具体的道德教育实践的过程中，先秦儒家学者不仅强调道德个体的克己内省，还强调道德施教者的示范引导作用，发挥施教者的榜样作用，把先秦儒家道德思想中"德治教化"作用发挥到了极致。如孔子提出"其身正，不令而行；其身不正，虽令不从"④，孔子认为，作为道德教育的施教者，要想教化他人，首先得"修己"，即自身要有好的道德修养，才能为他人作榜样示范，他人才会信服于你，强调身教胜于言传，这一道理同样适用于统治者。孔子提出"上好礼，则民莫敢不敬；上好义，则民莫敢不服；上好信，则民莫敢不用情"。假设统治者真正做到了讲究礼节、真正做到了行为正当、真正做到了诚实守信，则老百姓不敢对统治者不敬、不服、不用情的，强调发挥道德施教者榜样示范作用。在这点上，孟子、荀子继承了孔子的观点，孟子也提倡施教者要以身作则，为学生树立良

---

① 杨伯峻译注. 国民阅读经典 论语译注[M]. 北京：中华书局，2019：54.
② 赵清文译注. 孟子[M]. 北京：华夏出版社，2021：77.
③ 楼宇烈主撰. 荀子新注[M]. 北京：中华书局，2018：2.
④ 杨伯峻译注. 国民阅读经典 论语译注[M]. 北京：中华书局，2019：188.

好的榜样,发挥道德施教者的榜样示范、引导作用,"其身正则天下归之"①,如果自己的身心端正了,那么天下的人也都会信服于你了。同样荀子在《修身》篇中也提出"夫师以身为正仪"②,说的同样是为师者,应该注重自己的一言一行,为学生起到一个榜样作用。作为道德施教者,要严格规范自己,发挥自身垂范作用,这也凸显了先秦儒家道德思想中强调道德施教者的示范性特征。

二、大学生德育对先秦儒家教育方法的借鉴

先秦儒家教育方法,对于中华民族一脉相承的中国精神和传统文化情理结构的稳定模式的产生、完善曾起过至关重要的作用。迄今为止,我们依然能够从中含菁咀华,运用其精华部分来提高和升华大学生的思想道德水平。先秦儒家教育中的启发教育、因材施教、身教示范、改过迁善等教育方法以及自我教育法,仍值得我们好好总结和利用。

(一)促进大学生德育方法创新

要想实现大学生德育的创新,通过德育方法入手无疑是条捷径。先秦儒家教育方法和当代德育方法存在很多相似之处,其成功经验仍值得借鉴。下面主要从学生、教师和环境三个角度论述,并进行相应的探索。

1. 以学生为中心提高德育针对性

德育是一种"人心工程",最终落脚点是解决如何教书和如何育人这两大核心问题,问题的中心点是如何解决好"人"的问题。而"人"都是现实存在的、各有不同的个体,个体之间的不同是教育者进行因材施教的依据和条件。因而,德育只有做到因材施教才能使学生将德育的普遍要求变成个体的自发行为。孔子通过对话了解每个弟子关于"仁德"和"明智"的看法,子路、子贡和颜渊三人对仁德和明智有着不同的看法,知识使人能够认清自己、认清他人,仁爱使人爱自己并能尊重、爱护他人,对自己和他人有清晰的自知,这是三个弟子分别从不同出发点表述自己对

---

① 赵清文译注. 孟子[M]. 北京:华夏出版社,2021:150.
② 楼宇烈主撰. 荀子新注[M]. 北京:中华书局,2018:28.

智和仁的看法,孔子虽然对其作出不同评价,但并未区分对错,本意是在考察弟子个体不同的观点所表现出的不同的认知和主观映象,而后顺水推舟、对症下药即可。孔子对学生的教育,不只是单一的道德教育,也不是以身份地位为前提,而是尊重理解每个人的个体差异并善于发掘个体的闪光点,以学生为中心,以尊重个体意愿为起点,使学生通过主观经验获得自发体会、自发成长与自我完备,从而得到提升。

当代大学生担负着中华民族伟大复兴的重大使命,需要德育根据每个学生的不同情况寻找切入点。

首先,要顺应时代要求,按照国家拟定的课程标准,调整德育课程的着重点,教育者要帮助学生坚定马克思主义立场,树立崇高的价值追求,将个人意向与全体意志整合在一起,并通过个人现实不同情况,为国家培养具有多样性的不同领域人才。

其次,尊重学生的智商高低和兴趣不同,孔子在《论语·公冶长》中说道,颜回可"闻一知十",而端木赐只能"闻一知二",其认识到个体之间是具有差别的。作为教育者,对于智力较高的学生在关键时刻点拨和适当地启发诱导,使其豁然开朗,培养其独立个性;对于反应较不灵敏的学生就要更加包容和理解,根据学生的性格特点回答学生的问题。要根据学生所擅长的不同之处进行鼓励,使他们发挥所长、享受热爱,在实现德育的过程中帮助他们找到自己的价值。

最后,作为教育者,要保持终身学习,才可以游刃有余地解决学生提出的问题。教育者更要注意话语的表达方式和亲和力,在课堂上教师用活泼生动的语言进行授课可以拉近教师与学生之间的距离,达到师生之间的和谐状态,一个教育者如果能受到学生的尊重和爱戴,那么教育也就事半功倍了。

2. 以问题为导向丰富德育方法

高校德育课是承载大学生德育目标、教学内容和育人方法的主要载体,是培养大学生立德树人的主阵地。德育理论课最常用的两种教学方式就是"灌输"和"启发",理论灌输是教学过程中必不可少的一个环节,理论灌输的最终目标是把一些专业知识强制灌输到学生头脑中,使学生能够坚守马克思主义立场和相信真理的观点,但灌输式教学不等于不分内容地强制灌输,而是在教师和学生彼此互动的过程中,教师将特定的理论知识有方向、有主次地传递给学生。党的方针政策、主流价值、道德观念和科学理论等都需要使用灌输的方式,但如何使学生更好地接受并真正理解转化为具体行动是德育的首要问题。德育说到底是帮助人进行思想转化的过程,德育首先需要做的就是启迪学生能够分清对错、辨明善恶,要达成这一目标,就必须从学生的思想品德实际状况出发,理解学生的意愿,激发学生的主观能动性和潜力。人的思想并非客观就有的,是客观世界在人脑中形成的映像,促进德育不断完善来满足社会和阶级的要求。而人的思想是知、情、意、信、行协调发展的过程,如果只有理论灌输没有教师的启发诱导,不需要学生进行独立思考发现知识,学生的积极性就会被限制,会对德育出现厌恶心理;如果没有理论灌输只有教师的启发诱导,学生在没有理论认知的基础上对社会和世界的认知就会产生偏差。

先秦儒家教育方法中同样包含理论灌输和启发式教学,封建统治者为了维护封建统治和社会平稳运行尽力推崇儒学的四书五经,并要求后人不得更改,只能奉读铭记,并通过编写脍炙人口的诗词歌赋和普及简单易记的蒙书来传播儒家思想,使人过目不忘,逐渐实现了普及儒家道德理念的教育目标。同时先秦儒家学者在大量的教学实践中发现,德育要想取得一定成效,就要充分激起学生学习的主观能动性,引导学生自发思考,使他们能够融会贯通并举一反三。

在今天,大学生德育仍然需要借鉴先秦儒家的理论灌输和启发式教学相结合的教育方法,通过理论灌输使学生掌握基本的科学知识和党的政策方针等,晓之以理、动之以情、导之以行,使学生将德育理论自觉内化到头脑中去。通过启发教学激发学生的学习动力,才能使学生理解德育的教育作用,自觉制订学习目标,将德育理论潜移默化地应用于价值观构造中。学生为了实现学习目标,亲身参与到问题的发现、分析和思考的过程中,激发求知欲和积极性,自觉将理论内化和外化于经得起实践检验的行为,在这个过程中逐步培养起自发努力和反复斟酌的能力,推动德育的完善。

坚持德育理论灌输和启发教学相统一的教学方法,坚持理论传授与人格塑造并驾齐驱,将"顺导"和"引导"恰当结合,在传授知识的同时更加关注学生的接受度,更加关注学生的理想信念和价值观的形成发展,采取的教学方式更加注重表达方式和灵活性,强化德育的有趣和实用之处,提升教学质量。

3. 以教育者为榜样发挥教育者的引领作用

叶圣陶曾说过："教育工作者的全部工作就是为人师表。"教育者职业工作的全部过程，就是通过自身的道德品行、主观认知、理智感和专业知识表现在教育过程中来对学生产生影响，一个教育者没有经历系统的师范教育和专业的培训，或者上岗后中断对外界信息的吸收、停止思想行为的提升，那么教育效果也会大打折扣，反而可能产生不良效果。孔子认为示范作用比课堂讲授效果更明显，他认为统治阶级要想达到国泰民安，必须以身作则，给民众以正确的行为示范，强调身教示范是切实有用的。孟子与荀子也明确提出过教师在育人时一定要有理有据，并做到自身行为端正和重视礼仪，体现了教书育人、师德师魂、榜样教育的至关重要性。这一番话语表明先秦儒家提倡的榜样教育方法并未陈旧，仍对现今的德育具有重要意义。

经过近来德育方法的不断改良，大学生德育为先秦儒家身教示范教育方法延伸出更深层次的含义。一是教育者在教书育人过程中以自身为楷模，树立仿效榜样，给教育对象以示范和启发，强调以行示人、以行教人、以行感人。那么教育者应不断增进自身爱岗敬业、诲人不倦的职业道德建设，以社会主义核心价值观为自身行为指南，提高自身的教育水平，做有理想信念、有道德情操、有扎实知识、有仁爱之心的好老师。二是教育者提高个人人格魅力，习近平总书记指出，教师"人格要正，有人格，才有吸引力……要有堂堂正正的人格，用高尚的人格感染学生、赢得学生，用真理的力量感召学生，以深厚的理论功底赢得学生，自觉做为学为人的表率，做让学生喜爱的人"。作为教育者要做好榜样，发挥积极作用，在日常教育过程中潜移默化地给学生以积极健康的引导，帮助大学生形成正确的价值取向，实现社会价值。

（二）激发大学生进行自我教育

自我教育，是与教师主导相对应的，通常意义上教育一般指教师主导的教学过程，但广义来说，教育应该包括教师主导和学生自发学习，是二者相互补充、互相作用的结果。先秦儒家所倡导的自我教育法，经由后世发展，已经成为大学生德育教育过程中必不可少的一部分。这一教育方式的目标在于挖掘学生自发努力的积极性和提高自身修养的需求，对教师主导教学法起到查缺补漏的作用。

1. 培养大学生主体意识

自我教育由来已久,在几千年前的儒家极其盛行。自我教育是指将自己看作学生,通过自我认知、自制自律、自我提高等途径,把德育的学科专业知识转化为对外行动,把社会制定的规范和自我提高的需求统一,不断自我发展、自我完善。随着社会各界对大学生德育的关注度不断提高,自我教育的作用必然更被重视。唯物辩证法认为,内因处于关键地位,它决定着整个事物发展的走向。因此,提高人的综合素质,最基础的是激发个人努力动机,而大学生德育如何发挥作用,最重要的因素是自我教育。

提升自我修养水平时,需要尊重个体意愿,自发决定方式方法,并在教师引导下科学地进行。先秦儒家学者在教育弟子时多次强调态度端正的重要性,学生在读书时要切实培养脚踏实地、毕恭毕敬、一丝不苟的心态,在此基础上,孔子在教学过程中非常注重培养学生好乐好学的精神,还深刻地点明,好乐好学的心理状态是"学犹不及,犹恐失之",在乐学的过程中保持"如之何? 如之何?"的反思反省精神,力争做到每天都能学习新东西、牢记学过的东西。强迫的东西是不会保持在心里的,只有处在愉快的学习氛围中才能牢固识记,并在此基础上反思反省才有所得。

德育的最终目标是提升大学生综合能力,成为德、智、体、美、劳全面发展的社会主义事业的建设者和接班人,这是大学生实现远大志向必须做到的,也是高校教书育人的教育目的和课程目标。为了实现这个目标,需要调动大学生的主观能动性,结合时代发展的条件和自身的需求,自主了解和体会德育理论知识,对提高大学生的品德修养和学科知识水平大有益处。

总之,自我教育需要全面地认识自己,深化对自己、对客观世界的认识,增加自身的政治理论知识和修养水平,摆正主观和客观的关系,才能正确地进行反思反省,提高自身修养水平。

2. 养成大学生自律习惯

德育的目的是培养个体将社会规定的行为准则牢记于心并使行为

符合法律和道德的要求，提高学生自制自律、自我管理的意志力。自我管理指的是自发利用法律、管理制度和道德情理约束自己的言谈和行为。如果学生都能自觉进行自我管理，自觉约束自己的言行举止，那么良好的社会风尚就会形成。德育的过程是通过学生自己的思想认知发生对立冲突来完成的。德育不仅要求教育者向受教育者宣讲专业的理论知识和正确的道德情理规定，更重要的是个体从自身的认知对立冲突中顿悟，最终目的是用专业知识和高尚的道德情操武装自己，达到尽善尽美的境界。

先秦儒家教育者历来重视学生的自我教育，利用社会的阶级要求和个体对提高能力的渴望来达成预期目标。孔子倡导提高个人修养来使百姓安居乐业，孟子提倡作为君子，要从提高个人修养开始，进而参与治理国家的政务。《礼记·大学》中强调"自天子以至于庶人，一是皆以修身为本"，上述提到的"修己""修身"，就是自我教育，先秦儒家教育学者不仅深刻意识到自我教育的重大意义，而且在现实生活中努力发掘实现自我教育的方式方法，倡导克己慎独、改过迁善等自我教育方式。

自律是"克己"的最高境界，大学生提升自我教育水平首先要做到坚定正确的政治立场，加强党性修养，提高自身思想层面和道德水平，塑造正确的三观，在面对错误思想时容不得半分妥协。其次要做到批评和自我批评相结合，在思想上自己教育自己，及时对自己暴露出来的缺点进行批评，克服缺点和错误思想。自我批评和批评是不可分割的，因为人不可能在任何情况下都能随时认识到自己的不足，往往需要他人实事求是的批评来启发和启迪自己。最后要做到慎独，对于一个认真展开自我修养的优秀大学生来说，"即使在他个人独立工作、无人监督、有做各种坏事的可能的时候，他能够'慎独'，不做任何坏事"。慎独就是一个人独处时，能够维持自身的道德水平。凡此种种说明，通过自制、自律、慎独，均可以规范主体言谈举止，从而提高自身道德修养水平。

（三）优化校园德育环境

德育内容的实施、活动的开展和目标的完成，都离不开大环境的承载。在新时代世界格局、社会生产生活方式、大学生就业趋势等不可变因素日益多样化的情况下，德育如何发挥环境的积极作用去提高教育实效性显得极为重要。

1. 营造校园物质文化环境

中华优秀传统文化既是人民群众创造的财富,又是人们享用的成果,优秀传统文化与人的实践活动密不可分,因此,优秀传统文化具备了作为承载德育功能载体的根本特质。同时,建设校园物质文化环境要体现出育人要素,通过文化环境影响人,润物细无声地使人发生变化。中华优秀传统文化通过创设德育的物质文化环境,利用寓教于景的教育手段去达成根本目标,实现以文化人,以文育人。

校园文化环境分为物质环境和精神环境,学生日常教育与生活都在校园文化环境里,校园环境对大学生思想品德的形成也起到一定的育人作用。校园物质文化环境为完善大学生德育提供条件,大学生德育为营造校园物质文化环境指明方向。

校园物质文化环境在于基础设施合理化,不仅要考虑建筑等自然环境的实用性,还要注意审美功能和教育功能的实现,达到校园环境的和谐。

首先,校园建筑要体现学校的独特之处,同时注意建筑、绿化和其他环境之间的协调,规划好建筑和绿化的比例、位置及色彩搭配,使学生在不知不觉中提高审美能力,增加校园物质文化魅力。

其次,在满足实用和审美需求的基础上注意发挥人文景观的育人作用,根据学校的教学特点和建校历史布置人文景观,并且可以邀请师生共同参与进来。比如可以在校园中放置石林、假山和有纪念意义的标志物等;在校庆时可以设计有特色的文化纪念衫、帽子和背包等学校周边产品;陈列校史及杰出校友的人物事迹,运用渗透的方式增强大学生的自豪感,激发其内心的奋斗精神,持久影响大学生的精神状态和行为方式。

2. 加强校园精神文化环境建设

校园文化除了物质文化环境,还包括校园精神文化建设。校园中应营造好学乐学、立志高远的学习氛围,洋溢尊师重道、积极向上的和谐氛围。校园精神文化环境是由不同要素构成的,核心是校风,校风是经过长期实践活动形成的,已经成为学校所有成员的自觉行为。

校风包括教风和学风,教风建设需要教师做到不断充实自身知识储备量和提高教学能力,还要保持高尚的道德品行,对学生起到积极正面的示范和引导作用。一所学校的学风不仅可以体现学校领导作风,也可以体现出学校教师教风,要建设出优良学风,需要各方面的共同努力,但是最终的落脚之处还是大学生。大学生应该养成一心向学的习惯和稳定的心理倾向,培养坚定意志,进而树立崇高理想。可以通过各项活动来营造积极向上的学风,对于大学生来说,竞赛在良性竞争的过程中承载着德育的功能,在板书、朗诵、教学等各个环节举办竞赛活动,具有重要的教育意义。如举办德育理论课实践教学比赛,可以促使大学生在输出的过程中检验自身的学习水平,加强对理论知识的深度了解并能熟练运用,锻炼自身的教学能力并为未来工作作准备。

在学生参加比赛的过程中能够对所准备的参赛内容了解得更为全面和透彻,通过换位思考加强师生之间的交流和互相理解,解决大学生对德育理论兴趣不高的问题。

高校要尽量发挥老师的指引功能、学生自身的积极性、制度的规范作用和环境的熏习作用,共同营造优良学风。大学生通过校园媒体观看和了解健康、有益的文娱作品,传播乐观旷达的价值观。建设具有教育性、专业性、趣味性的校园环境,以提升大学生的思想品格和专业水平。利用校园媒体的宣传,努力为大学生除去社会上的不良影响,同时带领大学生形成健康的生活态度并积极践行社会主义核心价值观。

校园媒体做好宣传思想工作首先要牢牢把握校园舆论主导权,深入宣传中国特色社会主义道路、理论、制度、文化,传播政治经济文化各领域的创新成果和模范人物,营造崇尚英雄、学习英雄、捍卫英雄的浓厚氛围,传播深入生活、扎根人民、具有思想性的文艺作品,更好地引领大学生成长路上的价值观和人生观。

3. 发挥校园朋辈教育作用

环境能造就一个人,即身处的环境和所交的朋友会极大地影响一个人。在学校中,朋辈教育既能激发同辈间的学习动力、提高学习成绩,又能调节大学生之间的人际关系。朋辈教育是一种新型的理论和实践活动,是由部分成绩优异且具有良好思想道德素养的大学生组织起来的大学生群体,他们往往具有积极向上的心态和正确的价值取向。朋辈教育符合德育的学生主体性原则,利用朋辈教育可以促进大学生成长和提升德育实效性。自先秦儒家以来,教育者非常注重交友择处的教育功能,发展至今,朋辈教育在德育中的应用十分重要。

为更好发挥朋辈教育的作用,应注意以下几个方面。

首先,应构建协同朋辈教育体系,大学生自发组织的朋辈教育具有一定的松散性和无组织性,很难达到理想的教育效果,因而可以在学生会中设置朋辈教育领导小组,吸收成员进行专门管理,制订并完善相应的管理制度和选拔制度,建立专业的教师指导队伍,使朋辈教育的建立和发展获得专业指导,为朋辈教育活动的顺利实施提供支持。

其次,自发构建朋辈教育网络信息平台,提供热点话题讨论、提供线上心理咨询和线上朋辈教育等功能。利用网络平台进行宣传,发挥自媒体的影响力,扩大教育范围,吸引更多的有志青年经过培训后成为朋辈教育者,借助理论教育去帮助更多的大学生在现实生活中践行德育理论知识,在更好地提高自己的同时发挥朋辈教育的价值,形成和谐的教育氛围。

最后,是建设朋辈教育实践活动平台,设立朋辈教育线下组织会和心理咨询中心,在校内组织开展主题讨论会、党团学习和大学生谈心活动等,探索搭建校外朋辈教育活动平台,开展讲爱心和讲奉献的校外活动,提升朋辈教育的效果,达到大学生德育目标。

4. 提升仪式活动育人效果

先秦儒家高度重视礼乐教育在人格塑造、道德培养、稳定社会秩序方面的作用,在大学生德育中同样离不开仪式活动,学校精心设计并举办仪式活动,背后承载着特定的教育意义。教育者以仪式活动为连接点,在日常活动中创建德育具体情境,使学生在耳濡目染的过程中收获知识。参与到仪式活动中的受教育者能够在此项活动中获得真实、深刻而独特的情感体验,从活动中学习传统文化知识和礼仪,形成学校希望学生获得的道德情绪和道德认知。

大学生仪式活动作为重要的活动形式之一,具有知识内化和外化的重要意义,对提升高校德育实际教学效果来说不可缺失。在今天,学校教育更是离不开仪式活动,如新生开学和毕业典礼、节日晚会班会等,都蕴含着潜在的教育性质。学校举行的一切仪式都蕴含着神圣感,一次刻骨铭心的仪式,可以让学生终生铭记,胜过千言万语的"唠叨式灌输"。

举办仪式活动的意义在于把握好仪式活动的目标、特色和落脚点，通过精心准备、润物细无声的熏陶，最终实现仪式活动的教育目标。高校应精心设置活动主题，配合主题设计教育关键点，避免流于形式。完善学生仪式活动教育体系，高校仪式活动是学校核心价值观具象化和系统化的重要载体。一场仪式活动的设计者和组织者往往是教师，学生在此过程中往往属于被动参与，为了更好地在学生身上呈现最终效果，仪式活动的设计应该贴近学生所想所需，加强学生的主体性地位，从而增强学生对仪式教育的参与感与认同感。

传统节日文化和纪念日同样具有德育功能，传统节日习俗是中华儿女在社会进程中逐渐形成的，以其独有的庆祝方式、饮食习俗、文化底蕴而自成一派，经过时间的洗礼和社会的检验流传下来，具有重要的教育价值。受教育者通过参加节日庆祝活动加深对优秀传统文化底蕴的了解，汲取中华优秀传统文化中传递的孝老爱亲、紧密团结、尊重生命和爱护自然等养料，铭记历史遭遇的苦难和和平的来之不易，提升对中华优秀传统文化和革命文化的了解认识，坚定社会主义文化自信。利用传统节日活动开展德育，提升大学生思想建设，增强大学生的荣誉感和为祖国效力的义务感。

第二节　大学生德育中道家思想生命智慧的承继

一、道家生命观的基本思想

道家生命观内容丰富，包含着道家诸子对生命问题的认识和看法，涉及生命的本源、价值、本质、过程、境界等一系列问题。以道生德为核心的生命本源观、以贵生重己为主旨的生命价值观、以自然朴真为中心的生命本质观、以通达顺化为指向的生命过程观等构成了道家生命观的主要内容。这些内容相互关联、纵横交织，成为道家生命观理论框架的重要支撑。

（一）以道生德为核心的生命本源观

对于生命根源于什么？生命从何而来？这一生命本源问题，道家进行了深入的探讨。"道生一，一生二，二生三，三生万物"①，道家认为"道"是万物存在的生命源头。"无名，天地之始；有名，万物之母"，天下万物都是由"道"衍生而来，"道"的无限生命力使整个宇宙充满生命。"道"是道家生命观中的一个核心概念，在老子看来，"道"的含义大致分为三种：宇宙本源的"天道"、自然规律的"地道"、人事法则的"人道"。这三种"道"并不是孤立存在的，它们之间相互依存、相互联系。作为宇宙本源的"天道"，在天地万物产生之后，就体现为自然规律的"地道"，而自然规律之"道"再落实到人们的社会生活中，就体现为人事法则的"人道"。"道冲，而用之或不盈。渊兮，似万物之宗"，"道"虽然空虚无形，但是作用无穷，它具有无穷的潜力和创造力。

庄子受老子"道"为生命之本思想的影响最大。"道"字在《庄子》一书中出现 320 余次，它将"道"与生命的产生直接联系了起来。"夫道，覆载万物者也，洋洋乎大哉！"②"道"是万物产生的根源与依据，它覆盖和托载着万事万物，万物得到它便能生存，失去它便会死亡，做事顺从它就能成功，违背它就要失败，同时万物也在"道"的生命力化生下得以产生成长。当然，"道"也存在于万事万物之中。因此，当东郭子问庄子"道"存在于何处时，庄子告诉他"在蝼蚁、在稊稗、在瓦甓、在屎溺"③，"道"无所不在，它普遍存在于万事万物之中。道家认为"道"产生万物，为生命存在和发展提供形上的依据。然而，对于具体生命而言，"道"是一种"玄之又玄，众妙之门"④的东西，它无象无形。这种无象无形的"道"与具体有象有形的现实存在之间需要一个过渡环节，我们称之为"德"。

这里的"德"并不是特指道德，而是得到之"得"，是形上之"道"在具体生命中的落实与实现。"道生之，德畜之"⑤，"道"生成万物，"德"蓄养

---

① 汤漳平，王朝华译注．老子[M]．北京：中华书局，2014：165．
② 方勇译注．庄子[M]．北京：中华书局，2015：178．
③ 陈鼓应．庄子今注今译[M]．北京：中华书局，2020：580．
④ 汤漳平，王朝华译注．老子[M]．北京：中华书局，2014：2．
⑤ 汤漳平，王朝华译注．老子[M]．北京：中华书局，2014：205．

万物。"道"和"德"是体用关系,德是道的外在表现形式,道德就是遵道循德。"故通于天地者,德也;行于万物者,道也"①,与天地相贯通的人凭借的是"德",能通行万物的人凭借的是"道"。"道"与"德"是相通的,只有拥有"德",生命才能成立,即"德成为之立"。在道家生命观中,形上之"道"是生命产生的根源,它只有落实到形下之"德"中,才能真正做到为生命服务。因此,只有将"道"和"德"结合起来,实现"达德体道",才能真正赋予生命活力与灵魂。

(二)以贵生重己为主旨的生命价值观

生命价值也就是说生命的意义是什么? 中国哲学诸流派对生命价值有着不同的认识:法家否认了人的固有价值,将人等同于水潦、六畜、草木;儒家则与法家不同,儒家从一开始就肯定人存在的价值,并提出"人贵于物"的主张。道家与儒家相似,都对人的生命价值进行了肯定。"价值观在本质上来说是一种主客体关系学说,人的生命价值作为一种主体价值,必须在生命主体与生命客体的关系中才能得到确立。"②我们将客体分为自然、社会、他人三种,那么人的生命价值也就可以分为类存在价值、群体存在价值以及个体存在价值。老子指出:"故道大,天大,地大,王亦大。域中有四大,而王居其一焉。"③(这里所说的"王"是作为"人"的代表出现的。)老子认为只有道、天、地、人这四种东西在无穷无尽的宇宙中是最重要的。老子并没有将万物列入"四大",而人却占了其中之一,这足以看出老子对人的重视,对人类生命存在的价值进行了肯定。"故贵以身为天下,若可寄天下;爱以身为天下,若可托天下。"④"名与身孰亲? 身与货孰多? 得与亡孰病?"这些都鲜明地表现了老子贵身重己的观念,同时也能看出老子对个体生命价值的重视。老子的贵身重己观念也被庄子所继承。"能尊生者,虽富贵不以养伤身,虽贫贱不以利累形。今世之人居高官尊爵者,皆重失之,见利轻亡其身,岂不惑哉!"⑤那些爱惜生命的人,无论是富贵还是贫贱,都不会做出伤害身体的事情。

---

① 方勇译注. 庄子[M]. 北京:中华书局,2015:177.
② 李霞. 生死智慧——道家生命观研究[M]. 北京:人民出版社,2004:201.
③ 汤漳平,王朝华译注. 老子[M]. 北京:中华书局,2014:95.
④ 陈鼓应. 老子今注今译[M]. 北京:中华书局,2020:101.
⑤ 方勇译注. 庄子[M]. 北京:中华书局,2015:484.

但世上那些位高权重的人，把名利都看得太重了，为了功名利禄不惜伤害自己的生命，真是糊涂！《庄子·让王》篇中多处阐述了生命的重要性，以及对利禄名位的轻视，足以彰显庄子重身轻物的价值观念。除了庄子继承老子贵身重己观念之外，黄老道家也继承了老子贵身重己的生命价值观。"物也者，所以养性也，非所以性养也。今世之人，惑者多以性养物，则不知轻重也。不知轻重，则重者为轻，轻者为重矣。若此，则每动无败。"①物是用来滋养生命的，不应该以消耗生命为代价去追求一些外在的东西。但是现如今许多人在这件事情上都非常糊涂，不惜牺牲和损耗自己的生命去追求外物。这样做就是把生命看轻了，而将物看重了。像这样，那就每做一件事都没有不失败的。因此，不能本末倒置，不能为追求外物而伤害了自身生命。"知大己而小天下，则几于道矣。"②懂得将自己的生命看得比权力富贵重要，那就接近于道了。生命最重要的是一种淡然平和的生命状态。无论是老庄道家，还是黄老道家，乃至玄学新道家，它们都延续了道家贵生重己、重身轻物的思想。生命价值观是道家生命观中的关键一环，贵生重己的观念也对道家生命观的特征和格调起到了决定性的作用。

（三）以自然朴真为中心的生命本质观

道家生命观认为人的生命源于"道"，只有最接近"道"的生命本然状态才能称之为生命的本性，同时指出"自然"是"道"之本性。"自然"一词在《道德经》中出现了五次：一是"悠兮其贵言，功成事遂，百姓皆谓我自然"③。这里所说的"自然"是人民自由自在，不受政府干预的一种生活状态；二是"希言自然"，这里的"自然"是说少发政令是合于自然的；三是"人法地，地法天，天法道，道法自然"。这里的"自然"并不是指存在于"道"上的独立实体，而是"本然"的意思，"道"以它内在的原因决定本身的存在和运动；四是"道之尊，德之贵，夫莫之爵而常自然"④。"道"和"德"之所以受尊重和被珍贵，就在于它让万物顺任自然而不加干涉；五是"以辅万物之自然而不敢为"，"道"依照万物的本然状态去发展，对万

---

① 陆玖译注．吕氏春秋[M]．北京：中华书局，2014：12.
② （西汉）刘安．淮南子[M]．北京：团结出版社，2020：27.
③ 汤漳平，王朝华译注．老子[M]．北京：中华书局，2014：67.
④ 汤漳平，王朝华译注．老子[M]．北京：中华书局，2014：95.

物来说只是出于辅助的立场。

综观老子提到的"自然"一词,从来不是将它作为客观存在的自然界来阐述的,而是运用"自然"这一观念来主张任何事物都应该顺应它本身所具有的可能趋向去运行。庄子继承了老子的这一观点,认为"夫虚静、恬淡、寂漠、无为者,天地之平而道德之至"。虚静、恬淡、寂寞、无为是天地的准则和道德最高境界,同时也是万物的根本,这一观点与老子的"道性自然说"相契合。"自然"是老庄道家对人的生命本质做终极意义上的理性观照的结晶,其基本内涵是"朴"或"真"。老庄道家认为人的生命本质是自然,也就是说人的生命本质也是朴真。

老子用"敦兮,其若朴"来形容古代明于治道之士的风貌;用"见素抱朴,少私寡欲"来阐述人们的生存原则;用"复归于朴"来指出生命的发展方向。在老子的描述中,"朴"的基本含义都是指没有经过人为雕饰的本然状态,都是质朴、朴实、朴真的意思。庄子指出:"夫至德之世,同与禽兽居,族与万物并,恶乎知君子小人哉!同乎无知,其德不离;同乎无欲,是谓素朴;素朴而民性得矣。"在至德时代,人与万物生活在一起,是没有什么区别的。人们都不用巧智,也没有贪欲,都能保持本性,一切都是纯真朴实的状态。这里将纯真朴实看作人的本性,这种本性只需要通过日常的生产活动就能得到满足,正所谓"彼民有常性,织而衣,耕而食,是谓同德;一而不党,命曰天放"。在道家生命观中,除了"朴"之外,"真"也被用来形容人的生命本质。"真"有两层含义:一是指"道"、物之真实可信和真性情;二是指得道而成之德的本然状态。如孔子问什么是真?渔夫答曰:"真者,精诚之至也。不精不诚,不能动人。"①这里就是用"诚"解"真",认为"真"是精纯诚实的最高境界。再如"质真若渝",这里是将"真"和"渝"作为一对反义词来讨论的。"渝"在古代汉语中指"变污",引申为污浊、不干净,那么"真"与之相对就是清而不浊、干净的意思。

（四）以通达顺化为指向的生命过程观

生命过程观也可以称为生死观,如何看待生死问题也是道家生命观中一个重中之重的话题。老子对"生"和"死"的探讨主要是围绕以下三方面展开的。

---

① 　方勇译注. 庄子[M]. 北京:中华书局,2015:294.

首先，是对"生"的理解。老子通过宇宙视野来观察"生"，他认为"道"是万物之母，宇宙万物是一个大的生命体，万物之所以有生命是因为"道"赋予了它们生命的潜能，正所谓"道生之，德蓄之，物行之，势成之"①。在对人之"生"上，老子认为"人之生也柔弱，其死也坚强；草木之生也柔脆，其死也枯槁。故曰坚强者死之徒，柔弱者生之徒"。老子认为柔弱的东西是属于新生的，这是以辩证、发展的眼光观察生命现象后而得出的结论。

其次，是对"死"的思考。"天地尚不能久，而况于人乎？"在老子看来，除了"道"之外，宇宙万物包括人在内都是有生必有死的。虽然死亡不可避免，但是可以超越。老子将"死"与"亡"分开讨论。"死"是从形体角度出发，指人生命活力和机能的消失。"亡"是指消亡、不存在。每个人的生命活力和机能的存在时间是有限的，但是一个人的肉体死亡了，他的精神因素还存在着，生命精神依旧可以在机体死亡之后继续发挥作用，"死而不亡者寿"正是说的这个道理。

最后，是对生死关系的阐述。人从生到死的过程就是一个自然的变化过程。"出生入死。生之徒，十有三；死之徒，十有三；而民生生，动皆之于死地，亦十有三。"生命脆弱，人生于世，常处于生死之间。老子将人分为三类：其一是能顺生而生、有利于生的人，它们占了十分之三；其二是背生而生、不利于生而趋向于死的人，它们又占了十分之三；其三是因过度求生反而自蹈死地的人，它们也占了十分之三。有生有死、生死相续是"道"的自然法则。

庄子在老子的基础上，深化了对生死问题的认识。庄子认为生死是一种物化现象，"生之来不能却，其去不能止"，生命的降临与离去都是人所不能控制的。"死生，命也。其有夜旦之常，天也。人之有所不得与，皆物之情也。"②生死对于人来说是一种自然规律，就像昼夜运转一样，人是无法干预的。"方生方死，方死方生"，生是死的延续，死是生的开始，生与死始终处于相互转化之中。

---

① 方勇译注. 庄子[M]. 北京:中华书局,2015:100.
② 方勇译注. 庄子[M]. 北京:中华书局,2015:55.

二、大学生德育对道家生命观方法的借鉴

推动道家生命观融入大学生生命观教育是基于当前阶段大学生频繁爆发伤害生命事件这一现实因素开展的,通过对道家生命观的主要内容、时代价值以及道家生命观融入大学生生命观教育的现状、问题、成因的细致分析可以肯定,道家生命观中蕴含的生命智慧对培养大学生树立正确的生命观有独特的文化作用,对解决大学生生命观教育现阶段存在的问题和促进大学生生命观教育良好发展具有重要价值。当然,强调道家生命观的意义和价值并不是排斥或否定马克思主义生命观的地位和作用,相反,我们认为这一切意义和价值都是在马克思主义生命观的指导下而显现出来的。在此基础上,我们迫切需要推动道家生命观融入大学生生命观教育,将道家生命观中的积极合理的元素通过大学生喜闻乐见的方式融入大学生生命观教育中,让道家生命观中积极的思想观念在中国特色社会主义事业合格建设者和可靠接班人培养中发挥更大作用。

当然,道家生命观的融入不应仅停留在理论分析层面,更应该在融入路径上进行更多的思考。在融入的过程中,要始终坚持马克思主义生命观的指导地位,正确认识道家生命观对大学生生命观教育的补充促进作用,充分调动社会、高校、家庭等多方面的力量,丰富融入内容,创新融入方式,营造良好的融入环境,达到理想的融入效果。

(一)充分发挥高校的主渠道作用

高校是大学生生命观教育的主阵地,承担着立德树人和中华优秀传统生命文化传承创新的根本任务,在道家生命观融入大学生生命观教育中有着举足轻重的作用。因此,高校应以马克思主义为指导,充分发挥其在融入过程中的主渠道作用,为推动道家生命观更好地融入大学生生命观教育保驾护航。

1. 加强高校对融入工作的重视

(1)促进高校领导者思想转变

高校领导者是高校教育工作的决策者,他们对道家生命观的态度和看法,将决定道家生命观在大学生生命观教育工作中的地位和参与程

度。因此,要积极促使高校领导者对道家生命观的认识和态度转变,推动高校领导者积极了解、重视道家生命观,这是推动道家生命观融入大学生生命观教育的重要条件。同时,高校领导应增强马克思主义哲学素养,辩证、客观地看待道家生命观,克服自身对道家生命观的主观理解和表象判断,避免犯经验主义错误。

(2)提升高校领导者道家生命文化素养

要加强高校领导者的道家生命文化素养,这与加强教师的道家生命文化素养有所区别。教师更多地是主导课堂教学工作,课堂教学只是生命观教育的手段之一,理论教学只是生命观教育过程中的重要一环。而高校领导者的道家生命文化素养却能影响领导者在制订教学计划、拟定教学方案、编写教学材料等过程中对道家生命观的态度和应用,从而影响融入工作的进程。当然,在众多的中华优秀传统文化中,道家生命智慧只是其中的一个支脉,高校领导者应对道家生命观有一个准确的定位,明确道家生命智慧与中华优秀传统文化的关系,进而弘扬中华优秀传统文化,为融入工作的开展创造良好的文化环境。

2. 加强和优化课程设置

(1)编写高质量教材

实现道家生命观融入大学生生命观教育是一个循序渐进的过程,课堂教学是理论教育的主要方式,教材是学生获取知识的直接材料,高质量的教材是推进二者融合的重要保障。要做好道家生命观融入大学生生命观的教育工作,就必须追根溯源,做好教材编写,积极组织研究道家文化的专家、学者编写有关道家生命观与大学生生命观教育相融合的教材,既能为生命观教育的开展提供可参考的书籍,又能融合道家生命智慧,为大学生树立正确的生命观提供指引和帮助。

(2)开设选必修课程

高校应充分认识到优秀传统文化对生命观教育发展的重要作用,积极将其纳入生命观教育教学计划中,通过开设必修课程的方式鼓励学生自觉地学习中华优秀传统文化。同时要结合各学科的特点,积极发挥各学科的特长,运用新形式、新创意将中华优秀传统生命文化融入各学科之中,增进大学生对优秀传统文化的感知、理解与认同,促进道家生命智慧在大学生群体内的传播。

此外,高校还可以发挥选修课的辅助作用,增加与道家生命观相关的选修课数量。当然,选修课程应尽可能采取学生喜闻乐见的授课方式,课程内容应涉及学生较为关注的热点、焦点问题,可让学生自主选择下节课的授课内容,进一步增强授课的针对性和目的性。

3. 优化融入工作的师资队伍建设

道家生命观融入大学生生命观教育的主阵地在高校,而高校教师是融入活动的主要实施者,教师对道家生命观的认知和了解程度直接影响到道家生命观融入大学生生命观教育的程度,也影响到大学生在生命观教育中对道家生命观的认知程度。因此,在道家生命观融入大学生生命观的教育过程中,教师是一个极其重要的因素。

(1)提升教师队伍的综合能力

高校教育者应深刻认识到道家生命观对大学生生命观教育的重要性,认识到推动道家生命观和大学生生命观教育的融合发展对提高大学生生命观教育实效性的促进作用,不断增强自身的融合意识。同时,高校教育者应加强对道家生命观的认知,主动了解道家生命观的理论渊源与文化背景,主动学习道家生命观的主题嬗变与基本特征,自觉凝练与体悟道家生命观的主要内容及对大学生生命观教育有价值的思想,有意识地将道家生命观与大学生生命观教育结合起来进行研究,在研究的过程中深化对道家生命观的认识并不断提高自身的传统文化素养。

(2)改进教师教育教学方法

课堂教学是传授知识的主要方式,要通过课堂加深大学生对道家生命智慧的理解和认识,教师可以通过优化教学模式、创新教学方法的方式改变以往传统讲授法的授课方式。教师可以运用讨论式的教学方法调动学生的积极性,让学生主动参与到课堂教学过程中,而不是做被动的接受者。通过"翻转课堂"的模式,增加教师与学生之间互动讨论的环节,积极发挥学生主体作用,使广大学生在讨论参与中提升对道家生命智慧的认识与感悟。此外,教师要充分利用多媒体等信息技术手段,丰富授课内容,通过播放纪录片、电影等方式加深大学生对道家生命观的理解,多层次调动学生积极性,增强大学生对中华优秀传统文化的兴趣,实现中华优秀传统文化育人的目标。

（3）培养高质量的辅导员队伍

高校辅导员是大学生日常生活中接触时间最长、最了解学生学习生活和思想动态的群体，也是高校生命观教育的主要承担者，应着力提高高校辅导员的传统文化素养，加强对高校辅导员的中华优秀传统文化教育。在大学生遇到困难和挫折、遇到生命困境时，高校辅导员可以通过学习到的道家生命智慧，为大学生排忧解难、答疑解惑。

4. 加强校园文化环境建设

马克思曾说："人创造环境，同样，环境也创造人。"校园环境是对大学生进行生命观教育的重要环节，是弘扬主旋律、传递正确价值观的重要载体，一个健康向上的校园环境有利于推动道家生命观融入大学生生命观教育工作的开展。因此，应充分利用高校现有资源，将道家生命观融入高校校园文化建设中，加强大学生生命观教育文化环境建设，让大学生在校园环境中感受到中华优秀传统文化的熏陶，营造一种有利于塑造大学生生命观的校园环境，在无形中促进大学生正确生命观的形成与发展。

（1）加强校园物质文化环境建设

校园物质文化环境是指校园里的基础设施，如图书馆、校园雕塑、校史馆、路牌、警示语等硬环境。高校可以在建设一些基础设施前，咨询研究道家文化的专家、学者，设计一些既符合现代审美又饱含优秀传统文化基因的基础设施，潜移默化地将道家生命智慧元素融入校园文化中。例如，可以在校园中修建具有中式风格的教学楼，并用含有道家生命智慧的元素来命名，使大学生在无形中感受中华优秀传统文化的魅力，增强大学生的民族自信心和自豪感；也可以通过校园文化长廊或在校园的一些指示牌上用道家生命观中有关个人品德修养的语句来宣传，如"天长地久。天地所以能长且久者，以其不自生，故能长生。是以圣人后其身而身先，外其身而身存。非以其无私邪？故能成其私。""死生无变于己，而况利害之端乎！"等，当然有些学生可能会觉得晦涩难懂，因此，在宣传的过程中可以在下面附上释义及其在当今社会所具有的价值。大学生长期生活在这种富有道家生命智慧气息的校园中，基础设施便可以发挥一种润物细无声的作用。

（2）加强校园精神文化环境建设

校园精神文化是指包括校风、校训等在内的校园文化软环境。校园精神文化凝结在高校长期的办学历史中，将道家生命智慧等中华优秀传统文化元素融入校园精神文化发展当中，不仅能够帮助大学生树立积极向上的生命观，而且能够增强大学生对中华优秀传统文化的自信心，引导他们自觉学习和传播中华优秀传统文化，做新时代的传承者。高校可以将道家生命智慧与校风校训相结合，用春风化雨的方式涵养大学生的生命观，为他们的生命观教育奠定良好的基础。像《道德经》中"上善若水""天下莫柔弱于水"中的智慧可以融汇到校风校训中，引导大学生树立正确的生命观，做一名合格的社会主义建设者和接班人。青岛大学校训"明德、博学、守正、出奇"中的"出奇"就出自《道德经》第五十七章："以正治国，以奇用兵，以无事取天下。"意思是无论做什么事情都应尊重规律，要倚仗正道来治理国家，要依靠出奇制胜来用兵打仗，要通过顺应自然来赢得天下，一切事物的取得都要在遵循自然规律和社会规律的前提下进行。"出奇"就要创新，既要解放思想、开拓进取，又要科学谋划、科学决策，这既是做人的准则，也是做事的科学方法和艺术。

5. 开展丰富的实践教育活动

高校应妥善利用课后时间，延续课堂效果，开展丰富多彩的实践活动，巩固道家生命观融入大学生生命观教育的成效。当前，高校等有关部门在实践活动开展方面较为欠缺。因此，高校应加强大学生生命观教育实践，在开展生命观教育实践活动时潜移默化地将道家生命观的优秀内容融入大学生生命观教育中。高校可以充分发挥学生社团的作用，将道家生命观融入社团建设，如成立道家生命文化爱好者协会、道家经典研读会等多种多样的学生社团，为热爱中华优秀传统文化的学生提供更多的空间与支持。同时，还应通过各种各样的社团活动增强道家生命智慧的传播力，将道家生命智慧普及到每一位学生，并让更多的学生了解道家生命观，认同和践行道家生命智慧。此外，高校应以道家生命智慧为主题开展大学生生命观教育学术实践活动，增强大学生对道家生命智慧的理解，提高大学生对生命观教育的认知。再者，高校要鼓励学术交流，鼓励跨学科的、交叉性的学术交流活动，保证学术实践活动的举办次数，为丰富大学生生命观教育的理论基础、加深道家生命智慧的融入程度提供保障。

6. 利用校园网络平台宣传道家生命观

当前,科学技术的飞速发展,互联网技术的应用普及使大学生成为互联网的重要参与者。高校应紧跟互联网迅猛发展的步伐,充分发挥互联网优势,促进道家生命观在大学生生命观教育领域的渗透。因此,高校可以利用校园网络平台,建立与道家生命观有关的校园网站。校园网站不仅是高校发布信息的窗口,同时也是引领师生价值观念的重要窗口。建立与道家生命观相关的校园网络平台,可以充分利用互联网传播速度快、范围广的特点,使学生在浏览校园网站的过程中感受道家生命观的熏陶和感染。同时,还可以充分发挥微媒体的宣传作用。

目前,许多高校都开设了微博账号、微博超话、微信公众号等,这些平台在利用道家生命观加强大学生生命观教育方面具有非常好的教育效果。因此,高校应利用好这些平台资源,积极宣传道家生命观,鼓励学生多在平台交流,表达自己对道家生命观的看法,或是自己在生活学习中遇到的困惑问题,不断加深道家生命观在大学生生命观教育中的渗透。

(二)充分发挥家庭的基础性作用

家庭是人生成长的第一课堂,家庭教育是所有教育的开端,是进行其他一切教育的基础。习近平总书记曾指出:"家庭是社会的细胞。家庭和睦则社会安定,家庭幸福则社会祥和,家庭文明则社会文明。历史和现实告诉我们,家庭的前途命运同国家和民族的前途命运紧密相连。"家庭教育对于个人、国家和民族来说都是至关重要的。因此,在道家生命观融入大学生生命观教育的过程中,不能仅仅依靠社会和高校的力量,还应充分发挥家庭教育的作用,构建教育合力,更好地推动道家生命观融入大学生生命观教育,从而使大学生形成正确的生命观。

1. 转变家庭教育观念

(1)注重家庭生命观教育

"家庭是人生的第一课堂,父母是孩子的第一任老师",家庭环境对于健全人格的塑造具有重要影响。父母的生命观意识、价值观、行为方式等对孩子的影响是终身的,家庭教育是孩子个性形成和人格发展的重要环节。然而,当前许多家长"望子成龙、望女成凤"的过高期望无形中给予孩子巨大压力,只在乎学习成绩、忽略孩子心灵成长、亲子关系紧张、家庭沟通不畅等是家庭中普遍存在的问题。父母应提高对家庭生命观教育的重视程度,在日常生活中保持稳定的情绪,不能唯成绩论,将更多的关注点放在孩子心灵成长与个人修养上,尽力为孩子营造一个和谐、融洽、有爱的家庭氛围,注重孩子的全面发展,让孩子成长为一个真正意义上健康的人,而不是一个只会学习、心灵脆弱、承受不住任何压力的人。

(2)引导孩子树立正确的生死观

大学生生死观教育较为缺乏,大学生并未形成正确的生死观念。家庭教育作为生命观教育的重要一环,应发挥积极作用,"死生,命也,其有夜旦之常,天也。""生也死之徒,死也生之始,孰知其纪!"道家生命观中蕴含着许多诸如此类的生死智慧,家长应积极吸收道家生命观中的生命智慧,引导大学生正确认知"生"、正确看待"死",树立正确的生死观念。同时,在日常生活中家长要引导孩子积极参加生命之旅体验的实践活动,如参观烈士陵园、到养老院或康复医院参与志愿服务等,引导孩子理解生命的短暂性,要积极在有限的生命里创造无限的价值,努力提升生命质量。

2. 注重优良家风建设

家风是一种无言的教育,会在孩子成长的过程中潜移默化地发生作用。父母可以在道家生命观中充分汲取生命智慧,为优良家风的构建注入新鲜血液。如"知人之智,自知者明。胜人者有力,自胜者强。知足者富。强行者有志。不失其所者久。死而不亡者寿"。人要学会自省和反思,要做一个"自知""自胜""自足"的人。"故知足不辱,知止不殆,可以长久。"人要学会满足,学会适可而止,懂得知足常乐,不可为名利而奋不顾身。

用道家生命观中蕴含的这些修身的智慧培育优良家风,对于优化大学生家庭生命观教育环境无疑是一条切实可行的路径。在开展家庭生命观教育的过程中,家长还应以身作则,发挥榜样模范作用,积极引导孩子认识并了解中华优秀传统文化,增强孩子对中华文化的自信心与归属感,也使孩子在效仿和感染中自觉提升自身的生命价值与生命境界。

(三)充分发挥大学生的主体作用

大学生是生命观教育的接受主体,也是检验道家生命观是否有效融入生命观教育的主体,在道家生命观融入大学生生命观教育的过程中发挥着主体作用,教育效果最终也会在大学生的思想和行动上得以体现。因此,充分发挥大学生的主观能动性,不断提高大学生学习道家生命观的积极性,增强大学生对道家生命观的心理认同,提高践行能力,是道家生命观融入大学生生命观教育不可或缺的重要途径。

1. 自觉提升传统文化素养水平

(1)主动学习道家生命智慧

大学生可以在日常生活中通过各种途径自觉了解和学习道家生命文化,体悟道家生命观中蕴含的人生哲理。如主动阅读与道家生命观有关的书籍、利用空闲时间浏览与道家生命文化有关的微博或微信公众号推文、利用慕课等 APP 观看讲解道家生命观的精品课程等。当然,道家生命智慧只是中华优秀传统文化的一部分,大学生应提高学习中华优秀传统文化的热情,不断增强对中华优秀传统文化的理解与认知能力,并树立终身学习的观念,不断提高文化自信,培养对民族文化的敬畏感和自豪感。

(2)强化对道家生命观的心理认同

文化认同,是道家生命观有效融入、大学生自觉践行道家生命价值观和境界观的动力。当前,部分大学生能够理性地对待道家生命观中的有益思想,认为其在现代化建设中依然发挥着积极作用。但是,也有一些学生对道家生命观持否定态度,认为其在当今社会没有存在价值。在相关问卷中,部分学生选择不赞同"天地与我并生,而万物与我为一""生也死之徒,死也生之始"等道家生命思想在当今时代也具有积极作用。大学生对道家生命智慧缺乏认同,主要是大学生对道家优秀传统文化缺乏自信。然而,我们必须对自身的优秀传统文化具有充分的肯定与信任,一种文化经历千年而不朽,必有其独特的优越性。大学生要增强对道家生命智慧的心理认同,积极处理好道家生命观中精华与糟粕、继承与创新的关系,正确认识道家生命智慧的时代价值。

2. 提升对道家生命智慧的践行能力

道家生命智慧是否真正被认知、认同，还是要看大学生在日常生活中的践行程度。大学生应主动地学习、了解道家生命观，凝结提炼道家生命智慧，并在日常生活中自觉运用道家生命观中的有益思想来指导生命实践，不断提高践行能力。但是，大学生对道家生命智慧所倡导的价值观念的认知程度要高于践行程度，往往出现知行不一、知行脱节的现象。基于此，大学生要自觉将理论与实践相结合，自觉践行道家生命智慧，将平时习得的道家生命智慧运用在现实生活中，解决现实生活中所遇到的生命困境。如老子所提倡的"圣人不积，既以为人己愈有，既以与人己愈多。天之道，利而不害；人之道，为而不争"。一个人只有做到精神上充实，才能称其为富有。帮助别人就可以获得精神上的充实，这种精神上的充实可以转化为贮藏在人们心中永远的财富。我们要正确看待老子提出的"不争"，它并不是让人们自我放弃和消极颓废，而是让人们在尊重规律、顺应规律的前提下，尽自己最大的努力去"为"，这种不和人争夺功名的精神，是一种伟大的道德行为。再如"知足之足，常足矣"，只有懂得满足的满足，才算是永远的满足。反观到大学生的学习生活当中，大学生对于理想信念的追求应该永不满足，而对于物质利益、社会地位的追求应该懂得"知足"。同时，大学生还要自觉主动参与道家生命智慧主题实践活动，努力促进大学生道家生命智慧由知到行的转化。

第三节 大学生德育中法家思想法治理念的摄取

一、法家学派代表韩非的基本思想

（一）法术势

1. 以法治国

法家学派的著述当中多次提到"以法治国"的观点主张，如"据法而治""缘法而治""垂法而治""任法而治""事断于法""以法治国""以法为本"等。"法治"观点在各种表述下已经呼之欲出,法家的治国主张也明显表露。韩非曾说,把道德当作日常的行为准则,把法律当作社会生活的根本原则,在法家学派的理念中,法治是一种能够规范人们的行为,实现国家的统一领导,并能带领国家实现富国强兵的完美理想统治政策。《管子》中写道君臣上下无论地位尊卑贵贱都听从于法律的指引,那就是好的统治。

法家思想给予法治极高的地位,"法律,是天下人共同遵守的行事章程,是凡事都需要遵守的行为规范和衡量标准。"①"法律,是国家权衡利弊的标准,是社会判断曲直的准绳。""在拥有圣明君主的国家当中,决策命令是最高贵的言语,法律是最适合处理政务的准则。在君主的命令之外,没有更尊贵的言语,除了法律之外,没有第二种适合的准则,所以言论行为不符合法律规定的都必须加以禁止。"②法家将国家生活的一切事项,包括经济生活、政治生活、文化生活和军事生活等事项都用法律加以规范,并要求所有百姓严格遵守法律的规定,以此来达到富国强兵、稳固统治的目的。

法家的法是以实物为载体,以文字方式显现,面向全国公开颁布的具有极大稳定性的法、律、令。韩非认为法律应具备成文性和公开性,法律能够在群众当中贯彻执行的前提是已撰写于书籍图文之上的法律且面对社会大众公开公布,使群众百姓知道在行为举止上有哪些行为需要注意规避,如何才能得到奖赏,如何才能免受刑罚,这样人们都会对自己的行为加以约束,达到自治的成效。

法律文书的公开也能在一定程度上保障民权,百姓皆知自己的行为是否触犯法律,那么官吏就不能随意地以莫须有的罪名处罚百姓,也为官吏断案裁判提供具有信服力的法律依据。为保障法律能够有效实施,韩非主张要赏罚分明,并提倡厚赏重罚。商鞅认为强国刑多而赏少,弱国赏多而刑少,韩非对商鞅的"以刑去刑"的观点十分赞同,并延续了他的做法,实行重刑主义,期望能够通过轻罪重罚的惩治办法打消人们的犯罪念头,同时使更多的人为了能够得到厚赏而努力耕作并举报违法之人,从而日渐降低犯罪率,走上国富民强的道路。

---

① 高鸿钧. 先秦和秦朝法治的现代省思[J]. 中国法学,2003,(05):165-176.
② 喻中. 论韩非学术思想的演进历程[J]. 政法论丛,2017,(06):60-67.

2. 任术治吏

法家前期代表人物申不害以重"术"而著称。他所推崇的"术",即权术,源于道家的"君人南面之术",是指君主施行法治、驾驭群臣以实现对国家的集中统治的方法手段。操控好术即可使官员大臣听从君令,遵守法律,忠心于君,维护好君权的稳定。君主会为了防备大臣存有二心而操纵权力,玩弄法柄,以"独视""独听""独断"的手段来实行统治。

申不害对于术的实施,坚持以法治为前提,他认为从前尧的治理,只是法令严明罢了,圣明的君主会任用法律来治理国家而不是任用智慧,听从教导而不是听从解释。皇帝治理天下的方法,设置法律并不随意改变,是使百姓安居乐业的好方法。君主一定要依靠法律来治理国家,要将法律作为检验官吏是否称职的标准,这样操作之后,国家才会存在有效的治理,对于官吏的行为才会有一个统一的检验标准,封建统治秩序才能得到强有力的巩固。

申不害的学说遭到了韩非子的否定,他说:"申不害没有专一地推行新法,不去统一新的政令,那么作奸犯科之类的事情就多了起来。所以奸邪之人看到原有的法律制度当中存在利益就会按照之前的法治政令办事,看到利益存在于新法制和新政令中就按新法制和新政令办事,他们在旧法与新法的相互对立中,前后政令相违背中获取渔翁之利,这样的话申不害虽然以十倍的努力让韩昭侯运用术治,但奸臣们仍然有办法用言辞来进行诡辩。所以即使依托于军力强盛的韩国,也还是经过了七十年还没有成就霸王的功业,就是因为君主虽然是在上面运用了术,但是没有用法对官吏进行整顿所造成的祸患。"[①]

韩非对术的内涵进行了阐释说明,他说:"所谓术,就是依据才能对大臣授予官职,按照名位责求其有实际功效,掌握生杀大权,考核群臣的能力,这是君主应该掌握的。"[②]君主利用任免监督的方式来考核臣下的能力,要求其能才德配位,并通过日常对大臣言辞想法的考验来判断其是否忠心于自己。在他看来,术是君主用来控制群臣、独揽大权,巩固自己绝对权威的皇权统治的一种保障措施。他提到术可以是暗术,藏在君主心中,通过汇合验证各方面的事情来在暗中驾驭群臣。与法不同,法

---

① 关健英. 先秦法家的法治精神内涵[J]. 北方论丛,2004,(03):117-120.
② 同上.

是越公开越好,而术则是不能暴露出来的。所以,明智的君主谈论法的时候,整个国内的臣民,包括卑贱的人在内都没有听不到的,不仅仅只传遍在整个殿堂;但是运用术的时候,就连宠信的亲信都没有人能够知道,更不能让满室的人都知道。韩非将方便君王统一领导的法治与巩固皇权的术结合在一起,共同服务于君王的中央集权和绝对统治。

3. 抱法处势

在法家思想中,"势"指国家政权,"势治"即凭借掌握国家政权来治理国家。法家前期代表人物慎子以势治闻名。他们认为君王施行法治的前提必须获得国家政权,只有掌握了权势,才能得到尊重并实现统治,没有掌握权势就只是坐而论道的空谈。与周朝以来的贵族分封制不同,法家倡导的政体为君主集权制,只有施行了君主集权制,手握权势才能制定可以得到贯彻执行的法律。如果君主没能手握权势,即使有才有德堪称贤明也无法保持自己久居高位,令众人臣服。所以,为了能够维持自己的皇权,为了治国安邦,权势必须牢牢地掌握在君主手中。

韩非对势的理解研究是在慎子的基础上发展的,他指出:"有才能而没有权势的人,即使贤能也无法管制不贤之人。所以,将一根一尺长的木材竖立在高山之上,下临千仞绝壁峡谷,不是木材本身长,只是站的位置高罢了。"①韩非将势分为自然之势和人为之势,君主凭借身份世袭得到的势就是自然之势,而对于人为之势,他论述道:"夫良马固车,使臧获御之则为人笑,王良御之而日取千里。车马非异也,或至乎千里,或为人笑,则巧拙相去远矣。今以国位为车,以势为马,以号令为辔,以刑罚为鞭策,使尧、舜御之则天下治,桀、纣御之则天下乱,则贤不肖相去远矣"。所以说,用势来治理国家不可能发生混乱,而没有权势的人则不可以治理国家,这是自然之势,不是人们能够自己设立得到的。

韩非认为势治与法治必须相结合才能治国理政,君主只要坚守法度、掌握权势就可以治理好天下,背离法度、失去权势天下就会混乱。韩非认识到在治国理政中法、术、势三者缺一不可,唯有法、术、势相结合,才能维护君主至高皇权,维持国家长治久安。三者关系当中,法是国家

---

① 张晋藩. 论治法与治人——中国古代的治国方略[J]. 法律科学(西北政法大学学报),2011,29(04):181-187.

治理的根本,势是实施治理的基础,术是辅助治理的手段,若缺少法,则无法保障术的运用;缺失势,则无法确保法的实施;缺失术,则没有行事势和法的手段方法,三者紧密结合,才是君主治国理政的最好政策。

（二）以法为教,以吏为师

1. 以法为教

韩非十分反对儒家的礼仪教化,他认为儒生的讲经论道是巧言令色的花言巧语,是天下涣散、社会混乱的原因之一。所以,他主张焚书坑儒,严禁传播私学典籍,将教育从私学盛行转变为统一官办教育,他提出英明的君主统治的国家,不用文学书籍,而以法律为教材;不用先王的语录,而以执法的官吏为老师,以此来实现人民群众统一思想。韩非认为法是治理国家的基本准则,是人民群众工作生活的行为准则,每个人都要对法有认知了解,使法律能起到良好的教化作用。

除此之外,法还应具有稳定性,不可朝令夕改,"君主好用智巧改变法制,常用私行扰乱公事,法令不断改变,号令前后矛盾的,可能灭亡"。法制的随意变更能够导致君权的倾覆甚至国家的灭亡,所以即使是君主也不可随意变更法令。法的稳定性为以法为教的实施创造了方便的条件基础。韩非虽认为法应具有稳定性,这一稳定性也是以法为教的基础,但是他也意识到法制不可一成不变,在国家局面社会形势发生变革时,也要适应时代去对法令作出改革更新。这样顺时而变、因时施教的方法更加顺应时代的潮流,能更好地发挥以法为教的作用。

以法为教的法制教化,相对于先前主流的儒家具有个人感情色彩的亲亲、尊尊的礼仪等级教化,更加客观公正。无论尊卑贵贱,所受教育均是官办统一的法制教育,内容相同,没有等级之分。以法为教的实施,将代表君主意志的法制内容传授予人民群众,力图使群众能知法、信法、畏法、守法,便于社会的治理,达到人民群众安居乐业的效果。但是严禁私学、统一法制教育这一排他举措实质上限制了百姓的思想,严重束缚了人民群众的思维开拓,不利于培养创新思想理念,对文化发展起到极大的阻碍作用,故步自封,长久下去对国力增长有较大影响,会使国家政权走向倾覆。

韩非试图用以法为教的方式摒弃百姓心中的德治思想,通过厚赏和重罚让百姓明白工作生活该以何种准则为标准,行事符合厚赏的规定就会获得大量赏赐,违反法律就会被处以重刑,一切皆从法律出发,不必要去考虑道德。战国后期,政局动荡,世道混乱,不良之风盛行,道德教化起到的作用十分微弱,需要法制的强制力去加以约束。道德教化无法禁止的行为,法制教育可以禁止,道德教化无法实现的目标,法制教育可以实现,在这种赏罚分明、轻罪重刑的法制教育之下,实现以强制压迫来维持社会秩序,社会治理效果较于德治有明显优势。

2. 以吏为师

在韩非的教育体系当中,以法为教是教育内容,以吏为师是教育制度。以法为教的确立,使百姓群众对法律条文和背后遵法守法的法律意识有所了解,人民通过对法制的学习懂得自己的权利和义务,对社会的有序运行有一定的认识。而以吏为师制度的确认,保障了以法为教的贯彻执行,增加了官吏与百姓的接触,就会使百姓对法治的落实有更直观的了解,对国家的法制教育起到积极作用。

在韩非严禁私学统一法制教育之前,私学老师多为儒家学者,教育内容除礼仪诗书之外也有较多的时政分析,其观点言辞难免会对国家政策制度批评指点,产生负面影响。官场之外的文人学者大多恃才傲物自命不凡,认为自己胸怀抱负却未遇良好时局,多对统治者心存不满,观点立场站在官府的对立面,有这种人教书讲学,无疑是国家政权的一大威胁。这种混乱的教育局势需要由政府来进行统一引导,在以法为教的基础上,以吏为师能够更好地教化百姓,为以法治国提供帮助。

以吏为师的施行,借助官吏的身份作用,利用百姓对官吏的畏惧之心,使以法为教能够更好地落实执行,积极推动了法制教育的发展。以吏为师可以使政府直接了解人民群众的思想状态,掌握社会风向,有利于官府对群众的领导统治。除此之外,以司法执法者作为法制教育的老师,能够更原本地将法治思想法律制度传授给人民群众,帮助群众对法令加深认知了解,避免了由他人授学出现错误理解、错误教育的问题。虽"以法为教、以吏为师"这一教育制度在当时更符合治国理政的需求,能够帮助统治者稳定社会,但其法治教育体系并不完善,存在较多漏洞。对于这一官办教育制度,仅规定了教育内容与教育方式,缺乏教育正规施行的保障机制。官吏在授课时无规范程序作为依据,授课工作也无监督机制,使官吏在行使这一职责时拥有较大自由,而自由过多终将导致权力滥用。

二、大学生德育对法家思想方法的借鉴

众所周知,法治素养培养是德育的重要内容之一。发现新时代大学生法治素养存在的问题、分析导致大学生法治素养问题的原因是研究的基础性工作,而研究的重点是解决问题,即应在已有研究结果的基础上,运用法治的教育方法并摄取法治理念,有助于提出中华优秀传统法治文化融入新时代大学生德育素养培育的优化路径。

(一)多措并举深化大学生的法治认知

导致大学生法治认知存在偏差的原因,包括学校的培育作用未充分发挥、不良的家庭教养方式的影响、传统人治观念的历史性残留,以及个体信息认知的差异性,针对这些原因,提出深化大学生法治认知的多种举措。

1. 优化法治认知课堂以提升培育效果

德育理论课中的思想政治理论课和行业法律法规课程是对大学生进行法治认知培育的主渠道,应该通过科学地安排课程的内容以及加强教师队伍建设来优化大学生法治认知培育的课堂,提升德育理论课中的思想政治理论课和行业法律法规课程对大学生法治认知的培育作用。

(1)科学地安排课程的内容

首先,推进课程教材改革一体化。应该建立纵向各学段层层递进、横向各课程密切配合、必修课选修课相互协调的课程教材体系,要加强大中小学思想政治理论课法治教育内容相互之间的关联,避免知识的重复讲解,以之前课程的成果为基础,进行更深入的教学,促成知识体系的螺旋式上升。

其次,针对思想道德与法治相关课程课堂来说,应注重进行课程、教材与教学评价之间的互动研究,为教师课堂教学提供针对性指导,更好地提升大学生的法治认知。

（2）加强法治认知培育的教师队伍建设

首先，加强教师培训和合作。组织开展大中小学思想道德与法治相关课程教师全员培训、专题研修，确保实现全覆盖。通过思想道德与法治相关课程进行法治认知培育，需要加强大中小学法治教育一体化建设，通过思想道德与法治相关课程教师彼此交流教学情况，帮助教师了解其他学段法治认知培育工作的进展，进而加强学段间的有机联系，提升法治认知培育的科学性。另外，高校应该为法学院教师或者行业法律法规课程教师和马克思主义学院教师的合作搭建桥梁，通过发挥不同专业教师的专长来提升课堂的思想性、理论性和针对性。

其次，在教师配备上，增加法学出身的思想道德与法治相关课程教师的数量，为教师队伍注入活力。

最后，在大学开设法治教育本科专业，打通法治认知培育的人才培养通道，促进教师队伍的专业化。法治认知培育是一项专业性、理论性和政治性很强的工作，需要专业的人才开展培育工作，而推进法治教育本科专业的设置是打通人才输送通道的重要一环。

2. 以家庭氛围为突破改进家庭教养方式

家庭教养方式会影响大学生的法治认知，而家庭教养方式会受到家庭氛围的影响，因此，应该以创设民主和睦式家庭氛围为突破口，促进大学生法治认知的深化，可以通过创建和睦的家庭关系、形成良好的家长意识以及提高家长的素质来营造良好的家庭氛围。

第一，创建和睦的家庭关系，需要家庭成员之间互相尊重，彼此关心，通过相互沟通解决问题，促进家庭关系的和谐。

第二，形成良好的家长意识，即家长应该以民主和平等的观念对待子女，尊重彼此的权利，既不能有封建大家长的思想，在与子女的关系中表现得很强势，又不能有溺爱放任式的思想，在与子女的关系中表现得很弱势。家长应该把握好亲子关系的度，创建民主和平等式的亲子关系，只有这样，才能使孩子通过与父母的交往，获得民主和平等的良好体验，为初步的法治认知奠定基础。

第三，提高家长的素质，可以通过家长开展具有系统性、针对性和实效性的教育活动，开展家长如何对孩子进行爱国主义教育、素质教育和法治素养教育的主题活动，帮助家长掌握家教方法，提高家教能力，把握住教育的关键节点,适时地培育孩子的法治认知。

3. 以纠正认知偏差为重点开展法治宣传

法律知识的泛泛宣传不能真正帮助大学生转变法治认知中的偏差。"知道、了解"处于认知的浅层次,为了真正达到法治认知层面的"懂得",应当在了解大学生法治认知偏差的基础上,以纠偏为重点开展法治宣传,不再重复大学生已知的、普遍认同的部分,而要找准施力方向,精准应对他们现有的错误的法治观念,从而帮助大学生科学地认识和理解法治。由于大学生在对权力制约、程序正义以及权利保障的认知上存在偏差,所以法治宣传应针对大学生权利制约的责任意识、程序正义的认知以及权利保障的认知开展工作。

第一,强化对权利制约的责任教育。行政法律法规的颁布和行政诉讼制度的逐步完善,让"民告官"成为人民寻求自身权益保障的重要途径。大学生在面对"官方"时,应卸下沉重的思想包袱,积极行使自身的合法权利,表达自身的合理诉求,做权利运行的监督者和自身权利的维护者。法治宣传部门还应该进一步宣传权利制约的规定,帮助大学生了解部门职能,更好地监督权利的运行。

第二,加强对"程序正义"的宣传。与"实质正义"相比,大学生对于"程序正义"的了解更少,于是会产生对"程序正义"的偏差性认识,有些时候,可能由于这种不了解,而对国家机关的工作产生怀疑的态度,宣传部门应抓住"程序正义"这一法治宣传的薄弱点,进行关于"程序正义"的宣传,逐步消除大学生对"程序正义"的偏差性认识。

第三,开展权利保障的宣传。对权利保障的看法是法治认知的重要内容,可以在一定程度上决定大学生对国家法治建设的基本态度,因而将对权利保障的宣传纳入法治宣传话语体系不可缺少。权利保障是直接与个人利益相关的,若个人权利得到法律的切实维护,个人与法治之间的距离将迅速拉近,而当个人权利未能得到维护时,个人将产生法治与自己无关,甚至法治无用的认知,所以,应注重进行权利保障相关规定的宣传工作,使个人知晓有效保障自身权利的途径。

4. 警惕思维惯性并掌握科学的认知方式

大学生在进行法治认知时,要警惕运用较少信息进行判断的思维惯性,通过分析事件的内部关联以及扩大信息量来提升自己认知方式的科学性,从而获得正确的法治认知。

(1)认真分析事件的内部关联

当个体将两个有典型性特征的事物联系在一起,并通过这种联系来进行判断和推测时,往往会带来认知偏差,这是因为两个事物之间联系的合理性是存疑的,必须思考清楚它们之间是否真的具有紧密的联系,避免由于错误地搭建联系而产生偏差性认知。首先,大学生应警惕将个人的犯罪行为与权利不被保障相联系,避免形成对权利保障的认知偏差。大学生在对罪犯是否应该得到充分辩护和公正判决的认知上,可能会由于他们的犯罪行为,对他们是否享有基本人权产生怀疑态度,导致对他们所拥有的正当权利的忽视。其次,大学生应该警惕在其他情境中得到的不公正感对法治评价产生的不良影响。个体在社会中遇到不公正现象时,如收入差距问题和教育公平问题,容易将其归咎于法治,但是,问题的产生有多方面的原因,不能因为法治与公平正义联系最为密切,于是在对法治进行评价时,受到这些不公平现象的干扰,产生对法治的负面评价。

(2)学会识别小样本推理的误差

无论是个人经验,还是某一个影响较大的案件都是作为小样本出现的,与我国每年发生的法治事件相比,它们的代表性很低,应该避免运用小样本进行认知,从而逐步掌握科学的认知方式。

首先,大学生应该不断实践,积累自己的经验,通过获得的丰富且合乎实际的感性材料进行科学的认知,提升自己的法治认知水平。

其次,大学生可以通过媒体了解相关案件信息,也要关注国家官方网站发布的统计数据,以及各类案件的裁判文书和庭审记录,以更大的数据量和更可靠的信息来源为基础,对法治进行全面的认知和评价。

(二)多路并进提升大学生的法治信仰

校园环境中的法治元素有限、家庭在情与法中侧重于讲情、媒体在法治信仰培育中缺位,以及大学生提升法治信仰的自主性不强是大学生法治信仰提升渠道不通的主要表现,应该针对以上这些原因,指出提升大学生法治信仰的多重路径。

1. 法治元素植入校园环境以培育信仰

马克思认为,"人创造环境,同样,环境也创造人。"所谓环境,是人赖以生存和发展的各种因素的总和,它包括自然环境和社会环境。人因其自身需要创造环境,又会在环境中受到潜移默化的影响,应注重发挥校园环境中法治元素对大学生法治信仰的支持作用。将法治元素植入校园环境,构成浓厚的法治信仰培育氛围。当大学生长期生活在具有丰富法治元素的环境中时,会时刻接受教育和熏陶,最终在潜移默化中提升法治信仰。建设法治文化长廊、嵌入法治宣传板块以及抓住重要的时间节点进行主题宣展都是将法治元素融入校园环境的尝试。

首先,通过法治文化长廊创建法治信仰培育的空间,法治文化长廊具有图文并茂的形式,且关注社会热点问题,能够于生活场景中对大学生的法治信仰施以潜移默化的影响。

其次,嵌入法治宣传板块,利用网站、电子屏、广播和报纸等多种载体,打造可视、可听和可读的多样渠道,提升法治宣传的覆盖面,进而提升大学生的法治信仰。

最后,抓住重要时间节点进行主题宣展,因为宣展的主题鲜明、目的明确且具备组织性,能够在很大程度上实现预期的培育效果。

2. 家庭对法治观念和家国情怀的引导

法治信仰并非法律信仰,而是对法律背后的自由、平等、公正和人权等价值的理性追求。法治是国家的治理方式,法治的背后是国家权威,开展家国情怀的教育,使个体心怀对国家的赤诚,能够为法治信仰的树立提供权威性依据。因此,家庭应该注重对孩子进行法治观念和家国情怀的教育,为达成大学生法治信仰种下一颗种子。

第一,在家庭中进行法治观念的教育。家庭中不单单应该关注人与人之间的情感,注重人际关系的和谐,还应该进行法治观念的教育,引导孩子认识到,在应该由法律发挥作用的领域,如果怀着"情大于法"的想法,试图采取"找关系""走后门"的方式,无助于问题的解决,应使孩子坚信法律在社会规范中地位最高、效力最广、强制力最大。

第二,在家庭中开展维护国家统一的教育。习近平总书记指出,"中国人自古以来就具有家国情怀,国是第一位的,没有国就没有家,没有国家的统一强盛就没有家庭的幸福美满和个人的幸福。"家庭是开展维护国家统一教育的重要场所,家长应克服小家庭意识,对孩子开展维护国家统一的教育。在家国关系上,家长应强调国处于第一位,教育孩子爱国爱家,引导孩子深刻认识到个人的幸福离不开国家的统一和富强,国家的统一需要每个人去维护,国家的强大需要每个人的建设。在家长对孩子进行维护国家统一的教育后,使孩子心怀对国家的赤诚之情,能够助推其国家认同感的产生和法治信仰的树立。

3. 通过媒体的理性传播促成法治信仰

在对一些法治事件的报道中,媒体可能出于博得关注的目的,在报道中采用片面的表达方式,不顾及事实真相,引起大学生对法治的负面情感。通过加强对媒体信息的监管以及媒体对自身责任的承担,促成媒体的理性传播,发挥媒体提升大学生法治信仰的作用。

(1)加强对媒体信息的监管

从建立健全媒体监管法律法规、提升监管的技术手段以及强化社会监督出发形成对媒体的共同监管。首先,随着新媒体的发展,应该制定出具有指导性的新媒体信息监管法律法规,为政府部门的监管行为确立法律依据。其次,监管部门的监管技术水平要与新媒体产业的发展速度相适应,不断提升监管能力。最后,社会团体和个人应该成为媒体监管的重要参与者,及时举报虚假消息,营造良好的信息空间。

(2)媒体加强自我监管,自觉承担责任

首先,承担确保内容真实的责任。媒体作为信息的传播者,应该以客观公正的立场进行报道,不受个人情感的影响,应该对事实真相保持高度警觉,尽最大可能核实事实。其次,承担宣传法治精神的责任。媒体应该把法治理念和法治精神融入报道和评论,构建凸显法治价值的阐述框架。通过将专业知识转化成大学生和社会公众听得懂和有需要的知识,来达到提升大学生法治信仰的效果。

4. 个体进行对法治和信仰价值的思考

大学生在信仰选择上具有功利化与实用化倾向,只有让大学生领会到法治信仰对自己的价值所在,才能避免对法治的冷漠态度产生。

第一,对法治的内在价值进行感悟。正是因为法治蕴含着人类对自由、平等、正义、秩序和人权的追求,才具有值得信仰的崇高性。通过关注社会上发生的法治事件,了解国家在处理这些事件中坚持的原则,深化对法治维护社会公平正义的认知,进一步形成法治信仰。在生活中,大学生应该更多地关注自己的精神世界,花一些时间与精力来感悟法治的内在价值,不以有用和有效作为自己的评价标准。

第二,对信仰的内在价值进行思考。个体对信仰内在价值的思考,是对信仰与人自身关系的思考,主要包括信仰在社会和人生中的地位和作用,关于人为什么必须有所信仰等问题。大学生经过思考,应该认识到信仰并非一种神秘莫测的东西,而是科学的无神信仰;信仰并非遥不可及,它扎根于每个人正在思考着的生存和发展问题;信仰并非可有可无,而是个人生存的必然。通过明确信仰对人生的必要性,感受到自身的信仰需要,从而提高大学生个体树立法治信仰的主动性。

第四节　大学生德育中传统美德的发扬

一、中华传统美德概述

中华传统美德能持续不断地为中华儿女传送优秀道德文化,为中华民族输送精神动能,源于其具有强大生命力的特点。首先要从理论上寻找答案,对中华传统美德及传承的相关概念进行阐述,不断深挖中华传统美德的价值,充分认识大学生传承中华传统美德的意义。

(一)中华传统美德的含义

中华传统美德源远流长、博大精深,学术界对中华传统美德的定义尚未取得统一的看法。要厘清中华传统美德的实质,须先对"中华""传统"和"美德"的概念及相关问题有基本的了解,并明确其语义。"中华"在《辞海》解释中可以概括为统辖疆土的地理空间。近代思想家章炳麟进一步剖析指出"中国云者,以中外别地域之远近也;中华云者,以华夷别文化之高下也",突出"中华"不仅是国家的地域名称和血统的名称,而且是富有文化底蕴的区别,相比较"中国","中华"一词更具有涵盖力和开放性,蕴含着悠久的历史文化,凸显中华民族祖先繁衍生息的文化思想。"传统"在《后汉书·东夷列传》中有"系统相传。又,传其血统"的意思。在《辞海》中指"由历史沿传而来之风俗、道德、习惯信仰、思想等"。第一种含义将其引申为中国封建专制统治世袭制,封建专制已退出历史舞台,自然这层意思是止步不前的状态。第二种含义是对现在而言的过去,沿传过去的风俗、道德等,是一种延续发展的状态。同时要明确不是所有传统风俗、道德等都能延续发展,在封建时期,代表统治阶级意志的传统思想才可以被留传。传统思想的延续不能缺少社会发展与变迁,也不能缺少传统思想自身的强大生命力。传统儒家的优秀思想在时代的发展中有重要作用,主要表现在重视社会和谐、重视品德修养,遵守秩序。传统道家主张"顺其自然",自然无为,对社会政治、经济、文化、生态起到了一定作用。这些称得上是弥足珍贵的文化思想遗产。可是,以儒家、道家学说为主体的文化在整体上是传统的文化,当代中国的发展不是回归传统,而是走向现代化,那么与传统要有区别,"告别"阻碍现代化发展的传统道德文化,取其精华,去其糟粕,继承并创新传统文化中的精华部分,使之与现代文化完美地结合。

"美德"在《辞海》中的含义是"优美的德性",引申为高尚的品德。在生活中,美德表现在社会关系中良好的品德,或者优秀的生活习惯,是蕴含于内,又能表现于外的品性,能够帮助个体产生追求卓越道德行动的向往,是一种合乎人类最高的理性和智慧。美德与道德存在一定的渊源。道德指品行与气禀、习俗及风俗。在汉语中,道德概念是由道和德所构成的合成词,引申其意即成就德性的路径探索。从中国历史发展进程看,封建社会过渡到社会主义社会,传统道德大多依托于儒家、道家、法家的文化,美德依存于道德的发展。从道德的发展史看,随着经济水平的发展,善与恶、美与丑、前进与落后交织其中,也使得道德现象变化多样,矛盾重重。但是不管道德发展过程多么曲折,最终的结果是人类道德的发展是呈现螺旋式上升、进步发展的状态。一个重要的因素在于美德共生共长,崇尚善与美,在经历时代洗礼的大环境下能够被传承和发展。道德是对人日常生活行为的普遍行为引导和判断尺度,是人在社会生活实践活动的底线。美德是在底线上应该为之的行为,在一定的物质基础和情感基础上的表现和张扬,同时美德是一种值得赞扬的精神。

中华传统美德所代表的时间长度和内容广度是持久且深厚的,但并非所有在中国历史上出现的文化或道德都可以称为中华传统美德,从其内容看要存在重要现实价值,从其生存状况看要富有强大生命力,能够通过传承和发展得以积淀、保存和延续,实现与现代文明的融合,并能发扬无穷魅力的美德文化。中华传统美德是中华儿女历经五千多年历史文明发展,通过社会实践经验总结,以"仁、义、礼、智、信"为道德本源核心,从"修身""齐家""治国"方面规范着人们的伦理生活,从而达到合乎人类最高的理性和智慧,是中华儿女特有的精神根基,是构建社会主义核心价值观的源泉。

(二)中华传统美德的基本内容

中华传统美德蕴含丰富道德精神资源,下面将依据传统美德的基本精神,着重突出爱国主义、秉公去私、仁爱孝悌、乐群贵和、自强不息、修身为本的精神价值,以此来感受中华传统美德的力量。

1. 爱国主义

爱祖国是中华民族文化最基础、最重要的优秀道德品质,长久以来在社会主义思想道德中占据主要地位,是中国特色社会主义核心价值观的基本组成部分,更是每一位中国公民应当履行的社会义务和应该遵守的道德规范。《战国策》中早有"周君岂能无爱国哉"的讲法。爱国主义内涵丰富多彩,重点体现在:

一是热爱祖国的大好河山,这是最基本的要求。例如《金史·左企弓传》中"一寸山河一寸金",强调国家山河大地的宝贵。从自然景观到人为修建的美景,都是中华民族珍贵的一部分,保护好这些物质文化遗产也是精神传承的重要方式。

二是维护国家的统一,承担国家责任。历史上出现过许多保家卫国的民族英雄,"以身许国""精忠报国"的岳飞;一腔报国热血但不被重用的文天祥;为民族觉醒最先喊出"振兴中华"口号的民主革命家孙中山先生等,他们切实做到了为国家发展民族振兴承担责任。

三是为民族进步发展作贡献。先人创造的四大发明为民族进步添上浓浓一笔;获得诺贝尔生理学或医学奖的屠呦呦创制青蒿素和双氢青蒿素,为全球抗疟带来了曙光;袁隆平毕业之后立下让所有人远离饥饿、吃饱饭的雄伟志向。

爱国在每个时期都发挥了鼓舞人心、鞭策历史前进的巨大作用。中华民族走上了新时代中国特色社会主义道路,以爱国主义为核心的民族精神是构建社会主义价值观体系的核心内容,依然需要大力倡导,激励中华儿女将个人理想与国家民族的伟大梦想紧紧地联系在一起,共同扛起实现第二个百年奋斗目标的责任。

2. 秉公去私

自古以来,中国传统伦理道德特别强调"公"与"私"的讨论研究,"公"的基本精神是去私意,讲究"背私之谓公",崇尚"公欲胜私欲",将此看作伦理道德准则的重要因素。《尚书·周》中讲"以公灭私,民其允怀",强调做官为政的人要以公平公正之心去私念,就会得到广大民众的信赖。如果每位民众都能以"公"的基本精神待人处世,就会创造一个良好的社会环境,从而促进国家和平发展;反之,每个人都为了私利,那么天下就会陷入混乱。秉公去私也被看作人们对"义和利"的辩证。《孟子·告子上》指出"生亦我所欲也,义亦我所欲也,二者不可得兼,舍生取义者也。"①当国家、集体共同利益与个人利益出现对立和相互冲突时,要做到先公后私,以国家、集体共同利益为重。新时代大学生要树立先公后私理念,传承秉公去私美德的高尚精神,保持浩然正气,更好地处理个人与国家、与集体的利益关系。

3. 仁爱孝悌

"仁爱"是中华优秀传统文化核心理念,中华民族历来重视和追求仁爱的高尚德行。孔子对"仁"格外看重,有"志士仁人,无求生以害仁,有杀身成仁",把"仁"看作人生品德的最高追求。仁爱的最高地步是爱天地万物,达到天人合一的境界,是维系人际关系的重要原则。讲仁爱,既要爱戴自己的血缘至亲,父母、兄弟、姐妹,又要以善意对待陌生人,最后延伸为和谐的人际关系,即孔子所说的"泛爱众而亲仁",或孟子的"老吾老,以及人之老;幼吾幼,以及人之幼"。每个独立的家庭都是整个社会的基础,主要以血缘亲属关系为主要纽带,孝悌是家庭仁爱的重要体现。孝悌指孝顺父母,对待兄弟敬爱。孝悌被看作为人处世和做学问的基

---

① 杨伯峻,杨逢彬. 孟子译注[M]. 北京:岳麓书社,2009:217.

本。在《尚书舜典》中提出"五教"思想,即父义、母慈、兄友、弟恭、子孝的美德家风,重视伦理关系中每个人的责任和义务。中国共产党继承和发展了优秀的仁爱孝悌,将每一位老百姓称作衣食父母,一直都秉承全心全意为人民服务的初心和使命。仁爱孝悌是维系家庭关系和社会关系的基本品德准则,高校大学生必须传承和弘扬仁爱孝悌美德,增强自身向上向善、尊敬父母兄长的优良品质。

4. 乐群贵和

乐群贵和强调人际关系和谐,是社会人际道德的重要标准。"乐群"即愿意合群,"贵和"即推崇和谐。在人与人相互交往的过程中,特别强调"己所不欲,勿施于人""和而不同",在承认两者差别性的基础上讲究和睦;在个体与群体关系中,强调"人生不能无群",个体要生活在群体中,要遵循一定道德要求,建立和谐关系,才能实现社会生活;人与自然也要和谐,庄子《齐物论》"天地与我并生,而万物与我为一,天人合一",强调人的生存离不开自然,自然的可持续发展需要人保护。在社会主义和谐社会建设的时期,乐群贵和仍有重要的作用,提供了关于人与人、人与社会及人与自然协调的重要参考。同时,在面对世界不同文化的交集时,中国以"和而不同""多元互补"的价值理念有力回击了跨文化冲突,促进了世界多元文化的繁荣。

5. 自强不息

自强不息是一种坚强不屈的生活态度,出自《易经·乾卦》"天行健,君子以自强不息"。古人根据天象变化发现,日、月、星等天体的运行是有规律的循环往复,从未停止过,君子也应该效仿日、月、星等运行的精神,永不停息,引导人们做事要有坚持不懈和永不懈怠的态度,发扬奋发图强精神。以儒家为主的道德文化,将自强不息的精神概括总结为志存高远、意志坚强、变革创新、自力更生。在千千万万中华儿女的漫长生活轨迹中,都蕴含自强不息精神。年少的范仲淹划粥割齑,苦读书卷,最后有所作为,成为宋代贤臣良将、文学名士。中国共产党自诞生起,就表现出卓越的自强不息精神,每次遇到困难和危险,都展现出更加顽强拼搏的生命力。第五次反"围剿"失利后,中国共产党带领红军战士发起了二万五千里的徒步长征,红军战士们在这艰苦的历程中表现出"不怕苦不怕死"的革命英雄主义魂魄,创造了惊天动地的长征精神。从长征精神、西柏坡精神、"两弹一星"精神、大庆精神到抗洪精神、抗震救灾精神、载人航天精神等,都是中华民族在不同时期锤炼的自强不息精神。从古至今,从个人到国家都拥有自强不息的民族文化,为个人发展和民族复兴提供了强大动力。中国共产党带领人民全面建成小康社会,正是依靠中华民族特有的拼搏向上、自强不息的精神,这一精神也将持续为中华民族迎来新发展注入源源不绝、强而有力的动力。当前需要培育高校大学生自强不息精神,不断磨练大学生顽强斗志,激励大学生为国家富强、民族振兴作贡献,使国家能够在日趋激烈的国际博弈中保持傲然挺立。

6. 修身为本

中国自古非常注重人的道德修养和道德实践,提出修身为本的理念,原句出自《大学》,"自天子以至于庶人,一是皆以修身为本",在古代从皇帝到百姓都应以提高自身修为当作为人处世的根本。做到修身,必要经历"格物致知",格物、致知、诚意、正心,通过学习研究,达到由内而外的豁然贯通,建立完善的真、善、美观念。

慎独自省也是修身的一种方式。慎独的本意是在个人独处时小心谨慎,经过后世发展和延伸,逐渐表示为谨言慎行,特别是在没有他人监督或者没人知道时,不能放松自身思想行为,要从严要求自己,是一种自律的道德行为。

自省是个人对自我的肯定和批评,是提升个人道德行为的路径。孔子《论语·里仁》中指出"见贤思齐焉,见不贤而内自省也",曾子身体力行,做到"吾日三省吾身"。荀子也极力推崇自省,《荀子·劝学》中,"君子博学而日参省乎己,则知明而行无过矣"。自省是一个至善至美的过程。中国共产党向来都非常注重党员的修养,刘少奇在《论共产党员的修养》中对共产党员修养提出明确要求,要求党员做到自警、自重、自省。习近平总书记特别强调"严以修身"的重要程度,将其摆在"三严三实"的第一位。通过修身、自省等方法将道德规范升华成为个人的德行品质和道德实践,从而孕育完善的道德人格。

二、大学生德育中弘扬中华传统美德的方法与借鉴

(一)在营造社会传承美德氛围上下功夫

1. 完善网络文化安全的法律制度体系

网络文化安全是国家发挥网络信息技术引领作用的关键所在,也是造就健康和谐网络道德的重要保证,为传承传统美德提供强大后盾。习近平总书记明确指出互联网信息流通跨越了国界,也是国家意识形态斗争的主要战场。加强净化网络传播空间是开创网络信息安全工作的新局面。立法是当今各国维护网络文化安全的首要方法,肃净我国网络文化环境,完善网络文化安全法律制度刻不待时。

首先,利用法律法规,浇筑网络空间健康发展的坚实基础,实现我国网络空间有法可依,有力保障内部和外部网络空间安全,强化网络空间传播国家意识形态主流思想。基于新时代的发展环境,网络立法需要融入新内容,国家要加强网络立法的重点性和系统性,完善网络传播信息内容审查和监督,通过安全便捷的新媒体环境,大力宣传马克思主义基本原理和中国特色社会主义理论体系,特别是习近平新时代中国特色社会主义思想,抵制威胁主流思想的思潮,筑牢国民的政治素养和道德品行。

其次,为持续保证网络空间环境,立法工作必须保持先进性。近年国家接连发布《网络短视频内容审核标准细则》和《网络短视频平台管理规范》,利用法规规范加强了对短视频平台或者参制作短视频人员的监管和管理。在法律法规的强制约束下,加强网络实名制度和显示 IP 归属地的落实,所有网络平台用户都要以遵守法律法规为底线,让所有操作虚拟网络的人活在法律的普光下。

推进网络文化安全的法治保障体系过程中,还需要增进国家互联网信息办、各级政府的网络安全信息委员会与其他部门的具体联系,互相配合,协同健全我国网络文化安全的法治体系,打造风清气正的网络文化环境。以法律手段规范大众网络道德文化,弘扬社会主旋律,不仅能够给大学生营造网络学习、娱乐的良好氛围,而且能够约束大学生网络

空间不良行为,促进大学生培养高尚道德和感受社会主旋律的熏陶。

2. 加大树立和宣传中华传统美德榜样

榜样对大众的心理、情感、行动具有引领作用,发挥好榜样的作用是传承传统美德的重要一环。《感动中国》是榜样宣传的重要手段,从2003 年第一届《感动中国 2002 年度人物》的播出,节目已持续 20 年,感动中国的人物事迹凝结了民众的道德水平和道德价值追求。这场颁奖典礼不仅是对中国民众道德的嘉奖,更是对民族精神的升华。国家应持续关注并升华《感动中国》的道德教育作用,利用纪录片、图书的形式增加榜样人物的普及,通过微博、微信小程序、公众号等的传播,更多地激发民众,特别是大学生,激发其在生活中学习榜样行为,磨练坚强意志,强化道德意识,深化自我价值,传播和释放正能量。

地方政府部门要积极配合国家榜样宣传,评选地方好人好事的榜样,更加贴近人民生活,评选过程公平公正,可以利用网络多媒体,呼吁大众参与评选,这本质就是一种榜样宣传方式。同时,榜样宣传要深入生活,体现"无处不在"。

在人流密集的公共场所,适当减少商品广告和明星宣传海报,增加美德榜样的宣传栏目,讲好每个地方的道德故事。在各个公交站点宣传文明标语,投放电子屏幕滚动榜样事迹,将中华元素转化成有效数字化艺术,既在内容和传播形式上做到创新,又贴近市民生活,形成以德润心、以文化人的良好氛围。还要加强对社会公众人物的监督,尤其是影视明星的道德影响度。

大学生会对自己喜欢和赞赏的明星行为及价值观进行一定程度的模仿,因此明星的言行举止及其所体现的美德素养对大学生美德养成有重要作用。加大管理明星自身知识涵养和道德修养,避免出现德不配位的情况,同时要倡议明星自觉承担宣传中华传统美德的责任,参加宣传传统美德的公益活动。在整个社会形成一个崇德向善、见贤思齐、德行天下的醇厚氛围,从而引领和提高大学生道德修养。

3. 聚焦落实中华优秀传统文化传承发展方案

近些年,国家颁布印发的重要传统文化方案有 2017 年 1 月 25 日的《关于实施中华优秀传统文化传承发展工程的意见》(以下简称《意见》),

2019 年 10 月的《新时代公民道德建设实施纲要》(以下简称《纲要》),既明确指出传承和发扬中华传统美德,又站在新时代的高度,对民众道德进行科学分析,为建设新时代公民道德提出新要求。其中纲要中明确了各级党委宣传部和精神文明工作指导委员会(简称文明委)要发挥中流砥柱的作用,并进行全面指导并落实任务实施监督。

各省、自治区、直辖市要依据中央《意见》和《纲要》要求,结合习近平总书记系列讲话精神,聚焦聚神聚力抓落实,逐级制定合理方案。因地制宜制定各省自治区直辖市工作方案,发掘地域文化资源优势,再逐级落实到各基层并相应制定具体制度和工作方案,形成领导监督式的管理和反馈系统。落实传承发展工作是一项长期任务,要具体化,设置专职专岗。在实施工作方案中,设立专门职权部门,健全工作监督机制,进行阶段性反馈和效果评价,真正落实弘扬和传承中华传统美德工作。各地财政部门要做好物质保障,加速传统文化基础设施的建设和完善,特别是教育示范基地,如图书馆、文化馆、博物馆等,促进公共文化体系建设,让文化惠及更多的民众。各省、自治区、直辖市、县乡还应相互联动,发挥整体大于部分之和的作用,鼓励省、自治区、直辖市、县乡之间相互学习,紧紧围绕《意见》和《纲要》要求,共同为开辟中华传统文化传承和发展的新境界掌好舵。

4. 调动全员践行社会主义核心价值观

社会主义核心价值观是当今时代民族精神和价值理念的重心,孕育于中华传统美德中,凝聚了中华民族同胞共同精神纽带,凝结了全社会成员的道德规范要求,昭示了国家层面、社会层面和个人层面的奋斗目标。中华传统美德是社会主义核心价值观的精神源泉,为此促进社会主义核心价值观的践行是传承美德的一种诠释。

一方面,在整个社会积极广泛宣传社会主义核心价值观的内容,开展全民免费学习、诵读国学经典活动,如《论语》《诗经》《大学》《中庸》等四书五经。从民众的实际生活出发,走进大街小巷,融入思想,融入生活,提升社会成员的道德素养。组织丰富多彩的文化活动,发挥社区、农村、企业、家庭、学校等多方位宣传作用,提高社会主义核心价值观的影响力。重视和完善社会全员的社会公德、职业道德等价值的监督评价体系,提升核心价值观的规范性和约束性。

另一方面,科学合理地规划利用社区活动场地,增加教育实践基地建设,开展思想文化惠民工程。各地根据自身特点,积极建立一些有代表性的,可以使广大民众获益、享受美好幸福生活的文化工程,如长城、大运河、长征、黄河国际文化公园等,积极探索在公益文化服务中充分发挥文化育人功能的新形式。同时加大重视民众对精神文化需要的新特点、新趋向,进一步加强和引导能够体现时代精神新生机、讴歌广大民众新颖独创的时尚文艺精品创作,如朴实无华的电视剧《人世间》等,引导民众道德向上向善发展,充分调动和激发全员自觉践行社会主义核心价值观的积极性。

(二)在加强高校传统美德教育上下功夫

1. 推进中华传统美德融入德育课

习近平总书记指出,思想政治理论课是高校落实立德树人根本任务的关键课程,高校要借助思想政治理论课的主阵地优势,增进中华传统美德与德育课的具体联系。推进中华传统美德融入德育课,通过以思想政治理论课为主的德育理论课课堂使中华传统美德知识深入大学生的思想,发展成为指导个人实践的道德思想。

思想政治理论课教育工作者依据"原理""概论""纲要"等学科的课程目标和教学内容特点,科学合理地将中华传统美德内容与各门课程的教学内容融会贯通,如中华传统美德寓言故事、名言语录、座右铭等,利用中华传统美德的感染性优势解读德育理论,加深学生对理论知识的掌握。如在"纲要"中讲中国共产党带领人民历经千辛万苦开辟了社会主义道路,通过这个艰难的过程展现了共产党人自强不息、艰苦奋斗、无私奉献、爱国主义的传统美德。同时,教育工作者要抓住时事热点,有针对性地举办大学生爱国主义教育系列活动,灌溉青年学生自强不息的精神力量,促使青年学生树立远大政治抱负和理想信念,激励广大青年学生扛起实现民族复兴的伟大使命。实现中华传统美德融入德育课,发挥思政育人和文化育人的合力,共同促进大学生德育的发展。

2. 完善中华传统美德教育方法

高校重视结合显性教育和隐性教育是传统美德教育实现全员全程

全方位育人的关键所在。高校要创新显性教育方式,坚持以学生为本的教育理念,增强课堂师生互动,提高课堂的活跃度。在课堂教学方法中加入案例教学法和探究式教学法,教师上课前将材料发给学生并给出一定问题,让学生先自行查阅分析,发挥学生主体作用。借助真实的、吸引学生兴趣的中华传统美德案例,通过分析案例事件使学生自我反思,通过相互交流讨论产生美德认识的共鸣,将积极向上的价值观寓于知识的传授中,从而提高大学生的美德思想认识。

此外,教师要加强实践教学法,推进课上教学与课下实践教育同步发展,坚持理论与实践相统一,带领学生走进美德文化基地、纪念馆参观学习,将思政小课堂同社会大课堂有机联合,通过实地考察,让大学生身入其境,接受美德人物事迹熏陶。

高校要主动挖掘隐性教育方法,实现显性教育与隐性教育相得益彰。

首先,创新以中华传统美德为主题的物质载体,在校园中建设有意义的人物故事雕像等特色建筑,通过具有人文精神的建筑物不断提升学生审美感,达到以景育情。在高校图书馆、餐厅、教学楼、体育场等公共场所可以通过张贴故事海报或播放电子屏视频加强中华传统美德宣传,将传统美德内容融进学生生活的一点一滴,使学生在不知不觉中接受传统美德熏陶。

其次,增加高校以传统美德为中心的校园文化活动,营造重视优秀传统文化和美德教育的浓厚校园氛围,通过进行优秀传统文化演讲、美德征文、红色文化演出等活动,吸引学生的关注和提高参加教育活动的积极性。

最后,高校团委要严格管理和组织学生社团组织,施展高校社团朋辈互助的独特优势。高校既要"放养"社团,发挥社团内部管理,又要"约束"社团学生干部,完善学生社团管理制度,加强考察学生干部及成员道德素质和价值观,避免学生干部搞官威官架、"以权谋私",背离高校社团组织设立的宗旨。高校发挥显性和隐性教育的结合,能够为大学生提供传承传统美德的良好教学氛围。

3. 建设高校网络文化教育平台

打造高校网络文化教育平台,顺应了新媒体普及发展和学生需求多样性趋势。

一方面,高校要积极争取外部资源,可联合市级行政单位或同区域的高校,形成联合联动的高校网络文化教育平台,邀请专家网上授课,实现教育资源共建共享。同时积极挖掘和整合校内网络资源,设立专岗专管,制订长远战略规划,提供充足的人力、物力、财力,确保高校把中华传统美德融入校园网络教育平台,打造全方位网络文化育人的大平台。

另一方面,高校利用和开发蕴含中华传统美德思想的新媒体软件和APP,打造新媒体教育服务的强劲引擎。伴随着互联网的迅猛发展,"两微一端",微信、微博和移动客户端是与大学生关系最密切、生活黏度最高的传播新媒介。借助"两微一端"的优势,辅助易班、今日校园、中国大学生在线等新媒体,传播中华优秀传统文化作品,鼓励大学生为中华传统美德精神的人或事迹点赞和宣传,同时提议大学生批评抵制丑化美德精神的事件,引导大学生自觉在网络教育中提取积极的正能量。高校网络教育平台的建设为大学生提供一种创新型教育方式,既能提高网络资源的有效利用,又能让大学生的学习不受线下课堂的局限,随时在线上进行解惑,增强了高校美德教育的实效性。

4. 提高高校教师传统美德修养

高校教师是高校教育工作的中坚力量。

首先,教师要自觉坚定政治方向,做到爱国守法,履行教师职业规范和遵守师德高压线,积极传播主流意识形态,勇敢面对和批评各种错误观点和思潮,努力成为有理想信念、有道德情操、有扎实学识、有仁爱之心的老师。教师自己应丰富自身传统美德知识,在精通自己领域专业知识的同时,加强传统美德理论知识学习,自觉利用课下或者假期研读传统文化书本,在生活中做到严于律己,自觉遵守行为规范,给学生树立表率示范。

其次,高校要制订培养中华传统美德教育专业科研教师的长远目标,重点突出教师的政治引导、传统美德理论阐释和价值塑造培养。专业科研教师要掌握系统的知识结构,能讲清楚中华传统美德精神的现代价值,并形成系统完善的美德教学理念。如新时代爱国主义,既要结合传统的"天下兴亡,匹夫有责"的爱国情怀,又要指出新时代爱国与爱党爱社会主义相统一。

最后,通过开展学术交流会、传统美德培训学习和学术科研,带动各科老师学习传统美德,提高各科老师对中华传统美德教育的重视。组织教师之间交流美德教育经验,增强各科教师美德教育技能,使各科教师能自觉在授课过程中渗透中华传统美德思想,以大学生喜闻乐见的形式呈现精彩的内容。定期开展弘扬传统美德评比活动,通过"教师自评"和"学生评教",提升教师的文化修养,从而以良好的道德情操和行为规范教化学生,做学生成长成才的引路人。

(三)在构建家庭美德教育上下功夫

1. 提高家长自身道德素养

家庭是孩子的终身学校,家长是孩子心智启蒙和发展的老师。父母具备高尚品德,子女会有良好教养氛围。孔子说过:"其身正,不令而行;其身不正,虽令不从。"孩子的品德行为在一定程度上是父母品德行为的反映,只有家长具备优良道德素养,孩子才会自然而然地接受道德教育。因此,家长要在提高道德素养上下功夫,给孩子做好美德榜样。

一方面,家长要自觉了解中华传统美德知识,肯定美德育人的价值。在工作和生活中时刻以中华传统美德为基准,牢记践行社会主义核心价值观原则,做到严于律己,言传身教。这也要求家长保持终身学习的热情,积极参加家长教育大讲堂或公益讲座,接受新事物的发展,更新思想观念,掌握辩证思维方式,将中华传统美德融入家庭生活,树立正确家庭美德思想。

另一方面,家长要学习一定的教育知识,重视孩子身心发展的规律,发挥家庭教育的第一教育作用。家长需要不断提高道德素养,增强自身责任感,承担对家庭、对社会的责任,引导孩子成长,引导孩子承担社会责任,为孩子成长成才打下坚实的美德基础。

2. 构建良好家风家训氛围

良好家风家训是大学生身心发展的首要因素。拥有良好家风的家庭,内在形成一种积极向上的文化和道德氛围,有利于孩子健全人格和性格的塑造,尤其在孩子道德品质方面发挥重要作用。良好家风家训是由中华传统美德逐渐演化形成并在家庭中发挥育人作用的精神力量。家长在构建良好家风家训氛围中担任举足轻重的角色。家长要在思想上、行动上重视家风,要积极主动地传承和构建良好家风,时刻以修身、治家、处世、致用、治国的美德规范和引导自身言行,弘扬传统美德,创造积极、向上、健康的家庭氛围。

家风不仅体现每个家庭的独特性,而且要符合社会发展要求,家长可以学习《严氏家训》《曾国藩家书》《习近平关于注重家庭家教家风建设论述摘编》等良好家风家训,将中华好家风融入家庭发展,筑牢家庭成员道德的共同基础。在家庭中建立尊老爱幼的道德风尚,形成务实求真的生活态度,渗透爱国爱党的理想信念。通过言传身教,让孩子感受家庭和谐氛围,体会美德风尚,在孩子内心埋下一颗崇尚美德的种子,为传承和弘扬中华传统美德打下坚实基础。

3. 掌握家庭道德教育方法

家庭教育是一项长久教育,掌握良好的家庭道德教育方法对孩子成长非常重要。孩子的成长是一个不断"蜕变"的过程,家长的思想要做到与时俱进,关注和重视孩子成长规律,进行传统美德教育时做到循序渐进,因材施教。家长在进行中华传统美德教育时要注意行为引导和正面教育,这两个环节相辅相成。

在教育过程中,家长要充分发挥引导作用,从自身出发树立榜样模范。孩子通过观察家长遵纪守法、孝敬父母、诚实守信、爱岗敬业等美德行为,形成对中华传统美德的感情认同,再不断上升到自觉实践传统美德行为。有条件的家长和孩子不妨利用假期共同参加社区或学校组织的美德活动,既能引导孩子的美德行为,又可以增进彼此感情。

家长可以利用生动具体的生活案例正面教育孩子认识中华传统美德。如果发现孩子的行为违背中华传统美德要求,要进行说服教育,循循善诱,及时矫正。说服教育杜绝大吼大骂,家长要尊重孩子的人格尊严,营造平等交流的氛围,让孩子敢于表达自己的内心想法。家长还要积极配合学校辅导员的工作,紧跟以德育人的要求,积极配合学校开展工作,实现家庭教育与学校教育紧密联系,共同为孩子走上社会奠定良好基础。

第五章　中华优秀传统文化融入
高校德育建设的路径

中华优秀传统文化博大精深、内涵丰富，要实现中华民族伟大复兴的中国梦，全面建设社会主义现代化强国，就必须高举中国特色社会主义伟大旗帜，坚定文化自信，弘扬中华优秀传统文化。在高校德育建设中，要围绕立德树人根本任务，遵循学生认知规律和教育教学规律，把中华优秀传统文化融入高校德育课程中，让高校学生感受到有五千年历史的中华优秀传统文化的魅力，增强高校学生的文化自豪感，形成良好的思想政治观念和政治素养。本章就来具体分析中华优秀传统文化融入高校德育建设的路径。

第一节　中华优秀传统文化与大学生
德育目标的构建

一、高校德育的根本目标

（一）根本目标是培育社会主义新人

社会主义新人有两大特点。

一是社会主义性质，这是阶级性的体现。社会主义新人具有社会主义知识修养，具有社会主义价值观，具有社会主义信念，且拥有自我教育能力，能够以社会主义信念引导自己思想政治品德的发展。不论走到哪里,他们身上都具有稳定的社会主义素质。

二是新,即时代性。这是社会历史发展和时代精神的体现。社会主义是一个历史运动,社会主义的每一个历史阶段有不同的社会条件、环境特点和特殊矛盾,每一个阶段的社会主义建设都必须继承历史又开拓新业。这就要求每一代社会主义新人既要继承优良传统又要传承新的时代特征。就今天来说,社会主义新人应具有下列时代特征:有创新意识,宽广的胸怀和开阔的眼界,效益意识与奉献精神,较高的科技素质、人文素质,有学习力,既能继承优良传统又能开拓创新等。

总之,社会主义新人应具备现代人的素质,应当是身心获得全面、协调发展的人。"四有"是社会主义新人的基本素质,社会主义性质与时代性在社会主义新人身上得到统一。

(二)培养社会主义新人是时代对高校德育的要求

高校德育的根本目标是培育社会主义新人,这也是依据社会现实和时代要求而确定的。

首先,重视"人"的作用的历史与现实。马克思主义认为,人是生产力诸因素中最积极、最活跃的因素,也是人间最宝贵的资源,即人力资源。在社会历史各个阶段,在社会各个领域、各个层次,无不看到人的活动,无不看到人的作用,尤其是优秀人群的巨大作用。在我们党的高校德育历史上,其成功之处就在于培育了一大批新人,为革命和建设事业作出了贡献。中国在1840年鸦片战争之后逐渐沦为半殖民地半封建社会,经济文化非常落后,在长期的白色恐怖环境中,我们党能从小到大,从弱到强,从败到胜,关键在于有"新人"。我党用马克思列宁主义培育了一大批杰出的革命家,哺育了数以万计的工人阶级先锋队战士。

总结历史,我们看到党的成功就在于人的成功。高校德育的巨大作用,就在于用马克思主义教育人,使他们成为社会主义者。这在世界政治史上是罕见的壮举,毛泽东豪迈地称之为"伟大的工程"。随着社会发展,这种"人"的作用越来越明显,越来越重要。管理思想的变化,企业管理中心由物到人的转变,就体现了这一点。所谓以人为中心,以人为本,一方面强调人的重要,强调人力资源是最宝贵、最有潜力的资源;另一方面是强调提高人的素质,满足人的需要。以人为本中的"人",是指高素质的人,而不是庸人、坏人。关键在人,这是党的认识;人才强国,这是国家的战略。高素质的人,正是高校德育的根本目标。

其次,生产力发展和社会进步与人的素质成正比。以人为本,提高人的素质,这是世界潮流,一个社会管理体系要运行完善,关键还是要有素质高的人去执行和遵守。好学不倦的风气,注重维护社会公德,强烈的工作责任感,良好的职业道德和注重保持良好的生态环境等,具有这种高素质品德的人才保证了社会高效能且有序地运行。

最后,中华优秀传统文化能够汇聚时代新人的创新能力。历史证明,因循守旧、一成不变的文化始终无法跟上时代的脚步,最终被时代所淘汰。时代新人正处于青春阶段,充满着活力热情和想象力、创造力。将中华优秀传统文化与新载体相结合,能够展现出中华文化的独特魅力,转化出新的形式,引起时代新人的注意,引导时代新人学习、传承中华优秀传统文化,并在此基础上对中华优秀传统文化进行创造性转化和创新性发展。

我国的育人目标就是将中华优秀传统文化的精髓内化于心、外显于行。其中外部体现的特征之一就是能够创新能力。中华优秀传统文化流传千年经久不衰,最大的优势就在于真正做到了兼收并蓄、传承创新。要切实做好中华优秀传统文化的传承、研究和创新工作,不仅需要做好传统与时代的纵向结合,还要做好本土与世界的横向结合。要重新赋予传统文化时代意义和价值,要求时代新人能够主动探求新事物,积极吸收适合中华优秀传统文化发展的一切文明成果。

中华优秀传统文化中蕴含的知行合一等人文精神,要求时代新人必须要时刻提出新问题、寻找新思路。《大学》中讲到"苟日新,日日新,又日新",就是要求时代新人发挥这种创新能力。《易经》也曾说过"富有之谓大业,日新之谓盛德",就是告诫时代新人只有不断地创新,才能开辟新世界。

中华优秀传统文化能够浸润时代新人的价值追求。习近平总书记曾说过:"青年的价值取向决定了未来整个社会的价值取向,而青年又处在价值观形成和确立的时期,抓好这一时期的价值观养成十分重要。这就像穿衣服扣扣子一样,人生的扣子从一开始就要扣好。"①这在一定程度上表明了时代新人的价值追求决定了国家的价值追求。要求我们必

---

① 习近平. 把培育和弘扬社会主义核心价值观作为凝魂聚气强基固本的基础工程[N]. 人民日报,2014-01-26(02).

须充分运用中华优秀传统文化的道德教育资源,做好时代新人"三观"的正确引导工作。习近平总书记指出:"要认真汲取中华优秀传统文化的思想精华和道德精髓,大力弘扬以爱国主义为核心的民族精神和以改革创新为核心的时代精神,使中华优秀传统文化成为涵养社会主义核心价值观的重要源泉。"对时代新人而言,中华优秀传统文化宝库的珍贵思想精髓最能够滋养他们的心灵,补好"精神之钙"。

二、高校德育的直接目标

(一)弘扬中华优秀传统文化

创造性转化和创新性发展中华优秀传统文化是实现中华民族伟大复兴的坚强基石。中华民族伟大复兴是所有中华儿女共同的奋斗目标,它的成功实现取决于中华优秀传统文化的弘扬、延续和发展。中华优秀传统文化蕴含着巨大的精神力量,是中华民族历史和文化接续发展的基础,中国梦正是中华优秀传统文化与时代有机结合下产生的伟大成果。同时,中国梦也是结合了我国基本国情,鼓舞着我国人民努力奋斗,开启新时代的伟大工程。中国梦以加快实现我国政治强大、经济富强、民族振兴和人民幸福为奋斗目标。这个伟大梦想并不是虚无缥缈、难以实现的,而是经过脚踏实地的共同努力后必然会实现的。因为它深刻反映了我国全体人民的意愿,并且符合时代发展的要求。中国梦凝聚了几代中国人的追求,昭示着全中国人民的共同理想。

中华民族几千年的优秀文化是中华民族世代沉淀和传承下来的精华,是我们取之不尽、用之不竭的智慧宝库。要实现伟大复兴的中国梦,不仅要广泛借鉴国内外先进的科技成果和国际经验,更要深入挖掘中华民族深厚悠久的文化,包括各种优秀的价值理念、道德观念及古代治国理政的大智慧,同时结合当今时代特点和要求对中华优秀传统文化进行创造性的利用和发展。

中华优秀传统文化是实现中华民族永续发展之基。国家和民族的团结需要共同的道德基础来维系,从而增强民族认同感。例如,中国结不单单是我国人民的审美体现,更是我国民族感情的体现,具有广泛的文化认同。2022年,冬季奥运会和残奥会吉祥物的设计就融合了熊猫、灯笼、剪纸、中国红等诸多中国传统元素，向全世界展示了中华传统文化的魅力。

在弘扬中华优秀传统文化的过程中，更重要的是要弘扬中华传统文化中的美德和精神，提高民族的整体素质，加强民族凝聚力，以此达到增强民族认同感的目的。共同的外表特征不足以代表民族整体联系，共同的文化基因和道德基础才能够规制民族认同感。民族命运影响着对祖国的情感，整体中华民族人民团结起来，才能更好地实现中华民族伟大复兴的中国梦。

（二）提升文化软实力的需要

中华优秀传统文化是构建"文化软实力"的内部要素。21世纪，文化软实力成为国家综合国力和国际竞争力的重要组成部分。一个国家的软实力不行，就会不打自败。文化能够贯穿国家现代化建设全局的核心，维系软实力的灵魂。从历史的角度上看，软实力之所以关乎民族兴衰、国家强弱、人民贫富，主要是由其文化软实力因素决定的。缺乏丰富的精神世界，就无法激发文化的创造性，国家和民族自然无法立足于世界。五千年的中华优秀传统文化自然是我国提升文化软实力的重要基础。在建设中国特色社会主义、实现中华民族伟大复兴的中国梦的道路上，必须要加强对文化软实力的研究，为国家综合实力的进一步增强服务。

中国优秀传统文化是"文化软实力"的外部符号。当和平与发展成为时代主题，文化软实力作为综合国力的重要组成部分，在各国发展中起到非常重要的作用。我们能够清楚地认识到软实力具有硬实力不可替代的独特作用，它既能够为人民提供思想上的保证，增强中华民族的凝聚力，又能够客观完美地展示中国形象，散发中国文化的魅力，提升我国的国际影响力。

在国内，重振国学、弘扬中华优秀传统文化，有利于促进马克思主义的中国化和形成中国化的马克思主义；加强青少年对中华优秀传统文化的学习，能够大幅度提升青少年的道德水准，对我国培养合格的社会主义接班人意义重大；继承和发展中华优秀传统文化，对于传承中华文明、铸牢中华文化认同与中华民族认同意义巨大。

第二节 中华优秀传统道德与大学生 "三德"培育的构建

中华优秀传统道德历来主张用道德来规范当时的社会和人们的行为,并且把维护大家公认的道德看成是社会成员的应有之责。用道德力量来协调社会、协调人与人之间关系,保持社会、团体、家庭的正常有序运转,不仅是中华优秀传统道德的核心功能,也是新时代中国公民道德建设的目的之一。

社会公德、职业道德和家庭美德是社会主义道德建设中最重要、最基本的内容。这三个方面基本覆盖了社会主义道德建设的主要领域。高等学校是培养社会主义建设者和接班人的场所,是建设社会主义精神文明的重要基地。抓好大学生的"三德"教育,是高校德育工作的重要任务。

一、社会公德教育

社会公德又称"公共道德",它是人们为了维护公共生活,调节人们之间关系而形成的道德行为准则和起码的公共生活准则。社会公德反映了个人的行为同集体、阶级、民族、国家和社会的关系,涉及公共利益、公共秩序、公共安全和公共卫生等,需要用公共生活准则去调节个人与集体、社会之间的关系。

(一)社会公德教育的主要内容和要求

社会公德是社会主义道德的有机组成部分。社会主义市场经济条件下,公民享有真正、广泛的民主权利,同时国家对公民的责任义务也提出了明确的要求。社会公德教育是要教育每个大学生在社会及学校公共生活中,做到尊重人、关心人、助人为乐,遵纪守法,讲文明礼貌,遵守公共秩序,提倡爱护公共财物,保护环境和资源,自觉履行对国家和社会的义务,要敢于同坏人坏事和不良倾向作斗争,在国家安全和人民生命财产受到威胁时,挺身而出,奋勇拼搏,英勇斗争。

1. 讲文明礼貌

文明礼貌主要是指从道德情操、社会风尚方面提出的要求。概括地说,文明礼貌就是指人们在公共生活中的言谈举止符合群体利益,符合礼仪、谦虚恭让,如语言文明、行为文明、交往文明、仪表文明,对人称呼的礼貌、与人说话的礼貌、公共场所的礼貌等。

2. 遵守公共秩序

为了维护社会公共生活的正常进行,要求人们在公共场所必须遵守生活秩序、工作秩序、生产秩序和学习秩序。

3. 讲究卫生

卫生包括个人卫生和公共卫生,要求养成良好的卫生习惯,衣着清洁整齐,在公共场合做到爱护公共环境卫生,创造和维护优美、整洁、清爽的生活空间。

4. 爱护公物

爱护公物就是要爱护公共财产,包括国家、集体的一切财产如公共财物、公共建筑和公共设施,要以主人翁的精神,大力宣传和倡导爱护公物、厉行节约,树立为国家节约一滴水、一度电、一分钱的精神,爱护学校的一切设施,不占公物,保护公物,同破坏公共财物的不良行为作斗争。

5. 诚实守信

诚实守信是指不虚假,言行跟内心思想一致,恪守诺言,讲信用。要做到实事求是,讲真话实话,谈论事情要客观;要光明正大,忠诚老实,不见风使舵,阳奉阴违;要说话算数,说到做到,言行一致。

6. 敬老爱幼

敬老爱幼是指对老人、对长辈要尊敬、爱戴,对儿童关心爱护,这是中华民族的传统美德。尊敬老人是尊重历史和尊重他人的表现,同时也是尊重我们自己。儿童是祖国的未来和希望,应该受到全社会的保护和关心。

7. 助人为乐

热心帮助遇到困难的人,为他们排忧解难,帮贫济困,并以此为乐,不留姓名,不图钱财,不为报答,是高尚品德的表现。

8. 见义勇为

见义勇为是公共生活中的起码准则。为了正义的事业,为了社会和人民的利益,对于损害公共利益的行为挺身而出,伸张正义,敢于斗争,甚至不惜牺牲生命,是共产主义道德情操的具体表现,是高于其他社会公德内容的道德内容。社会主义精神文明反对那种见义不为、明哲保身,对他人危难持冷淡和漠不关心态度的不道德行为,倡导见义勇为的道德风尚。

9. 保护环境

对公共生活环境和自然环境进行保护,减少及消除各种污染。包括保护野生动植物资源,保护绿化,保护水源,不随意破坏环境,努力创造一个清洁卫生、舒适清新的生存空间。

(二)社会公德教育的意义

1. 社会公德是保证社会生活正常进行的重要条件

在社会生活中,任何人违反社会公德,都会破坏人与人之间正常的道德关系,给社会生活秩序造成一定的危害,这不仅会给人们的生产、生活和工作带来极大的不便,还有可能造成人民生命财产的重大损失。所以,人人都要遵守社会公德,以它来约束自己的行动,这是维护社会正常生活秩序,保障社会生活正常进行的重要条件。

2. 社会公德对改善社会道德风气具有重要的作用

社会公德对社会道德风气的影响稳定且深刻,对人们情操的陶冶、品德的培养作用很大。一个社会,如果人们连最基本、最简单的公共生活准则都不遵守,就谈不上用更高的道德要求来约束自己,那么这个社会也就很难形成良好的道德风气。相反,如果人人自觉遵守公共生活准则,整个社会的道德风气就会好起来。自觉地、模范地遵守社会公德,是提高社会主义道德水平的一条有效途径。社会成员的整体道德水平提高了,就会形成良好的社会道德风气。

3. 社会公德对形成良好的人际关系有重要作用

社会公德反映人们在社会生活中的相互关系,在调节人际关系中起着重要作用。人们在交往中,为了建立平等、团结、友爱、互助的社会主义人际关系,必须自觉遵守社会公德,并按照它的要求去处理彼此间在公共生活中的关系,从而有利于良好人际关系的建立。社会实践证明,遵守社会公德对于形成良好的人际关系有着重要的作用。

二、职业道德

职业道德是人们在一定的职业活动中所遵守的行为规范的总和。在现代社会中,随着社会主义市场经济的发展,新的职业大赛出现,千百种职业和行业渗透于经济、政治、科学、教育和文化艺术等实际生活的各个领域,社会中的每个行业、每种职业都是社会活动的组成部分,在各自的行为及活动中,要达到规范、科学、有序的发展,都必须遵循相应的职业道德规范和准则。职业道德不仅是从业人员在职业活动中的行为要求,而且是本行业对社会所承担的道义责任和义务,从道义上规定了人们应以什么样的思想、感情、态度、作风和行为对待本职工作及其待人、接物、处事和履行职责。

(一)职业道德教育的内容和要求

对大学生进行职业道德教育,主要是针对青年学生的特点,结合社会各行业共同的职业道德规范,提出职业道德要求,培养学生强烈的事业心和责任感。职业道德规范是指职业劳动者处理职业活动中各种关系、矛盾的行为准则,是评价职业劳动者职业活动和职业行为好坏的标准,它告诉人们在职业活动中应该怎样做,不应该怎样做,在职业分工极其复杂的现代社会条件下,各行各业除遵循各自制定的行业职业道德规范外,还必须遵守全社会共同的、各行各业都应遵守的行为准则。

1. 忠于职守，爱岗敬业

敬业精神是一种基于挚爱基础上的对工作、对事业的全身心忘我投入。忠于职守就是忠实地履行职业责任。具体地说，就是在职业活动的领域，树立社会主义主人翁的责任感、事业心，追求崇高的职业理想，干一行、精一行、专一行，摆脱单纯追求个人小团体利益的狭隘眼界，把对社会的奉献和付出看作无上的光荣。每个劳动者恪尽职守，兢兢业业，是保证社会生产、生活正常运转的前提条件。每个从业人员，只要在岗位上工作一天，就要认真履行岗位职责，即使与个人利益发生矛盾，也应首先保证完成工作任务。一个人能否对社会作出贡献，不在于他从事什么职业，而在于他有没有为社会无私奉献的精神。只有自觉地为社会主义现代化建设贡献力量，不计个人得失，其人生才是高尚的、有意义的。

2. 努力学习，提高技能

这是社会主义职业道德规范的一个重要方面。它要求一切从业人员努力学习，钻研所从事专业的知识技能，孜孜不倦，锲而不舍。作为大学生就要勤奋刻苦学习，充分利用社会提供的学习机会和学习条件，克服一切困难，勤于思考，圆满完成所学专业的学习任务，只有全面掌握专业理论知识和技能，并具备适应社会的能力，才能被社会所接受和认可，才能成为合格的社会主义建设者，才能把为社会服务、推动社会发展落到实处。

3. 遵纪守法、廉洁奉公

纪律和法律是保证社会正常秩序的有力工具和武器。遵纪守法指的是每个职业劳动者都要遵守职业纪律和与职业活动相关的法律法规。国家和各行业、部门、系统都制定了一系列的相关法律法规，廉洁奉公是高尚道德情操在职业活动中的重要体现，它要求每个从业人员在职业活动中要坚持原则，不利用职务之便谋取私利，以国家和人民利益为重，自觉奉献。

各类从业人员在职业活动范围内的行为，都必须遵守相应的法规守则，履行道德义务。在社会主义市场经济条件下，各行各业在社会活动中都有其独有的特殊性。只有行业之间、行业与社会之间以"我为人人，人人为我""服务第一"为原则,相互协调,相互服务,一切为社会利益考虑,为群众着想,从集体和社会利益出发,不谋私利,廉洁奉公,才能使社会处于良性循环状态。高校德育工作要教育学生从自身做起,从每件小事做起,特别是不断加深学生对遵纪守法的认识,提高遵纪守法的自觉性,事事处处在纪律和法规守则的约束之下。

4. 团结互助,学赶先进

社会是个大家庭,是复杂的整体。社会运动是高级运动形式,社会的正常运动需要组成社会的细胞——每个人、每个行业、每个部门的正常运转。一个行业、一个部门的正常运转,又要求其内部各从业人员相互配合,相互协调。不论哪项工作,离开了集体,离开了相互配合,离开了他人的协助,都是不可能圆满完成的。

因此,社会主义职业道德要求每个劳动者在工作中搞好团结,互相帮助,向各方面的先进和模范人物学习,向先进工作者看齐,学习先进模范人物高尚的职业道德,执着无私的敬业精神,勤奋工作的优良品质,精湛娴熟的知识技能。作为高校的青年学生,在校学习期间要不断学习各行业先进人物的事迹和优良品质,并经常注意身边同学中出现的感人事例,搞好同学之间的团结,发扬互助友爱精神,帮助有困难的学生,逐步培养团结互助、学赶先进的职业道德意识。

5. 扶植正气,抵制歪风

市场经济在给社会发展带来正面影响的同时,由于等价交换原则的作用,"钱"的地位在人们心目中明显加强,诱发一些个人主义膨胀,拜金主义和享乐主义蔓延。为了个人私利,不惜损害国家、集体、他人的利益,不择手段地赚钱,严重违背社会主义职业道德原则,同时也影响了社会主义改革事业的健康发展。我们每个劳动者,从事各行业工作的职工,包括正在学校学习、将来投身社会主义改革大潮的大学生,都有责任和义务弘扬正气,倡导和实践社会主义职业道德,自尊、自信、自强、进取,树立效益观念、民主观念、平等观念、时间观念,克服消极腐败现象,同一切违背职业道德原则的行为进行坚决有效的斗争。

6. 文明礼貌,和气待人

社会主义市场经济条件下,不论做什么工作,都是为了一个目的——为他人利益、为社会发展作贡献。在职业行为中,要树立服务意识,为服务对象提供高质量的服务。对待我们的服务对象如顾客、患者、群众、学生等都要像亲人一样,讲究说话艺术,礼貌待人,关心体贴,体现平等友爱的关系。力戒盛气凌人,态度生硬,拉关系、走后门,搞行业不正之风。文明礼貌不但体现出职业人员所在部门、行业的整体素质和形象,而且也是社会主义道德的重要组成部分。它从一个侧面体现出整个社会、一个系统、一个地区的道德水平。

7. 坚持真理,改正错误

坚持真理,正视错误并及时改正,是一个人修养的重要方面。只有坚持真理,大胆承认错误并及时改正错误,才能少走弯路,使社会主义现代化事业减少不必要的损失。我们在本职工作中,应持科学的态度,尊重自然规律,实事求是。遇到问题多分析,多调查研究,多进行论证,多听取各方面意见,正确对待批评。坚决反对违背科学规律,搞假、大、空,脱离实际,一意孤行的工作作风。

8. 勤俭朴素,艰苦创业

艰苦奋斗作为一种可贵的精神品质,是人类共同的精神财富。艰苦奋斗精神在革命战争时期和社会主义建设初期创造了奇迹,社会主义现代化建设仍然离不开这种精神。虽然社会主义市场经济的发展使我们国家的经济上了新的台阶,但还应看到我国人口多、资源相对短缺、科技水平比较落后,还需在工作、生产、生活等方面长期发扬艰苦奋斗的精神,勤俭办一切事业,并为之付出长期艰苦的劳动。艰苦创业精神就要求从业者确立远大志向,吃苦耐劳,顽强拼搏,勇于探索,勇于实践,持之以恒。反对奢侈浪费,盲目追求高消费的资产阶级腐朽生活方式。

（二）社会主义职业道德的作用

1. 对社会主义经济发展起推动作用

在改革开放和现代化建设中，加强职业道德建设，可以促进人们思想观念的更新。职业道德要求人们不仅要有锐意改革的精神，而且要有科学务实的态度，不断树立质量第一、勇于竞争、开拓创新的观念，逐步适应社会主义市场经济体制的需要、当人们确立了相应的职业道德观念，并把它转为自己的内心信念和强烈责任感时，就会树立起正确的劳动态度，增强主人翁责任感，从而在事业上作出贡献。社会各行业涌现出的"能手""专家""状元"等，他们的光辉典范和高贵品质激励着社会各领域劳动者的斗志，从而推动社会主义现代化经济向前发展。

2. 对良好社会风尚的形成起保证作用

社会风气的好坏往往通过各行各业的职业风气"窗口"表现出来，各行各业的风气是职工道德水平和道德风气的综合反映。社会主义职业道德以规范的形式指导人们的职业活动，使从业人员以高度热情从事工作，发挥自己的积极性、创造性，自觉调整人与人之间的关系，只要各行各业都把职业道德贯彻于职业活动中，那么行行都会形成好的风气，并汇成整个社会的优良风尚。

3. 对提高从业人员的道德素质起促进作用

在职业活动中，要提高职工队伍的基本素质，关键在于加强职业道德建设，一个从业人员除了需掌握一定的专业理论知识和高超的操作技能之外，理想、道德等精神因素在人的成长过程中起着更为重要的作用。遵循社会主义职业道德，可以激发人们的劳动热情、积极进取精神和主人翁责任感。通过职业道德教育和实践，可使从业人员具备如积极工作、钻研业务、遵守纪律、提高工效、廉洁奉公等良好的职业素质，促使他们实现职业理想，成为建设社会主义的合格人才。

（三）职业道德修养

职业道德修养分职业道德知识、情感、意志、信念和行为习惯五个方面的内容，也就是知、情、意、信、行五个环节紧密衔接、相辅相成的统一过程。

首先，加强职业道德修养是进行社会主义现代化建设的迫切需要。在社会主义市场经济条件下，搞社会主义现代化建设需要全社会劳动者同心同德，团结奋斗。要求各行业的从业人员具有较高的职业道德素质，树立正确的劳动观念，培养良好的职业道德品质。当人们一经形成对自己职业的道德责任并把它变为内心道德信念后，就会把共同理想同各行各业的发展目标和现实任务结合起来，产生一种高尚的社会责任感和荣誉感，在社会主义现代化建设中发扬献身事业的精神。

其次，加强职业道德修养是建立和发展平等、团结、友爱、互助的社会主义新型关系的重要环节。在社会主义市场经济体制下，人人都是服务对象，人人又都为他人服务。社会对人的关心，社会的安宁和人们之间关系的和谐，是同各个岗位上的服务态度、服务质量密切相关的，人们常常通过对职业道德规范的深刻理解和职业道德生活的深切体验，认识和感受和谐人际关系的重要性。全社会各行各业如果都能履行自己的职责，大家就会感觉生活在一个受到尊重、受到关心、充满团结合作气氛的和谐环境中，就会激发人们劳动和工作的热情。

最后，加强职业道德修养教育，是纠正行业不正之风、建设良好社会风貌的重要措施。从近年来社会上不正之风的表现来看，最突出的问题是职业道德问题。各行业、各部门的职业道德问题尽管表现形式不同，但其实质都是不讲职业道德，结果是损害了国家、集体和群众的利益，破坏了人与人之间新型的社会关系，败坏了社会风气。如果在各行业进行职业道德修养教育的前提下，从业人员注意加强职业道德修养，"从我做起，从本单位做起，从现在做起"，使厂风、店风、医风、机关作风都得到改善，那么整个社会风气的好转就落到了实处。

三、家庭美德

家庭美德是调节家庭内部成员和家庭生活密切相关的人际交往关

系的行为规范。家庭是社会的细胞，是人类社会生活的基础组织形式。家庭美德是社会主义道德建设的重要组成部分。

（一）家庭美德教育的内容

家庭美德教育的基本内容是尊老爱幼、夫妻和睦、勤俭持家、邻里团结。对于随父母一块生活而又以学校集体生活为主的大学生，在家庭美德方面，主要是提倡尊敬长辈，孝敬父母，并以努力学习、遵守校纪、立志成才的实际行动报答父母长辈的养育之恩，学会在生活上照料父母，经济上赡养父母，精神上慰藉父母。要勤俭节约，生活上俭朴，努力培养生活自理能力，不乱花钱，不铺张浪费。假期在家要做家务劳动，为父母家庭分担忧愁，体谅父母长辈的辛劳，关心体贴父母长辈的身体健康。不可只顾自己享受，反对好吃懒做、没有家庭和社会责任的行为。

（二）家庭美德教育的途径和方法

家庭美德教育，主要是通过家庭教育和影响，学校重视和社会大环境等环节，使大学生逐步形成家庭美德的意识。

家庭教育是子女思想品德形成和发展的基础，父母长辈的言传身教对子女影响是很深刻的。父母要利用家庭教育的优势对子女进行针对性的、行之有效的教育。学校要对学生进行尊敬师长、关心集体、勤俭节约、团结互助、热爱劳动的教育，为学生创造一切条件，进行家庭美德方面的修养。社会要重视家庭美德教育对大学生的影响，利用各种形式，宣传和弘扬社会中家庭美德的典型事例，形成良好的氛围。

（三）家庭美德教育的意义

家庭美德教育是社会主义道德建设和大学生思想道德教育的重要方面。对于整个社会主义道德建设的健康发展具有重要的现实意义。

首先，家庭美德建设是家庭生活美满幸福的道德基础。家庭伦理道德的建设，能够促使家庭成员提高各方面的素质，养成良好的生活、学习和工作习惯，有效地发挥家庭所担负的社会职能，建立良好的家庭成员间的和谐关系，从而使家庭处于温馨、欢乐与幸福的氛围中。

其次，家庭美德教育能够促进社会公德和职业道德教育的形成和发展。一个具有良好家庭伦理道德素质的人，在社会生活中一般都会是一个遵守社会公德的好公民,在关心父母长辈的基础上,同时也会关心他人和集体。具有家庭责任感的人,必然对岗位、对工作有高度的事业心。

第三节　中华优秀传统文化与大学生德育途径的构建

一、运用中华优秀传统文化完善高校立德树人的课堂渠道

课堂是大学生在高校接受立德树人教育最主要的渠道。因此,将中华优秀传统文化运用于高校立德树人,首要的是运用中华优秀传统文化完善高校立德树人的课堂渠道。

（一）加强中华优秀传统文化教育来打牢立德树人根基

习近平总书记深刻指出:"中华民族在几千年历史中创造和延续的中华优秀传统文化,是中华民族的根和魂。"①中华优秀传统文化是中华民族的文化根基,是我国革命文化和社会主义先进文化的文化根基,也是我国高校立德树人的文化根基。因此,运用中华优秀传统文化完善高校立德树人的课堂渠道,就要在高校课堂上加强中华优秀传统文化教育来打牢立德树人根基。这有助于大学生加强文化自信与厚植爱国情怀,有助于抵制国内不良风气与外来不良文化的消极影响,也有助于从课堂渠道解决部分大学生对汲取中华优秀传统文化的立德树人养分重视不足的问题。在高校课堂加强中华优秀传统文化教育来打牢立德树人根基应主要从三方面着手。

首先,高校教育者可在课堂中向大学生展示中华优秀传统文化中丰富的育人内涵。这有助于大学生感受中华优秀传统文化的博大精深,进

---

① 习近平. 在庆祝澳门回归祖国 15 周年大会暨澳门特别行政区第四届政府就职典礼上的讲话[N]. 人民日报,2014-12-21(002).

而加强文化自信与厚植爱国情怀。例如,"仁、义、礼、智、信"彰显着古人的处世道德;"自强不息"彰显着古人的奋发之心;"天人合一"彰显着古人的和谐智慧;"天下大同"彰显着古人的博爱理想等。中华优秀传统文化中的丰富育人内涵有助于形塑大学生的"大德""公德"与"私德"。与此同时,高校教育者还可以将中华优秀传统文化的丰富内涵运用于马克思主义、社会主义核心价值观、中国梦等高校立德树人主要方向之中,从而增强高校立德树人的效果。

其次,高校教育者可在课堂中向大学生介绍中华优秀传统文化对世界的深刻影响。这有助于我国大学生提升民族自豪感,进而为加强大学生的文化自信与培植大学生的爱国情怀打下坚实基础。譬如近年来,联合国已多次将习近平总书记提出的"人类命运共同体"写进其官方文件。"人类命运共同体"这一当代理念就源于中华优秀传统文化中的"大同"思想。"大同"思想强调要弘扬"不独亲其亲,不独子其子"的人人为公的社会道德。当今时代,与中华优秀传统文化的"大同"思想一脉相承的"人类命运共同体"理念,能够为帮助最不发达国家脱贫等全球问题的治理贡献中国智慧。又比如在每年的中国春节之际,迪拜哈利法塔、巴黎埃菲尔铁塔等国外知名景点都会为中国点亮"中国红"。再比如许多国际友人都对中国的传统服饰、传统艺术、传统风俗等中华优秀传统文化载体兴趣浓厚。诸如此类,不胜枚举。

最后,高校教育者在课堂中可引导大学生理性批判外来文化。这有助于培养大学生的理性思维和辩证思维,更有助于坚定大学生的道路自信、理论自信、制度自信和文化自信,从而帮助高校实现立德树人这一根本任务。在当前多元文化的背景下,外来文化对于中华优秀传统文化在高校立德树人中的运用是一把"双刃剑",既有积极作用,也有消极影响。因此,对待纷繁复杂的外来文化既不能一概否定,更不能全盘吸收。对于一种外来文化是否要吸收和借鉴,其标准就是"以我为主,为我所用"。具体到中华优秀传统文化运用于高校立德树人而言,就是指高校教育者要引导大学生学习与中华优秀传统文化精髓相契合的、能够对高校立德树人发挥积极作用的外来文化。举例来讲,高校教育者可以为大学生推荐一些传播正能量的、极具教育意义的国外优秀文化作品,譬如《钢铁是怎样炼成的》《静静的顿河》《小王子》等。高校教育者可以将国外优秀文化作品中的价值观、道德观精髓与中华优秀传统文化中的育人元素以及马克思主义、社会主义核心价值观等高校立德树人的主要方向相融合。

需要强调的是,对于外来不良文化,高校教育者要引导大学生加以鉴别并坚决抵制。

（二）针对立德树人将中华优秀传统文化创造性转化

习近平总书记提出要"推动中华优秀传统文化创造性转化、创新性发展"。就什么是中华优秀传统文化的创造性转化而言,习近平总书记指出:"中华优秀传统文化创造性转化,就是要按照时代特点和要求,对那些至今仍有借鉴价值的内涵和陈旧的表现形式加以改造,赋予其新的时代内涵和现代表达形式,激活其生命力。"这一重要论述贯彻到运用中华优秀传统文化完善高校立德树人的课堂渠道,就是要在高校课堂针对立德树人将中华优秀传统文化的教育内容与教育形式进行创造性转化。这有助于解决中华优秀传统文化运用于高校立德树人的方向缺乏时代气息的问题,也有助于解决中华优秀传统文化运用于高校立德树人的形式与载体单一的问题。

首先,高校教育者需要针对立德树人将中华优秀传统文化的教育内容进行创造性转化。当前,中华优秀传统文化的教育内容局限于其注释、句意等字面意思,或是诸如节俭、勤奋、诚信、孝亲敬长等传统德育方向,却忽视将中华优秀传统文化的教育内容与社会主义核心价值观、"中国梦"等高校立德树人的主要方向相结合。在马克思主义作为高校立德树人指导思想的前提下,高校教育者可将中华优秀传统文化运用于高校立德树人的主要方向中。这有助于丰富高校立德树人的现有素材,也有助于挖掘中华优秀传统文化的新时代内涵。

其次,高校教育者需要针对立德树人将中华优秀传统文化的教育形式进行创造性转化。当前,中华优秀传统文化的原有教育形式已不能满足高校立德树人的诉求。因此在中华优秀传统文化运用于高校立德树人的过程中,高校教育者就需要对中华优秀传统文化的教育形式进行创造性转化。举例来讲,高校立德树人的原有教育形式以讲授教材为主。而在当前,一些立德树人主题的短视频则更受大学生欢迎。譬如中华优秀传统美德动画短片、爱国主义影视作品剪辑、"强国有我"主题短片等在大学生群体中具有很高的点击量。同时,这些立德树人主题短视频也能够培养大学生对党、对国家、对社会主义的热爱,有助于高校完成立德树人这一根本任务。因此,高校教育者可针对立德树人将中华优秀传统文化中的育人元素制作成生动有趣的短视频，进而推广于各大短视频平台。这样一来，大学生在课余时间也能感受到中华优秀传统文化的道德熏染。除此之外，高校教育者还可针对立德树人探索其他深受大学生喜爱的中华优秀传统文化教育形式，以使高校立德树人取得更好的效果。

（三）运用中华优秀传统文化解决大学生的道德问题

当前，我国正处于社会转型期，各种不良风气也逐渐凸显。部分大学生的道德定力相对薄弱，极易受到不良风气的蛊惑而产生各种道德问题。因此，高校教育者可以在课堂运用中华优秀传统文化中的育人元素来解决大学生的道德问题。这不仅有助于增强高校立德树人的实效，更有助于我国社会主义的健康发展。高校教育者在课堂中运用中华优秀传统文化解决大学生的道德问题需注意两点。

一是高校教育者解决的大学生的道德问题要尽可能覆盖"大德""公德""私德"三方面。

二是高校教育者要将中华优秀传统文化与高校立德树人的主要方向相结合。

举例来讲，受市场经济大潮冲击、法律法规有待完善、道德教育缺失等因素影响，部分大学生产生"炫富""拼爹"等道德问题。针对这种情况，高校教育者可以将"囊萤映雪""坐吃山空"等古代故事与习近平总书记的"奋斗幸福观"相结合，以此引导大学生树立"成由勤俭败由奢"的正确价值观。又譬如部分大学生为了一时方便而在公众场所大声喧哗，或是不爱护公共卫生等。针对这种情况，高校教育者可以运用孟子、荀子等古代学者的"重义轻利""以义制利"观点，并将其与社会主义核心价值观相结合，以此形塑大学生的社会公德。再比如高校教育者可将戚继光抗倭、林则徐虎门销烟等古代故事与习近平总书记关于"家国情怀"的重要论述相结合，以此培育大学生的爱国情怀。

（四）关注大学生于运用过程中形成的互动反馈

在以往的高校课堂上，部分教育者在立德树人过程中偏重单向灌输的模式，即过于强调自身的主导作用而忽视大学生的互动反馈。也就是说，部分高校教育者片面重视"教得如何"，却忽视大学生"学得如何"。

部分大学生的学习体会与学习疑问没能及时传递给高校教育者,而部分高校教育者也未根据大学生的学习体会与学习疑问及时调整立德树人的内容、方法、模式等,这在一定程度上造成了立德树人过程中的"形式主义"。这种模式虽然可以为其考核评价提供短期便利,但桎梏了大学生对立德树人相关问题的思考与表达,因而也就降低了高校立德树人的实效。为避免中华优秀传统文化在高校立德树人中的运用流于形式,高校教育者尤其要在课堂上关注大学生于运用过程中形成的互动反馈。这有助于提升大学生的道德水平,也有助于解决部分高校教育者将中华优秀传统文化运用于立德树人的模式偏重单向灌输的问题。

举例来讲,高校教育者可将中华优秀传统文化中的育人元素与马克思主义、社会主义核心价值观等高校立德树人的主要方向相结合。同时,要引导大学生对相关内容进行思考,鼓励大学生积极参与互动反馈,使大学生从中充分汲取"大德""公德""私德"养分。譬如高校教育者可利用课堂讨论、留言板、班级微信群、线上会议软件、短视频平台等各种线上线下方式,鼓励大学生表达在这一运用过程中的体会与疑问。同时,高校教育者也可将大学生在这一过程中形成的互动反馈作为依据,及时调整相关内容、方法、模式等,以此形成高校教育者与大学生在这一过程中的良性互动。

需要说明的是,在高校课堂中关注大学生于运用过程中形成的互动反馈,是基于课堂是中华优秀传统文化运用于高校立德树人的主渠道,课堂教学能够在中华优秀传统文化运用于高校立德树人的过程中发挥基础性作用。但是,关注大学生于运用过程中形成的互动反馈不应仅仅局限于课堂,而应贯穿于中华优秀传统文化运用于高校立德树人的全过程。

二、运用中华优秀传统文化完善高校立德树人的长效机制

长效机制是指能长期保证制度正常运行并发挥预期功能的制度体系。习近平总书记强调,要"紧紧围绕立德树人的根本任务,加快构建充满活力、富有效率、更加开放、有利于学校科学发展的体制机制"①。这

---

① 习近平. 习近平谈治国理政(第一卷)[M]. 北京:外文出版社,2018:314.

充分说明长效机制对高校立德树人具有重要意义。因此,要将中华优秀传统文化运用于高校立德树人,就要运用中华优秀传统文化完善高校立德树人的长效机制。

(一)运用中华优秀传统文化完善高校师德师风建设机制

高校教育者是对大学生实施立德树人的主体,高校教育者的师德师风影响着大学生的道德认识与道德行为。运用中华优秀传统文化完善高校立德树人的长效机制,首先就要运用中华优秀传统文化完善高校师德师风建设机制。高校应以习近平总书记提出的"有理想信念、有道德情操、有扎实学识、有仁爱之心"的"四有"好老师要求为指引,运用中华优秀传统文化完善高校师德师风建设机制,进而间接提升大学生的道德水平。

中华优秀传统文化中蕴含关于师德师风的丰富元素。譬如习近平总书记的"四有"好老师要求即与《论语》中"志于道,据于德,依于仁,游于艺"的精髓一脉相承;又如《荀子》中的"夫师,以身为正仪而贵自安者也"强调的即是教师为人师表的重要性;再如《论语》中的"有教无类"强调的即是教师对学生要一视同仁的道理等。高校可运用中华优秀传统文化中关于师德师风的丰富元素对教育者进行熏染,以期提升高校教育者的师德师风。举例来讲,高校可运用中华优秀传统文化中关于师德师风的丰富元素举办专题研讨会、读书交流会、成果汇报会等学习活动。同时,高校还可以向高校教育者介绍孔子、孟子、墨子、朱熹等古代杰出教育家的优秀教育事迹,并将其与教育者的个人教育经历相结合,通过线上线下多种方式畅谈学习体会。这些活动可以使高校教育者从中华优秀传统文化中充分汲取师德师风养分,进而转化为自身师德师风的一部分。高校可探索类似的运用中华优秀传统文化完善高校师德师风建设的路径,并将其形成稳定的长效机制,以期运用中华优秀传统文化滋养高校教育者的师德师风。

(二)运用中华优秀传统文化完善高校管理与服务机制

在高校立德树人过程中,不仅高校教育者对大学生发挥着示范作用,高校管理与服务人员亦对大学生产生着重要影响。将中华优秀传统文化运用于高校立德树人,离不开运用中华优秀传统文化完善高校管理与服务机制。在以往的高校管理与服务工作中,部分高校管理与服务人员抱有"守摊式"的心态,甚至会对大学生道出"自己去看""我怎么知道"之类的冷言冷语。倘若大学生长期处于这种缺乏人文关怀的管理与服务氛围中,势必会降低大学生对高校立德树人教育理念的信任度。鉴于这种情况,高校可运用中华优秀传统文化来加强高校管理与服务中的人文关怀,进而完善高校管理与服务机制。

举例来讲,高校可通过评选"高校先进管理者""高校服务标兵"的方式来提升高校管理与服务人员的工作积极性,并对入选人员实行适当物质与精神奖励,使"敬业奉献"的中华传统美德在高校管理与服务人员中得到弘扬。又比如高校可以在图书馆、食堂、宿舍等大学生经常出入的场所放置装有常备药品、雨伞、口罩等亟需物品的"爱心箱",让大学生感受到"关爱他人"的中华传统美德的魅力。倘若大学生能够长期身处这种充满中华优秀传统文化人文关怀的高校管理与服务氛围中,并将其逐步稳定为长效机制,这将有助于加强大学生的文化自信和提升大学生的道德水平。

(三)完善大学生学习中华优秀传统文化的考核评价机制

这里所讲的学习中华优秀传统文化,主要指学习中华传统美德、中华人文精神等中华优秀传统文化中的育人元素,但中华优秀传统文化中的其他人文知识也包含在内。学习中华优秀传统文化是大学生汲取中华优秀传统文化立德树人养分的基础。为激励大学生学习中华优秀传统文化,并使大学生从中充分汲取立德树人养分,就要完善大学生学习中华优秀传统文化的考核评价机制。同时,这也有助于解决部分大学生对汲取中华优秀传统文化的立德树人养分重视不足的问题。就当前的大学生学习中华优秀传统文化的考核评价机制而言,存在中华优秀传统文化相关科目学分少以及忽视对大学生的道德评价等问题。

首先,针对中华优秀传统文化相关科目学分少这一问题。在中华优秀传统文化相关科目设置齐全的基础上,高校可适当增加相关考试学分。考试虽然不是中华优秀传统文化运用于高校立德树人的最终目的,却是其中必不可少的一环。相关考试学分的增加可以提高大学生对中华优秀传统文化学习的重视程度,从而使大学生主动汲取中华优秀传统文化中的立德树人养分。

其次,针对忽视大学生的道德评价这一问题,高校应将大学生的道德评价纳入大学生学习中华优秀传统文化的考核评价机制。就当前的中华优秀传统文化教育而言,部分高校过度重视大学生在相关科目中的期末考试、研究成果等"硬成绩",却忽视大学生道德水平这一重要的"软成绩",这显然不利于中华优秀传统文化在高校中发挥立德树人作用。因此,在中华优秀传统文化运用于立德树人的过程中,高校可采用教师评价、学生自评、学生互评等多元评价方式对大学生的道德水平进行综合考量,进而获得大学生道德水平的相对客观的评价。同时,这也为高校教育者有针对性地将中华优秀传统文化运用于立德树人提供一定依据。要确保运用中华优秀传统文化完善高校立德树人的长效机制真正落实,除了高校教育者的重视与努力之外,同样离不开政府教育部门的建章立制,离不开高校党委的高度重视,离不开高校相关责任部门的协同配合。

三、运用中华优秀传统文化熏染高校校园文化进行立德树人

高校校园文化是指高校校园内的全体或部分成员共同习得的思想观念以及行为方式。习近平总书记指出:"我们既应重视显性教育,也应重视隐性教育。"①因此,让"隐性教育"与"显性教育"相得益彰,共同助力中华优秀传统文化发挥立德树人的作用是高校教育者当前的重要任务。相对于高校课堂这一"显性教育",高校校园文化可以说是一种"隐性教育"。高校校园文化对高校立德树人具有"润物细无声"的熏染作用。因此,运用中华优秀传统文化熏染高校校园文化进行立德树人,将有助于实现中华优秀传统文化对高校立德树人的意义,亦有助于解决当前中华优秀传统文化运用于高校立德树人的形式与载体单一的问题。

（一）营造中华优秀传统文化韵味的校园氛围

营造中华优秀传统文化韵味的校园氛围是运用中华优秀传统文化熏染高校校园文化进行立德树人的首要任务,这可以通过多种方式来实

---

① 习近平在全国高校思想政治工作会议上强调:把思想政治工作贯穿教育教学全过程开创我国高等教育事业发展新局面[N].教育文化论坛,2016,8(06):144.

现。举例来讲,在教室、运动场、食堂、走廊等大学生经常出入的地方,高校可以配置优秀传统美德主题的挂像、雕塑、墙画等陶冶大学生的道德情操。又比如高校可以在其绿化区域种植梅、兰、竹、菊等富含中华优秀传统文化意蕴的植物供大学生修身养性。再比如高校可以在图书馆扩充中华优秀传统文化主题的书籍数量使大学生从中汲取"大德""公德"以及"私德"养分。通过此类举措,可以在高校中形成无时不有的富含中华优秀传统文化韵味的校园氛围,使大学生潜移默化地接受中华优秀传统文化的道德熏陶,进而帮助高校实现立德树人这一根本任务。

（二）开展中华优秀传统文化主题的高校活动

相对于枯燥抽象的理论传授,开展中华优秀传统文化主题的高校活动进行立德树人可以取得更好的效果。具体而言,这可以从两方面来实现。

首先,高校可充分利用中华优秀传统文化主题场馆举办参观活动进行立德树人。实地教学不同于书本教学和线上教学,可以使大学生近距离接触中华优秀传统文化的育人载体,从而使大学生更易获得中华优秀传统文化的道德熏陶。譬如高校可带领大学生实地参观本校的校史馆、周边的历史类博物馆以及古代历史遗迹等。对于一些距离较远的、大学生不方便实地参观的中华优秀传统文化主题场馆,则可以采用"云参观"等高科技手段作为补充。高校教育者要将立德树人贯穿于参观全过程,并在参观活动结束后鼓励大学生以线上线下多种形式表达自己的道德体会。同时,高校教育者也要根据立德树人的主要方向对不同大学生的道德体会进行针对性引导,从而增强高校立德树人的实效。

其次,高校可通过丰富中华优秀传统文化主题的高校活动形式进行立德树人。例如,高校可开展以弘扬中华优秀传统文化为主题的演讲比赛、征文比赛、歌曲比赛等多种主题活动。在主题活动的前期策划、备赛过程和比赛现场等各个阶段,大学生都可以感受到自身道德水平与古圣先贤的差距,从而使大学生主动从中华优秀传统文化中汲取养分。同时,高校还可以举办中华优秀传统文化与高校立德树人的主要方向相结合的主题活动,从而运用中华优秀传统文化来增强高校立德树人的效果。

（三）培植中华优秀传统文化主题的高校社团

近朱者赤,近墨者黑。在高校校园文化中,高校社团对大学生产生的道德影响同样不容忽视。因此,培植中华优秀传统文化主题的高校社团是运用中华优秀传统文化熏染高校校园文化进行立德树人的应有之义。例如,国外一些高校就非常重视通过"社团文化"来提升大学生的道德素质。在中华优秀传统文化运用于高校立德树人这一过程中,我国高校也可借鉴此点。高校社团虽然是高校中的非正式群体组织,但在中华优秀传统文化主题社团中大学生可以汲取中华优秀传统文化的立德树人养分,从而使大学生增强文化自信和提升自身道德水平。

举例来讲,高校可以通过培植古代文学、古代戏曲等方面的中华优秀传统文化主题社团来对大学生进行教育。在中华优秀传统文化主题的高校社团中,大学生不仅可以从古代优秀文艺作品中汲取养分,还可以锻炼大学生的团队协作能力以适应我国社会主义人才要求。需要强调的是,相关高校社团中的学生干部应发挥带头作用,主动汲取中华优秀传统文化的立德树人养分,并对其他大学生产生示范效应。

四、运用中华优秀传统文化优化高校网络环境进行立德树人

同校园文化一样,网络环境对高校立德树人也具有潜移默化的影响。将中华优秀传统文化运用于高校立德树人,就内在地包含运用中华优秀传统文化优化高校网络环境进行立德树人。这有助于实现中华优秀传统文化对高校立德树人的意义,也有助于解决部分高校教育者运用中华优秀传统文化立德树人的形式与载体单一的问题。

（一）将中华优秀传统文化融入高校网络媒体教育

当前,许多高校都借助现代网络媒体开设了自己的官方网站、公众微信号、微博公众号等,这些都可以被称为高校网络媒体。高校网络媒体是高校面向外界的重要窗口,每天都会有许多大学生通过高校网络媒体来获取各种信息。因此,在中华优秀传统文化运用于高校立德树人这一过程中,高校应牢牢抓住自身网络媒体这一阵地,将中华优秀传统文化融入高校网络媒体教育。这主要通过以下三个方面来实现。

一是高校可以在其网络媒体中专门设置运用中华优秀传统文化进行立德树人的板块。在相关板块中，高校可上传关于中华传统美德、中华人文精神等中华优秀传统文化中的育人元素供大学生学习。与此同时，高校教育者可鼓励大学生运用高校网络媒体畅谈自己的道德体会，并及时对大学生的错误道德认识与错误道德行为进行纠偏。

二是高校可在其网络媒体中将中华优秀传统文化的育人元素与马克思主义、社会主义核心价值观等高校立德树人的主要方向相结合。

三是高校可运用中华优秀传统文化中的育人元素来装饰其网络媒体。例如高校可将一些大学生熟悉的古代道德榜样和道德典故设计成动画形象来装饰高校网络媒体。这样一来，大学生在浏览高校网络媒体的同时也能获得中华优秀传统文化的道德熏陶，从而帮助高校完成立德树人这一根本任务。

（二）建立中华优秀传统文化与高校立德树人线上线下互补模式

与线下模式相比，线上模式具有不受活动时间、活动地点、活动人数限制的优势。与线上模式相比，大学生可以在线下模式中获得更充分的活动体验。在当今网络时代，高校运用中华优秀传统文化进行立德树人的模式不应过度依赖线下，而应建立中华优秀传统文化与高校立德树人线上线下互补模式。这可以通过以下两种方式来实现。

一是针对一些因活动时间、活动地点、活动人数而不便于线下举办的中华优秀传统文化主题活动，高校可将其转为线上形式，这可以拓展大学生获得中华优秀传统文化道德熏陶的途径。因此，线上活动应作为线下活动的有效补充，要尽可能不与线下活动相冲突。

二是高校应加强对网络氛围的监督，使之与运用中华优秀传统文化熏染高校校园环境相呼应。对于一些充斥不良内容的网络垃圾，高校网络媒体的工作人员要及时将其报告给政府网络监管部门。对于高校立德树人的主要方向与中华优秀传统文化相融相通的网络内容，则要引导大学生充分领悟和践行。这有助于完善中华优秀传统文化运用于高校立德树人的模式，也有助于增强高校立德树人的效果。

第六章 中华优秀传统文化融入
高校德育建设的发展

21世纪的高校德育,无论是内容还是形式,无论是目标、过程、方法还是手段,也无论是管理还是评价,都将以一种崭新的面貌展现出来,当然,其中有继承,也有扬弃。这就要求德育工作者不断提高自己的理论水平、管理水平和实际德育工作能力,与时俱进,创新创造,从21世纪人才要求的高度去实施、管理、评估高校的德育管理工作,否则,我们的德育工作就会滞后于时代,滞后于现实,不能真正实现培养时代所需的先进文化、先进生产力的代表者,不能真正落实高校德育工作的任务、目标。本章就来分析中华优秀传统文化融入高校德育建设的发展。

第一节 中华优秀传统文化融入
校园德育工作的实施

在高校德育工作的开展过程中,校园环境是一个不容忽视的因素。大学生大部分时间都处于校园环境中,不管是生活还是学习都受到校园环境的影响。高校德育工作的开展需要对校园环境给予足够的重视,充分利用这一因素开展德育工作。

一、高校德育环境下的以德治校

（一）以德治校概述

由于学校中"德"的载体不同,可以大致把道德分为教职员工拥有的

"师德"、高等教育管理者拥有的"官德"、大学生拥有的"生德"三大类。"治"是指管理、统治、研究、惩罚等。"德"和"治"合用,意为用道德凝聚人心,感化师生,规范校风。从本质意义上而言,以德治校就是以德育人。

以德治校的主体,一是学校行政领导和管理者(以下简称为干部)。作为掌握大量教学资源的权力所有者,他们既是以德治校的责无旁贷的主体,更是以德治校的核心主体;二是教师。教师与学生朝夕相处,他们的品德修养、人生价值观取向,以至一言一行,对学生无不起到潜移默化的影响。教师的言行是学生最好的榜样,教师的道德水平和思想素质是学校向学生施加道德影响力的最核心因素,教师成为以德治校的基础性主体。

特别需要指出的是,就个体而言,都有一个终身学习的过程,学校干部、教师既是以德治校的主体,又是以德治校的对象,其个体道德水平的发展和提高也是以德治校的重要环节和健康运行之关键。

(二)以德治校与高校德育制度建设

1. 当前高校德育制度建设和以德治校的关系

首先,明确具体的德育制度可以克服以德治校内容过于宽泛、难以把握的先天不足。德育的内容丰富而宽泛,使它的表达往往难以系统和明确,通常只是希望人们做出某种行为的一种主张原则,当它一旦获得制度的确认,就具有了明确具体的表达形式,使道德原则成为易于遵循的具体行为准则。制度是抽象的、概括的、可以被反复使用的规范体系,通过制度性的安排可以统一地对同类道德主体的行为进行同质的确定性指引,对全面准确保障以德治校目标的实现有着基准和指南的作用。

其次,德育制度的他律性可以弥补以德治校中道德自律性的不足。道德的约束力主要是依赖个体良心谴责和社会的道德评价,但都是内在化的,是自律性的,并无强制力的保障使违反者一定受到制裁,而道德原则一旦被制度予以确认就有了执行强制力,给道德以实施的刚性,违者必究的他律性弥补了自律的不足。

最后,德育制度本身就是以德治校的标志。学校通过具体制订和执行德育制度,体现了以德治校的价值选择和制度保障,是以德治校思想的外化和具体化,德育制度是在以德治校的观念指引下确立起来的,其中渗透了以德治校的全部精神要义,没有德育制度的以德治校将只是口号。通过制度的确立和执行,营造出制度德育环境,高校德育环境建设的一个重要任务,就是建立由制度参与、制度实践和制度反馈等相互关联、层次递进、运转灵活、富于成效的制度德育环境。从这个层面上来说,德育制度本身就是以德治校的标志。

　　2. 当前高校德育制度建设的主要问题

　　从根本上看,制度并不是万能的,制度的他律性和德育最终追求的内在自律性并不一致。制度着眼点在于对违反者的惩罚,违反者是迫于外在制度的强制压力而非发自内心的自律;制度的强制性还与德育的主体性意识构成一对矛盾,因为道德主体可以不带任何感情地机械地遵守制度,而道德素质仍可能停留在粗鄙状态。德育的目的是造就学生成为具有自主的道德意识、道德行为的社会成员,制度对此往往容易陷于无为。另外,制度往往具有滞后性(稳定性的反面),社会变化往往给德育提出了新课题。但制度的变化往往会落后于现实要求,构成一个相对的空白。从现实德育制度建设状况看,还存在如下几个不足。

　　第一,德育制度本身价值定位不一。德育制度价值在于实现德育目标,德育强调主体意识的激发和培养,而从德育制度建立过程看,很少有学生自主参加和自发订立,往往是单向地由校方制订,学校的德育规范与德育制度并没有征得学生的同意。出于单纯便于管理的角度和自身的原因,将本应由学生相互协定的规范由学校包办代替了。有些制度,实际上是学校和教师单方面的要求,体现着校方的道德观念,导致忽视学生个体道德认知的自我发展现象出现。

　　第二,德育制度的重点错位。当前高校德育制度的重点往往放在纠正学生的"错误行为"即学生在日常生活中所形成却不受学校德育制度所欢迎的行为上,而不是放在养成积极健康的行为上。消极的惩戒多,正面引导少,德育制度变成了单纯束缚学生自由的工具,"管得过死的现象屡见不鲜"。

　　第三,德育制度对学生生活的覆盖不足,往往只限于对教室、宿舍等重点场所的监管,却对学生整体生活缺乏渗透,德育流于形式,并没有贯穿学生生活的始终。

　　第四,德育制度的合法、合理性缺乏必要的审查机制。规章制度内容不当,有的直接违反有关法律规定。如制度中涉及行政管理职权,按照相关法律的规定,在行使行政职权时应当以法律授权为限,超越授权的行为和规定对管理对象不产生任何法律上的效力。在学生处分和校园行为管理中,罚款等越权规定屡见不鲜,对学生的纪律处分上,没有相应的告知和听证制度,对学生权利的处分过于粗糙,引起诉讼后学校处境往往被动。

3. 高校德育制度的完善

完善高校德育制度是个重大的理论课题,有待进一步实践总结和理论探讨,现仅就其基本原则进行初步的探讨,我们认为要完善高校德育制度就必须确立如下几个原则。

第一,民主参与原则,即让学生来参与制订、选择学校的德育制度,并且涉及对个体不利处分时必须给予其他个体参与权,引入听证等民主程序,使得制度本身的正当性加强。道德是社会的共识,制度的基础在于共同约定,德育制度要真正起到对学生的教育、导向作用,必须得到学生的理解和支持。

第二,留有余地的原则。制订德育制度时,应当保持一定的弹性条款。如可以确立高校德育委员会对该制度具体适用中有争议的条款的解释权,并且赋予其解释与制度本身的规范同等的效力,从而在实践中不断充实和发展德育制度。

第三,指引性原则。德育制度应当与德育目标一致起来,将事前的确定性指引作为其重点,在学生生活的方方面面树立起正面的行为指向,不仅仅是起到消极的道德评价作用,更要达到规范日常行为的积极的指引功能。

(三)以德治校与高校思想政治工作

1. 高校学生思想政治工作的价值

具体来说,高校的思想政治工作有如下几点重要价值。

首先,它呼应当今社会发展的需要。当前,我国正处于改革的深化阶段,各种矛盾和利益冲突日益显露,多种价值观和世界观交织错杂。为实现社会的持续发展,有必要进行共同信念和理想的整合和打造,对青年大学生进行思想政治工作是奠定社会持续发展的重要一环。

其次，是学生全面发展的需要。学校作为培养人才的摇篮，除了传播文化知识外，育人是根本性的任务，即要教会学生做人。

2. 高校思想政治工作面临新形势

高等教育结构性改革目标尚未实现，德育课与课程思政教学环节有待进一步摸索和创新。与改革开放、经济体制转型大趋势相适应，我国自 1993 年以来推行了全面的高等教育课程体系的改革至今，中国高校的改革和发展到了一个关键时刻。无论是从国内经济社会发展还是从国际竞争的角度，对人才的渴求给中国的高等教育事业提供了前所未有的机遇，同时也提出了极其严峻的挑战。我国对高等教育诸项重大改革的主要目标之一，就是要把计划经济体制下形成的高等教育转化为市场经济体制下的高等教育。在这一过程中，对课程的改革是基础性的工作，又是一个亟待突破的重点，在先后修订过多次的高校思想政治教育读本以及相关教科书中，目前还很难说已经达到了改革的总体设计要求，尤其是德育理论课的辅助教参和教法尚待完善。

3. 以德治校对高校学生思想政治工作的意义

首先，以德治校的总体目标和体制为高校学生的思想政治工作提供了方向指引和制度保障，使得思想政治工作渠道多样化、层次化。以德治校的方针一旦在高校得到制度化和目标化，作为以德治校载体的思想政治工作就有了开展的平台和具体要求，有了确定的目标指引和制度保障，有助于形成学生思想政治工作的合力，并且极大地突出思想政治工作的主体地位。

其次，以德治校有助于高校学生思想政治工作的自我完善，有助于教育对象个体健康成长。以德治校的本质是以德育人，对干部、教师、学生养成高尚的道德品质提出了更高的要求，无论是教育的实施者还是对象，都受到以德治校方针的约束，加强自我管理、提升道德品质为思想政治工作的自我完善提供了良好的源泉和动力，也保障了思想政治工作沿着正确的方向前进。

最后，以德治校为高校学生思想政治工作开拓了更为开放、优越的环境。在以德治校的总体机制中，校园内的一切活动都围绕这个基本出发点和归宿来实现育人目标,这既符合思想工作无处不在的特性,也为思想工作的顺利推行创造了良好的环境。无论是校园基本设施建设还是人文环境的再塑造,都为高校学生政治思想素质的提升提供优越的条件。

二、高校德育环境下的校园人文精神构建

高校德育环境的基本内容之一,是通过校园基本建设而形成的校园物质环境。物质环境,即校园中有形的、直观的、表象的硬环境,如建筑、道路、广场、喷泉、雕塑、水体、山林、绿化、文化设施等校园基本建设。校园基本建设的过程就是高校德育环境工程形成的过程。高品位的校园物质环境是高校德育的隐性课堂,是无声的思想政治工作,是高校德育环境工程建设的一个重要组成部分。高品位的校园环境对大学生的健康成长发挥着育德、育智、育身的作用。

大学生人文精神的培养,一方面是以人文学科为载体,通过教师进行正面的、有目的、有计划、有意识的教育;另一方面,通过营造浓厚的校园人文环境使大学生潜移默化地得到熏陶。校园基本建设中的人文精神,是看得见、摸得着的。校园里的标志性建筑、艺术小品、校训、校徽、校歌、文化设施、环境绿化等都是人文精神的符号。大学校园的人文精神需要通过一定的有代表性的符号解读出来,并以此陶冶大学生的人文情操,培养大学生的人文精神。校园基本建设只有体现人文精神,才能充分显示出高校校园的品位和特色。

(一)校园基本建设的人文精神内涵

1. 建筑是校园环境的主体

建筑是人类文化的象征,是民族智慧的凝结。建筑是复杂的综合性艺术,具有丰富的科技、文化、美学内涵。优秀的建筑造型,可以充分体现人文精神。建筑具有双重性,它既是物质的财富,又是精神的产品;它既是科技的产物,又是艺术的创作。远古时代,人类建造的房屋极为简便,其基本功能只是遮风避雨、防兽御寒。随着人类的进化和人类社会的发展,建筑物不仅用来遮风避雨、防兽御寒,而且逐渐成为人们审美的

对象,具有了审美的功能。

校园的建筑规模、建筑布局、建筑造型、建筑色彩等,决定着校园环境的形成。校园基本建设的关键是校园建筑,校园建筑是形成校园环境的主体。如洛阳理工学院的标志性建筑——环形图书馆,围绕一个圆形大广场,三层通高环廊环绕,面向主入口,表示"开放""欢迎"和"团结"的含义。四幢教学楼呈"鱼脊状"沿主轴线由北向南排列,与图书馆相连,其建筑平面形状像一把启迪智慧之门的钥匙。

2. 雕塑是校园环境的精品

雕塑艺术可以达到视而受益的文化艺术效果。在清华大学的校园里,安座于各建筑物之中的先哲先师的塑像(有闻一多、朱自清、吴晗、梅贻琦、蒋南翔、叶企茹、陈岱孙、华罗庚、刘仙洲、梁思成等),是艺术作品,是纪念标志,是人文景观,更重要的是先哲先师们坚忍的革命精神、严谨的治学态度、辉煌的学术成就和诲人不倦的师表等精神的具象体现,是万千清华莘莘学子的学习榜样。洛阳理工学院校园里建造的孔子、程颢、程颐塑像和现代作家、语言大师李准的塑像,不仅具有高校的教育特色,而且具有浓厚的地方特色。每当大学生驻足凝视这些精心设计的艺术作品,爱戴敬慕之情、发奋学习之心油然而生。

3. 道路、广场是校园环境美妙的音符

校园中的广场不仅是大学生聚会、交往、休憩、娱乐的活动场所,而且广场周边的建筑、绿化、雕塑、小品也是促进大学生积极人生态度形成的智慧空间。因此,校园里的道路、广场规划设计要科学,特别是道路、广场的命名要有文化内涵,要有永久性的纪念意义。洛阳理工学院校园道路和广场的命名独具匠心,极富文化韵味。从学生公寓通往图书馆和教学区的道路命名为"修远路"和"求知路",取意屈原《离骚》中的"路漫漫其修远兮,吾将上下而求索";教学楼前的道路命名为"问礼路",溯源于孔子入周问礼;通往教师住宅区的道路命名为"行知路",是纪念追忆教育家陶行知先生。图书馆前的广场命名为"九九广场",既体现九九归一的传统思想观念,又是世纪性的永久纪念;校园中心中轴线上的广场命名为"太学广场",寓意洛阳理工学院上承中国古代太学之余续,下启现代大学造就栋梁之目标。集美大学的"共青团广场",是为了纪念福建闽西南创建第一个共青团支部而建立的。这些道路、广场的设计、命名，充分体现了传统文化特色、学校教育特色、环境育人特色和典型的地方特色，以及永久性的纪念意义。

4. 水系是校园环境的亮点

水是生命之源，水的特性是包容兼蓄。校园里规划建设湖、塘、渠等水系工程，不仅有清新之感、流动之态，而且使校园更富有生机和灵气，更富有激情和活力，更能激发人的灵感和创意，更能陶冶人的性情和德性。

"北大"之美，在燕园一景，燕园之美，乃有未名一湖。未名湖横卧"北大"中心地带，碧水蓝天一色，展示着它无尽的风采，以其独特的水情神韵润泽着校园的人和物；清华园里的水木清华，其引人入胜之处就在于青山绿树环抱着一泓清水；还有清华园里的万泉河，河水蜿蜒曲折地流经校园，清澈的河水辉映着岸边垂柳，小桥流水更衬托出清华校园的美丽，这取自大自然的甘露滋润着一代又一代清华学子的气质和灵魂。

洛阳理工学院利用大明渠贯通校园东西的自然优势和水量充沛的有利条件，在校区里形成极为别致的水系景观。规划大师们运用现代化的设计思想，借鉴中国传统园林的设计手法，充分利用大明渠水、现代建筑、人文小品及植物景观之间复杂的穿插、渗透、映衬组合关系，在校园水系工程建设上重笔浓彩，将大明渠裁直取弯，改道使其环抱校园主体建筑——图书馆，成渐开线展开，舒缓流淌，形成流畅柔美、富于自然韵致的园林化校园特色。

5. 绿化是校园环境的妙笔

绿化是保护环境、提高环境质量的重要手段之一。绿色植物在光合作用时，吸收二氧化碳，释放新鲜氧气，使空气变得清新舒适，是天然的空气"过滤器"；绿色植物还能遮挡阳光直射，散发水分，调节空气温度和湿度，被人们称为天然的环境"调节器"；绿色植物能挡风抗沙，吸收滞留在空气中的尘粒，降低粉尘污染，净化空气，又是天然的环境"除尘器"；绿色植物还具有吸收噪音、减少声音污染之功能，是天然的环境"消声器"。高等学校的校园空间，应尽可能是绿色空间。大学生学习、生活在绿色的校园环境里，能很快消除视觉乃至身心的疲劳，会感到心情开朗，精神愉悦。

校园绿化也是一门独特的艺术，它犹如一支美化环境的妙笔，渲染着校园里春夏秋冬一年四季美妙无比的色彩。校园里，春的嫩碧、夏的翠绿、秋的金黄、冬的银白，因季节气候的变化，呈现出四时不同的自然景观。校园绿化不是简单地植树、养花和种草，也不同于一般的园林绿化。在校园绿化的过程中，每一棵树、每一株花、每一片草，都要种而有情，植而有意。在校园种荷花，荷花出淤泥而不染，濯清涟而不妖，给人以高洁之感。松、竹、梅以喻"岁寒三友"，青松翠柏，挺拔高尚，坚贞不屈，是正义神圣的象征；松柏，树龄长逾千年，木质不易腐烂，是长寿和不朽的象征。栽翠竹，翠竹秀逸而富有神韵，常青不败，象征青春永驻；翠竹，"纵凌云处也虚心"，象征做人虚怀若谷；翠竹，"未曾出土先有节"，象征做人高风亮节。种梅花，梅花香味别具神韵、清逸幽雅，其傲雪而立、冰肌玉骨，独步早春、凌寒留香的品性深为人们所钟爱。以物寓人，借物造景，文化意念，艺术个性，是校园绿化所追求的思想境界和艺术效果。

武汉大学以植物的特点来为学生塑造绿色生活空间，在四个学生宿舍区分别种植樱花、梅花、桂花、枫叶，并以"樱园""梅园""桂园""枫园"命名之，颇具清新、幽雅、浪漫之感；洛阳理工学院的校园绿化从宏观设计上具有"大绿地、大水面"的特色，从微观建设看，种植的有松、竹、梅"岁寒三友"，有荷花、桂花、银杏、牡丹、芍药，还有杜仲林荫道，具有鲜明独特的校园绿化特色。

（二）校园基本建设人文环境的育人作用

苏霍姆林斯基说："在学校走廊的墙壁上、在教室里、在活动室里——经常看到的一切，对于精神面貌的形成具有重大意义。"校园里的一幅图画、一句名言、一个独特的装饰，一切文化设施都应向学生展示着真善美的内涵，体现其育人的功能。

一是"让墙壁说话"。这是教育界熟知的一句名言。在校园、教室、宿舍等不同的场所悬挂政治家（马克思、恩格斯、列宁、毛泽东）、科学家（李四光、詹天佑、牛顿、达尔文）、艺术家（贝多芬、齐白石、郑板桥）、文学家（鲁迅、茅盾、莎士比亚、莫泊桑）的肖像或格言（"书山有路勤为径，学海无涯苦作舟"）、古训（"志不强者智不达，言不信者行不果；敏而好学，不耻下问"）、名人字画（齐白石的花鸟画、颜真卿的楷书、张旭的狂草）。

学生环顾四周,看到居里夫人,就会被她坚韧不拔的意志所折服;看到鲁迅先生,就会产生强烈的爱国情感。还可以在校园里建造文化艺术长廊,或荟萃古今中外文化艺术之精华,或展示本校历届大学生优秀作品。如陕西师范大学根据师范大学的性质,在校园的一角建造了书法长廊,把体现中华五千年文化代表之一的书法艺术雕刻在百米长廊里。鲜明的、浓厚的学术氛围、艺术氛围,直接发挥着校园环境的育人功能。

二是发挥校训、校徽、校歌的育人作用。高校要积极组织专家、教授,广开言路,征集选定校训、校徽、校歌,发挥其育人作用。校训、校徽、校歌不仅是一所学校特色的体现,而且对增强大学生爱校意识,培养大学生集体主义观念,砥砺大学生品行,同样具有极大的教育意义。如清华大学的校训"自强不息,厚德载物",精辟地概括了中国文化对人与自然、人与社会、人与人的关系的深刻认识与辩证的处理方法,它是我们中华民族的民族精神和民族性格的重要表征。清华大学的校歌,歌词隽永,含义深刻,是中华优秀传统文化的结晶,与校训相辅相成,表达了清华的教育宗旨。还有,复旦大学的校训"博学而笃志,切问与近思",洛阳理工学院的校训"静以苦读,动以创新;他人至上,品格第一",各具特色,对大学生富有启迪和教育作用。

三是营造亲情的育人氛围。把过去冷冰冰的警示语"严禁、不许、勿要"换成亲切的提示语,给大学生以亲切自然之感。在校园草坪上放置"崇尚自然,保护环境,拥有健康""珍爱一片绿茵,奉献一份情意"等和蔼可亲的提示语;在教室、宿舍制订"爱心公约""礼仪公约"等,营造亲情的育人氛围,增强大学生自我约束意识,培养大学生自尊、自爱的良好品质。

四是坚持正确的舆论导向,充分发挥大众媒体的育人作用。建好绵延通达的校园网络、快捷方便的闭路电视系统、有线广播系统和多媒体教室、阅报栏、广告栏,使大学生随时随地获取国内外政治、经济、科技、文化、军事、体育等各种信息,及时了解国内外形势的发展变化态势,开阔大学生的思想境界,使大学生的思想觉悟和道德情感在接受各种正面信息的过程中,多角度、全方位地得到深化。

总之,校园环境的作用是一种"不教之教",是一种潜在的作用,校园环境的育人功能不可低估,更不可替代。校园基本建设要实现构建管理有序、行为有范、人文有常、生态有衡、科学有效的凝结着人文精神和科学精神的大学校园环境,使其富有激情、富有灵气、富有诗意、富有想象力,为大学生营造一个勤于思考、乐于探索、善于启智、精于研修、敢于质疑、勇于创新的校园学习环境,营造一个教育、引导、激励、感染、鞭策大学生思想进步、品德高尚的校园德育环境。

第二节　中华优秀传统文化融入德育的网络模式构建

虽然高校德育在其存在及运行过程中有着本身的规定性和相对独立性,但它并不是存在于现实的社会环境之外。当前,网络的广泛运用已经成为一种革命性的力量影响着人类社会的发展,不仅使人类社会展现出与原有社会类型结构不同的新的社会类型结构的新特征,而且通过对人类社会发展的影响向人类社会提出新的社会问题,从而创建了高校德育存在和运行的新的社会环境。目前,网络已经成为一种影响学校德育模式变革的革命性力量,因此,下面重点研究网络环境下的高校德育工作创新。

一、高校网络道德培育的意义

习近平指出:"加强思想道德建设。人民有信仰,国家有力量,民族有希望。要提高人民思想觉悟、道德水准、文明素养,提高全社会文明程度。"崇尚道德是人类永恒的话题,社会在不断地向前发展,道德标准也在不断发展和完善。当人类进入信息时代,网络文化、网络媒介纷纷出现,虚拟的网络空间中吸引了很多用户,同样需要在虚拟空间中进行思想道德建设,只有如此才能够培养广大网民正确的思想观念和价值理念,才能自觉地和各种不良思想作斗争。特别要重视对大学生进行网络道德培育,不断提高新时代大学生的道德素养,才能让新时代大学生肩负起民族复兴之重任。

（一）有利于促进新时代大学生在网络环境中健康成长

网络新媒体的出现和发展,引发了社会各领域的改变,特别是传统思想政治教育环境发生了巨大的变化和调整。让学生通过网络能够获得更多的信息,也能够在虚拟空间中发表自己的看法,表达自己的观点,享有充分的自由。所以,要对新时代大学生进行思想政治教育,让他们能够在网络空间中仍然用道德标准来规范和约束自己。网络空间中到处充斥着西方文化思潮,西方意识形态一直以来都不忘对我国主流意识形态进行颠覆,所以散布了很多不利于我国主流意识形态发展的言论和观点,对新时代大学生造成了巨大的冲击,新时代大学生只有具有正确的思想观念、坚定的理想信念,才能更好地应对这些冲击,才不会在各种冲击中迷失自我。网络虚假信息、网络暴力、网络诈骗、网络误导等言行,在网络空间中防不胜防。培养大学生的道德自律能力,提高大学生的道德修养,能够让大学生从容地应对网络中的各种不良行为,与各种不法行为作斗争,从而营造出干净的网络空间环境,实现大学生的健康成长。

(二)有利于提高高校德育工作的实效

网络是信息时代下的产物,在知识传承和传递的过程中发挥着巨大作用,网络虚拟空间已经成为新时代大学生生活的一部分,网络空间环境会影响大学生的有效成长,所以学校德育工作要重视网络空间环境的塑造。网络具有开放性和匿名性的特点,网络空间中存储的海量信息,夹杂了很多错误的思想认识和价值观,这些思想和观点对新时代大学生的冲击非常显著,甚至会让部分大学生迷失自我,这种现象也直接影响到了学校德育主导地位、德育质量和效果。高校德育工作在网络时代下,面临着来自各方的挑战,同时也面临着更多的机遇,可以借助网络空间实现德育方法和手段的更新,以及丰富德育的内容。网络新媒体出现以后引发了各方面的改变,实现了知识的有效传播。

一是加速了知识传播,改变了信息传播方式,德育获得了更广阔的发展空间。网络凭借着便捷性,能够把德育信息迅速地传递到网络空间中,并且能够通过各种渠道广为散播,能够让学习者第一时间享有德育资源,并且能够通过多渠道学习,打破时空限制,随时随地进行学习。

二是高校德育资源在网络空间中能够实现共建共享。大学生也能够根据自己的需求,选择合适的德育资源进行学习,在不断提高自身道德素养的过程中实现健康发展。德育内容走向立体化,除了用文字和图片进行学习之外,还可以通过视频和动画等方式进行学习,还可以根据具体的案例进行学习,理论和实践实现了有效融合。但是网络新媒体让德育资源更加丰富多样,图文并茂,能够彻底改变传统德育教育的模式,大学生可以在网络空间中主动学习,可以借助于平台进行沟通交流,针对学习体验发表自己的观点,教育者和被教育者在虚拟的空间中能够平等地对话,能够针对学习问题进行商讨。

总之,在网络环境下,大学生的学习方式和生活习惯都发生了巨大改变和调整。高等院校要充分认识到这一点,结合时代发展的需求,完善教育内容、创新教育方法、拓宽教育路径,借助于多种载体,对大学生进行广泛的网络道德教育,取得预期的教育效果。

二、中华优秀传统文化融入网络道德教育的策略

大学生出现的网络交往诚信意识缺失、网络主体责任意识不强、权责意识不强、网络自律意识薄弱等现象是由多方面原因造成的,大学生自身因素以及大学生所处的网络环境都对大学生网络道德具有重要影响,若要切实有效地解决新时代大学生网络道德中出现的现实问题,进行大学生网络道德教育,应该立足大学生自身、家庭、学校、社会等多个维度,充分结合网络道德各影响因素及新时代大学生网络道德教育目标来提出对策,同时注重发挥大学生网络道德内生动力,促使其在提升自我道德水平的同时成为良好网络环境的建设者与守护者。

(一)引导大学生进行自我教育

马克思指出:"道德的基础是人类精神的自律。"由于网络的隐蔽性、匿名性和虚拟性,活跃在网络社会的人可以在网络社会中无视道德伦理底线,随意发表观点。当前大学生的网络道德意识较强,普遍认可在互联网中应该遵守相关规定,并愿意主动遵守网络相关法律法规,但部分大学生网络主体责任意识不强,诚信交往意识较差,同时,大学生网络主体权责意识不强、网上自律意识不强现象较为普遍。研究也发现女生的网络道德水平普遍高于男生,性别因素对于网络道德具有一定影响。同时,自身的政治面貌也对大学生网络道德具有影响作用,政治面貌越高,大学生网络道德水平相应也越高。

从以上分析可以看出,进行大学生网络道德教育应充分发挥大学生

自身主观能动性,结合大学生自身发展特点,注重发挥大学生自我教育的作用。因此,需从大学生自身入手,引导大学生进行自我教育,通过理论学习、榜样示范、自我教育三种途径来开展大学生的网络道德自我教育,纠正大学生网络不道德行为,助力其树立正确网络道德规范,进而提升网络道德修养。只有大学生自身明确了网络道德的重要性,树立了正确的网络道德意识,激发出内生动力,才得以保证其他的教育对策能够顺利实施,取得预期成效。实现切实提升大学生网络道德、彻底改善网络环境的最终目标。

1. 理论学习:提升自身的网络道德认知和辨识能力

网络道德认知是网络道德意识、网络道德情感、网络道德意志等网络道德思想的统称。在各自的生存空间内,每一个社会个体都会以不同的方式对自己的道德认识进行建构,从而确立自己的道德行为逻辑。而导致网络失范行为的内在原因为大学生的网络道德认知失调,有学者提出网络社会中大学生可以通过道德实践、道德评价、道德教育等途径来形成道德认知,而道德教育只是大学生形成网络道德认知的一种途径。既然明确了大学生出现不道德网络行为是由于网络道德认知失调,那么要想培养大学生的网络道德认知,亟须唤醒大学生的自主意识。外部的力量不能强迫网络主体进行道德教育,只能通过其内在的善恶、是非道德观念的冲突,也就是大学生基于自己的隐性道德需求而进行的自觉道德行为。提高大学生的网络道德意识和识别能力,有助于他们养成良好的网络行为习惯、网络道德品质等基本素质,这是促进大学生知行合一、提高大学生网络道德人格的内在驱动力。

互联网上的资讯纷繁复杂,外来不良文化和思想的影响与挑战日益严峻,信息的极速传播使得身心发展尚不健全的大学生在价值判断和抉择中往往处于被动的地位。因此,大学生必须以辩证的批判性思维对网络信息进行分析、辨别、接收,从而作出正确的判断,自觉抵制虚假、暴力、色情等不良甚至有害信息带来的负面效应。同时,加强网络道德认知和辨识能力,理论学习是根本途径,应以习近平新时代中国特色社会主义思想作为总体纲领,以习近平总书记关于网络强国的重要思想和关于精神文明建设的重要论述作为具体理论指引,增强理论学习。

首先,应该以党史学习教育为切入点,可以通过学生党员及班委来对学院、班级的同学进行党史学习教育动员,通过学生党员讲述自己的学习体会及理解,带动周边大学生对于党史及社会主义发展史的学习热情,引导他们真正领悟中国共产党为什么能、马克思主义为什么行、中国特色社会主义为什么好,进一步思考为什么只有马克思主义行,只有中国共产党能,从而培育大学生树立道路自信、理论自信、制度自信、文化自信。

其次,进一步引导大学生对中华优秀传统文化、马克思主义、马克思主义中国化的最新理论成果——习近平新时代中国特色社会主义思想产生自信,自觉与错误观念作斗争并对其加以抵制,进一步认同社会主义核心价值观,并理解其真谛。

最后,通过不断进行理论学习武装头脑,将各种正确指导思想入脑入心,提高自身的道德自觉认识,内化于心,进而鞭策个人进行正确网络行为,合理规范地利用网络媒体进行网络活动,达到提升自身网络道德认知和辨识能力并最终提升网络道德水平的目的。

2. 榜样示范:强化自身的网络道德情感和责任意识

榜样示范是通过模范的思想、行为和成就来影响受教育者的思想、感情和行为。习近平总书记强调:"道德模范体现了热爱祖国、奉献人民的家国情怀,自强不息、砥砺前行的奋斗精神,积极进取、崇德向善的高尚情操。要广泛宣传道德模范的先进事迹,弘扬道德模范高尚品格,引导人们向道德模范学习,争做崇高道德的践行者、文明风尚的维护者、美好生活的创造者。"榜样示范是一种群体的自我教育形式,网络道德榜样示范教育打破传统的"他律式教育",突出强调同龄人间的"朋辈效应"。因此,在大学生网络道德教育的榜样甄选产生机制中,应注重发挥优秀学生及学生党员在大学生群体中的先锋模范带头作用,通过校园身边好青年、校园网络道德模范标兵、网络文明志愿者活动等校园网络道德模范的示范作用,带动整个校园网络道德风尚向好发展。

榜样的示范性功能与教育意义,首先在于其形象是具体的、真实的,发生在每一位大学生身边的,因此这样的榜样具有鲜活的感染力与说服力。通过榜样教育来借此充分发挥朋辈群体的教育功能,引起大学生的情感共鸣,以此引导大学生"见贤思齐",吸引其他非党员大学生不断向网络道德优秀的学生党员靠拢,从而产生"榜样能为,我亦能为"的心理认同和道德自信,认可榜样的行为并进一步吸收内化成为自己的网络道德准则,通过身边榜样"以一带多"的模式正向影响,日积月累,大学生在潜移默化间养成自己的道德行为习惯,加强对网络规范的认同,从而提高自己的道德情操和责任意识,而道德模范榜样在指导影响身边大学生过程中会因为责任意识从而更加注意自己的网络言行,实现与身边大学生共同进步的互利共赢的局面,形成互帮互助、共同发展的积极校园网络道德生态。

3. 自我教育:规范自身网络道德行为,自觉遵守网络道德

自我教育是实现德育目标的重要手段之一,古今中外皆高度重视发挥自我教育在个人成长成才中的重要作用。教育家苏霍姆林斯基强调:"能够激发学生去进行自我教育的教育,才是真正的教育。"①思想政治教育学将自我教育定义为:"以自己为教育对象,通过自觉、主动地自我锻炼、自我完善,达到提高自我修养目的的教育活动。"②在大学生网络道德自我教育过程中,主体和客体均是大学生本人。这就要求大学生由被动到主动、从依赖到独立吸收内化,再到实践外化,在教育过程中不断实现自我管理、服务和监督,最终实现自我提高。

马克思主义的德育论认为"自我教育和教育是一个统一的过程",自我教育既是教育的结果,同时也是进一步教育的动力和条件。网络空间的开放性、跨地域性、隐蔽性、去身份化等特征间接决定了网络主体不道德行为的监管难度较大。因此,良好的自律意识是大学生进行自我教育的关键,将儒家"慎独"思想融入大学生网络道德自我教育中,引导大学生将他律转化为自律,培养网络道德自律意识,逐步进行自我教育,进一步规范自身网络行为,提高网络道德水平。这种将我国传统文化中的思想精华结合新时代背景,对新时代大学生开展网络道德教育的做法在形式和内容上都是一种创新。儒家"慎独"思想的核心内涵主要由慎省、慎微、慎辨、慎欲、慎言五部分组成,对此,可以分别从慎省、慎微、慎辨、慎欲、慎言五部分提出大学生网络道德自我教育对策。

---

① 银花. 浅谈大学生自我教育能力的培养[J]. 内蒙古民族大学学报,2009,15(01):71-72.
② 思想政治教育学原理编写组. 思想政治教育学原理[M]. 北京:高等教育出版社,2016:242.

（1）以"慎省"思想提高网络道德规范意识

"慎省"即认真自省，检点自己的言行，"慎省"思想要求见到品德好的人要学习他的优点长处，成为与之相近的人；见到品德不端正的人则要自我反思，自己是否有和他一样不道德的地方并自觉反思检验自己思想言行中的不足之处。这一观点与现在社会所提倡的自我反省思想具有内在一致性，通过掌握"慎省"思想可以引导大学生群体关注自己是否严格遵守了网络道德规范，以及在做出了不道德的网络行为时能够及时反思，进而提高网络道德规范意识。

（2）以"慎微"思想提高网络行为底线意识

"慎微"思想指从行为的细微之处严格要求自己，防微杜渐，引导大学生不能因为做出的某些网络不道德行为的危害较小就不产生足够重视，不及时自省，纵容自己，以此不断提高网络行为底线意识，与一切不道德网络行为划清界限。

（3）以"慎辨"思想培养网络信息甄别能力

"慎辨"指人们在独处无人注意的时候能够通过自己的思考去辨别事情真伪、善恶，面对泥沙俱下的网络环境及极速传播、不明来历的虚假信息遍布网络空间，大学生可以通过培养"慎辨"思想来提升信息甄别能力，避免间接成为谣言传播的帮凶，甚至付出违法代价。

（4）以"慎欲"思想提升网络行为控制能力

"慎欲"思想即要求大学生正视欲望，对欲望加以节制，不要被欲望所左右。当前纷繁复杂的网络环境，诱惑良多，大学生往往因意志力薄弱、自制力不强等弱点，陷入网络虚拟世界的陷阱之中，做出不道德的网络行为，造成追悔莫及的后果。为此，通过"慎欲"思想的自我教育，可以提升大学生在面对欲望时的掌控能力，使其自觉地克制欲望，进一步作出正确的网络行为选择，自觉地遵守和践行网络道德行为规范。

（5）以"慎言"思想提高网络言论评价水平

"慎言"思想指导我们即使在独处的时候也要注意自己的言论和说话方式，言行应小心谨慎。现代生活快节奏带来的生活压力加之网络交流的匿名性和隐蔽性，使得网络空间中不文明语言和不诚信交流的出现频率和现象极为广泛，愈演愈烈，甚至发展成为带有人身攻击性质的网络暴力行为，这些行为极大地破坏了网络环境，放大了网络的负面效应。进行"慎言"教育有助于提醒大学生在网络交流时要谨慎发言，在进行评论时客观公正，遵守网络语言的交流规范，自觉地做网络言论文明规范的践行者和传播者,提高网络言论评价水平。

通过借鉴中华优秀传统文化中具有引人向善、崇德向善等道德自律精神的"慎独"思想进行自我教育,可以强化大学生网络行为主体的网络道德自律意识,实现他律与自律有机结合,对于大学生树立正确价值观、培养优良品格具有促进作用。也可以帮助大学生确立网络道德责任意识,形成网络行为自律,进一步自觉抵御网络诱惑,形成理性自觉的网络主体意识和积极向上的网络道德人格,实现网络道德自我教育的根本目标。自我教育是一个持久性的工程,教育成效短时间内无法量化,因此可以通过以上做法助力大学生形成良好习惯,一旦好的习惯生成,那么大学生的自我教育就会由被动上升到主动,从依赖到独立,进而不断实现自我管理、自我监督、自我提高,最终树立牢固的网络自律意识,养成良好的网络行为习惯,提升网络道德水平。

(二)营造良好的家庭网络道德教育环境

家庭对于大学生网络道德水平具有影响作用,家长重视家庭网络道德教育,则大学生网络道德水平较高;反之,家长不重视家庭网络道德教育,则大学生的网络道德水平偏低。由此可以进一步看出,加强家庭网络道德教育对于提升大学生网络道德水平的重要性。家庭对大学生的道德具有启蒙作用,开展大学生网络道德教育,家庭环境至关重要。一方面,家庭的良好家风能够涵养大学生网络道德;另一方面,家长通过对大学生网络行为的监督管理和网络道德习惯的培养,能够帮助大学生规范网络行为习惯,培养大学生健康积极的网络道德行为意识。

1. 转变家长教育理念,形成良好家风

良好家风有助于德育的开展,德育是人成长成才不可缺少的教育内容与手段。遗憾的是,目前家庭教育中重智育、轻德育的现象十分明显,一味地关注孩子的知识学习和智力开发,似乎考入好大学才是孩子人生奋斗的终点和一切幸福的起点。部分家长的教育观念也存在偏颇,并没有对孩子的道德教育给予足够重视,更无从谈及对孩子进行网络道德教育。为此,家长应转变教育理念和自我观念,了解并重视网络道德,创新教育方法,重视孩子的德、智、体、美、劳全面均衡发展,在关注孩子学习成绩的同时,加强对孩子的网络道德教育,引导孩子规范自己的网络行

为,自觉抵制网络负面信息冲击。

加强家庭教育对大学生网络道德的正向影响,家长的言传身教不可或缺。家长应规范自身网络言行,以身作则,充分发挥榜样示范作用。家庭教育是大学生的第一课堂,父母是孩子的第一任老师、是家庭教育的绝对主体,要给孩子讲好"网络道德第一课"。为此,家长必须认识到自己的教育责任以及言传身教的重要性,在生活中自觉遵守道德规范,践行社会主义核心价值观,在现实环境中自觉做到不信谣不传谣,良好控制情绪,使用文明用语,远离色情、赌博等垃圾网站,形成良好家风,引导孩子树立正确的道德观念,对大学生进行潜移默化的网络道德教育。

2. 加强家庭监督管理,生成良好网络行为习惯

网络虽然是个虚拟的空间,但并不是法外之地,也不应成为道德的真空地带。大学生这类特殊网络群体,虽然已经年满18周岁,成为法律意义上的成年人,但毕竟年龄小,社会阅历太少,他们的自制力不强,思想不够成熟,意志不够坚定,极易发生跟风现象。在不知不觉中,就会受到网络谣言的蛊惑、网络暴力的胁迫,做出网络失信、网络宣泄、网络谣言、网络冷漠等不道德网络行为,从而一步步走向道德的对立面。家长作为孩子的监护人与第一责任人,应提高责任意识,明确自己不仅仅是管理者,更应该起到行动的表率作用。

首先,家长应充分注意自己在网络空间的言行,重视树立正确网络道德观念才有可能正确教育引导孩子。应重视孩子网络道德的培养,关注孩子在网上聊天、观看电影、玩游戏等网络活动中是否存在网络失信、网络宣泄等不道德网络行为,并合理控制孩子的网络开销,防范大学生在网络上参与不道德活动,提前预防,加强监管,从源头遏制大学生不道德网络行为的发生。

其次,家长尤其需要密切关注大学生的上网时长,大学生每天上网时长的增加可能导致其网络道德水平的降低。因此,对大学生的上网时长进行合理约束,家长的监督管理至关重要。当孩子上网时长过长,出现网络沉迷和依赖倾向时,家长应及时进行提醒,并通过户外运动、家务劳动等方式转移孩子注意力,防范网络成瘾。

大学阶段是个人思维方式、价值观念形成的重要时期,孩子可能会对一些社会现象、人或事物存在不同观点和看法,此时,需要家长密切关

注孩子的内心动向,当发现孩子出现不道德网络行为倾向时,应及时主动和孩子进行沟通谈心,了解情况,并对孩子讲明以上网络行为的危害及可能带来的严重后果,引导孩子正视以上不道德网络行为,提高孩子的网络不道德行为风险意识。同时,应注意在进行家庭网络道德教育过程中,也要积极听取孩子的意见,尊重孩子的看法,不可以一味地强制和灌输,这往往会激起孩子的逆反心理,引发孩子的反感情绪,适得其反,家长应在和谐、轻松、平等的氛围下对孩子开展网络道德教育。同时,也要注重孩子在现实环境中的正确道德意识的养成和良好行为习惯的培养,不断提高孩子的道德认知,进一步促进孩子网络道德意识的形成,助力良好网络行为习惯的生成。

(三)发挥高校网络道德教育的主阵地作用

习近平总书记指出:"大学是立德树人、培养人才的地方,是青年人学习知识、增长才干、放飞梦想的地方。"高校肩负着人才培养的重要使命,同时也是进行网络道德教育的主阵地。大学生网络道德教育是培养大学生网络道德观念、规范其网络道德行为的一种教育实践。在这一实践进程中,高校教育者居于核心位置,也是落实立德树人根本使命的关键责任主体。高校及教师的教育观念与教育方式,直接关系到提高大学生网络道德教育的成效。为此,高校应重视网络道德教育,并积极采取行动,教育者应适应时代发展需求,与时俱进,切实以需求为导向,结合大学生心理特点、网络道德现状,以大学生易于理解与接受的方式开设网络道德相关课程、创新教育形式及内容、营造校园良好风气等开展大学生网络道德教育,建立健全大学生网络道德教育工作制度,提升网络道德教育实效性、针对性,不断引导大学生做到规范上网、健康上网、文明上网,树立起网络道德规范意识,实现立德树人的根本任务。

1. 提升高校对网络道德教育的重视程度

当前高校"应试教育"观念依然严重,部分高校对于毕业生的要求是通过四六级,考各种职业资格证书,考研。以成绩排名评判学生个人能力,以课时数、课题和论文数量评价老师教学成果,以专利数量评价各高校科研水平和综合实力的评价标准依然是教育界普遍认同且高度执行的基本准则。这种"唯结果论"的教育心态影响了高校培养方案的制订，为达到理想的毕业率与就业率，高校更多地关注学生的专业素质，忽视素质教育的培养，这也就背离了教育立德树人的根本宗旨，也造成学历与素质的严重不对等。

近几年发生的严重网络失德事件无一不在提醒我们，高学历未必带来高道德，盲目追求学历的极致化，唯学历论，极易造成极端功利主义、个人主义盛行，引发道德崩塌，带来严重后果。为此，加强高校网络道德教育实效性首先需要提升高校对网络道德教育的重视程度。高校需将网络道德教育放在落实立德树人根本使命的任务部署中，充分认识到网络道德教育的必要性与紧迫性，从校领导层面转变"重智轻德"的教育观念。

在教学设计中，可以通过专业课有针对性地渗透网络道德教育相关内容，发挥课程思政功效，与思政课程形成育人合力，发挥课程思政与思政课程的同向同行协同育人作用，达到事半功倍的教育效果。

传道者自己首先要明道、信道。高校教师要坚持教育者先受教育，努力成为先进思想文化的传播者、党执政的坚定支持者，更好担负起学生健康成长指导者和引路人的责任。同时，应进一步明确高校网络道德教育者不单单局限于高校思政课教师，而是以思想政治理论课教师为主，与班主任、辅导员、党团支部书记、其他专业课教师、家长协调配合，形成联动机制，以上每一位教育主体都应重视自己立德树人、铸魂育人的使命任务，而不是什么都交给思政课教师负责。课程可以由思政课教师负责，但是，大学生的日常上网习惯、网络道德状况仅凭思政课一周两学时的 90 分钟是远远无法掌握的。受限于自身学历和专业知识，大多数家长希望也相信孩子在校园可以接受全面系统的道德观念教育，试想，如果以上教育主体均觉得这不是自己的分内之事，那么，大学生的网络道德教育如何推进？究竟由谁来负责？网络道德如何提高？

因此，应该充分发挥班主任、辅导员、学院党支部、团支部书记的作用，通过与同学谈话沟通、同学反馈，主动掌握了解每一位学生的网络道德情况，进一步上报学院，由学院根据自身实际召开会议或是与学生单独进行谈话了解，制订进一步针对性对策。家长和班主任、辅导员之间也应该加强沟通，班主任、辅导员从家长处及时了解大学生在家期间网络行为状况，家长从班主任、辅导员处了解大学生在校期间的网络行为习惯。为此，网络道德教育者之间应转变观念，打破分工壁垒，主动去关心、关注大学生的心理健康状态以及网络道德现状,在大学生思想观念、价值取向、精神面貌定型的关键时期负起责任,充当好引路人的重要角色。

2.开设网络道德教育课程

进行网络道德教育最直接有效的形式便是开展网络道德教育相关课程,大学生网络道德水平在不同年级呈现不同的表现,随着大学生年级的上升,网络道德水平也会随之降低,因此在大学生低年级时开设网络道德教育课程符合大学生自身特点和成长规律,有助于提升网络道德教育实效性。现阶段开展网络道德课程迫在眉睫,但真正开设网络及网络道德相关课程的院校却寥寥无几,针对此现状,确定网络道德相关课程的教学目标及教学内容尤为关键。

(1)教学目标方面

中办国办印发的《关于加强网络文明建设的意见》中明确了加强网络道德建设的目标:"理论武装占领新阵地,马克思主义在网络意识形态领域的指导地位进一步巩固,全党全国人民团结奋斗的共同思想基础进一步巩固,社会主义核心价值观深入人心,向上向善、诚信互助的网络风尚更加浓厚。"为此,结合大学生自身发展特点,可以从以下四个方面制订网络道德课程的教学目标。

首先,引导大学生坚定理想信念。理想信念是每一位公民的立身之本与奋斗之源,也是克服艰难险阻、抵御各种风险诱惑的精神根基,习近平总书记曾用"精神之钙"来高度评价理想信念,指出:"没有理想信念,理想信念不坚定,精神上就会'缺钙',人就会得'软骨病'。"由此可见,理想信念对于一个人成长成才的关键作用,青年的理想信念至关重要,甚至关乎国家的发展和综合实力。"青年一代的理想信念、精神状态、综合素质,是一个国家发展活力的重要体现,也是一个国家核心竞争力的重要因素。"大学生正处于"三观"确立成型的关键期,只有树立了坚定正确的理想信念,才会自觉抵制网络空间的负面舆论和消极思想,才能永远保持朝气、锐气、正气,才能把实现崇高理想的伟大事业不断推向前进,成为祖国和人民信任的社会主义建设者和接班人。

其次,促进社会主义核心价值观入脑入心。必须巩固马克思主义在意识形态领域的指导地位,即将马克思主义作为终身的政治信仰,始终不可动摇。进一步引导大学生从公民层面自觉践行社会主义核心价值观,做到时刻以振兴中华为己任,自觉促进民族团结,维护祖国统一;信守承诺、诚恳待人、友好和睦;做到网络空间与陌生人相互尊重、互相关心、诚信待人,自觉为改善网络环境作出自己的努力。

再次,通过网络道德教育培育大学生网络道德法治意识。据调查结果显示,大多数大学生对于网络空间应该遵守何种具体道德规范及法律并不清楚,开展网络道德法治教育课程可以引导大学生树立正确的网络道德法治意识,从而做到知法、守法、懂法,依法上网,对于维护网络秩序,防范大学生网络犯罪的发生大有裨益。

最后,应以促进大学生全面发展为最终目标。进行网络道德教育的目的是提升大学生网络道德水平,而网络道德教育也是学校思政工作和德育工作的内涵之一,立德树人是高校教育事业的根本任务,而教育事业的最终目标是培育德、智、体、美、劳全面发展的社会主义事业建设者和接班人。习近平总书记指出社会主义教育的根本目标为:“在党的坚强领导下,全面贯彻党的教育方针,……培养德、智、体、美、劳全面发展的社会主义建设者和接班人。”“德、智、体、美、劳全面发展”的教育目标充分继承和发展了马克思主义人的全面发展思想,同时与我国社会主义教育的人才培养目标相一致,并进一步回答了“培养什么样的人”这一现实问题。

(2)教学内容方面

传统的道德规范及理论仅仅是网络道德教育课程的一方面,因此教育内容方面的制订需要紧密结合时代以及《新时代公民道德建设实施纲要》《关于加强网络文明建设的意见》等文件的指示精神,以习近平新时代中国特色社会主义思想作为总体指引,以习近平总书记关于网络强国的重要思想和关于精神文明建设的重要论述作为目标导向。

首先,应对大学生进行爱国主义教育。爱国,是中华民族血脉中最深厚的情感,爱国主义是一个永恒的主题,习近平总书记高度重视爱国主义在社会主义核心价值观中的地位,他强调:“在社会主义核心价值观中,最深层、最根本、最永恒的是爱国主义。”因此,可以通过组织观看《厉害了,我的国》《最美逆行者》《长津湖》等主旋律电影纪录片,以大学生更乐于接受且富有感染力的教育方式激发大学生产生情感共鸣,也可以将爱国主义与国家网络安全紧密结合,进一步激发大学生爱国主义情怀,提升爱国主义教育的实效性。之后的课程中也应将爱国主义教育贯穿网络道德教育工作始终,并不断创新爱国主义教育的表现形式。

其次,在引导学生接受爱国主义教育后,可以相继开展中华优秀传统文化教育、党史学习教育、诚信教育,引导大学生明确我们今天所要求的网络道德从何来,让他们深刻理解,网络道德不是凭空出现的,而是有其丰富理论渊源与现实意义的。通过党史学习教育,提升大学生对于中国共产党为什么能、马克思主义为什么行、中国特色社会主义为什么好的领会能力,引导大学生达到爱国、爱党、爱中华民族和爱社会主义的高度统一。通过诚信教育,督促大学生反思自己是否存在网络失信行为,树立良好网络交往观念,进一步规范自己的网络言行,提高网络道德意识。

最后,在开展了以上主题教育后,应该对大学生展开网络法律法规普及教育。调查结果发现,很多大学生均表示愿意主动遵守网络道德规范,但对于应该具体遵守何种法律规范并不清楚。因此,普及网络领域相关法律规定就显得尤为重要,网络言行不能突破法律和公序良俗的底线,要在法律法规的框架下合理运行。唯有认真学习法律法规,加强法律法规在互联网中的制定和运用,深化大学生在网络空间中的法律意识,引导大学生进一步明确网络不是法外之地,违法必究。同时,在大学生了解了相关法律法规后,也会更加清楚自己网络不正当言行的犯错成本,从而倒逼大学生自觉遵守法律法规,自觉远离"网络喷子"、网络暴力、网络谣言等恶劣网络不道德甚至网络违法行为,树立网络道德规范意识,达到规范自身网络言行、提升网络道德的根本目的。

3. 营造良好校园网络道德风气

校园网络道德氛围对大学生网络道德的影响是巨大的,高校应营造良好的校园网络道德风气,以推动网络道德观念入脑入心,对大学生网络道德产生潜移默化的影响。校园文化活动是开展网络道德教育的重要载体,习近平总书记在全国高校思想政治工作会议上强调:"要更加注重以文化人、以文育人,广泛开展文明校园创建,开展形式多样、健康向上、格调高雅的校园文化活动,广泛开展各类社会实践。"

高校应开展丰富多彩的网络道德宣传活动,营造健康向上的校园网络道德氛围。校团委组织可以进行校园身边好人、校园网络文明志愿者、校园网络道德标兵评选等活动,引导大家了解榜样,进而向榜样学习,充分发挥榜样教育意义,并充分利用校园网站平台、公众号等官方平台进行推送宣传,扩大影响力。也可以引导学生通过个人的抖音账号、哔哩哔哩账号、微博账号在同学间、兄弟院校间进行活动宣传，可以进一步增强宣传效果，弘扬优秀网络道德。

可以进一步通过开展网络道德知识竞赛及辩论赛等形式，普及网络道德及相关法律规范，引导大学生树立网络道德法治意识。也可以通过成立网络中心社团，举办丰富多彩的社团活动，设立校园网络文化周等，以年轻人乐于接受的形式，潜移默化地开展网络道德教育，传播正向网络道德观念，营造良好风气。通过开展校园文化活动，提升网络道德观念在大学生间的传播范围、速度，推动网络道德观念入脑入心，在校园中逐步形成人人崇德、人人守德、人人向德的良好局面，在营造良好校园网络道德氛围的过程中引导学生进行自我教育，提升校园网络道德教育的成效，加快形成网络道德良好局面。

第三节　中华优秀传统文化影响下德育教师队伍的建设

高等学校德育目标的实现，有赖于建立一支政治坚定、结构合理、专兼结合、功能互补、业务精湛的德育队伍。要从战略的高度充分认识德育队伍建设的重要性和紧迫性，切实加强德育队伍的培养、使用和管理。

一、加强高校德育教师师德建设的意义

打造一支政治理论强、业务能力精湛、纪律作风严格正派、育人水平高超的高校德育教师队伍，对于提升德育教师队伍的整体素质，增强高校德育的教学效果，实现立德树人的目标要求，引领社会良好道德风尚具有重要意义。

（一）有利于提升德育教师整体素质

师德水平是影响德育教师队伍整体素质提升的关键因素。因为道德素养是德育教师的根本，一个在道德品质上不合格的教师无法在教书育人的过程中呈现良好的效果，唯有拥有高尚师德水平的德育教师才能担

当起培育时代新人的使命。师德上表现优良的德育教师能促进教师队伍整体素质的提升。同时，师德对德育教师整体素质的提升具有重要意义。

首先，良好的师德有利于促进高校德育教师知识素质的提升。现阶段，在各学科交流越来越密切、社会提供的信息越来越纷繁复杂的背景下，德育教师不仅要紧跟社会发展的大势，及时更新自己的知识体系，还需要在错综复杂的信息系统中提取为自身所需的有用信息，构建自身的知识结构，更需要在某一知识领域有自身的独特见解，深入科研服务于教学。要做到这些，需要德育教师具有求知探索的创新精神、深入研究的勤奋精神、海纳百川的宽广胸怀、判断是非对错的鉴别力、更新知识体系的能力，这一切都需要以高校德育教师的良好师德为前提。

其次，良好的师德有利于高校德育教师能力素质的提升。能力是德育教师综合素质的表现，具体体现为教师对教育事业的热爱，有育人的使命感，有坚定的职业信念，对学生关心爱护，能够与学生融洽相处，对自身严格要求，面对困难具有顽强的意志力等，而这些爱、品质、信念的更好呈现都需要以高校德育教师的良好师德为基础。

最后，良好的师德有利于德育教师情感素质的提升。教师具有良好的师德水平，就会有更好的情绪状态，有更丰富的情感表达。在课堂教学过程中会通过富有情感的方式与学生真诚互动，让学生在情感饱满、富有感染力的课堂中感受思想政治教育的魅力，感悟真理的力量。在科研中会以更有情怀的方式投入，不只是为了个人利益的需要，而是专注于感兴趣的领域，立志为人类科研发展作贡献。在日常工作中也会有更高境界的追求，真正服务于教育事业。只有高校德育教师师德素养得到全面发展，才能推动德育教师队伍整体素质的提升。

（二）有利于提升德育教学效果

加强德育教师队伍建设，提高教师的质量和水平，关键在于培养教师具有高尚的师德素养。德育教师内在的道德品质会直接影响德育课的质性内容，外在的知识水平和教学能力直接影响德育课的内容质量和呈现方式。高校德育教师的师德是学识素养、教育能力以及道德素养的综合体现，所以师德高尚能够增强德育课的教学吸引力，激发学生的学习动力，在双向互动的作用下提升德育课的教学质量，最终实现德育课育人的目的。高校德育课不同于一般课程的突出特点是，要想保证课程教学效果与课堂质量，教学必须具有一定的吸引力与感染力，只有引起学生的兴趣与共鸣，才能实现理论被认可接受的目的。

提升高校德育教师的师德水平能够使教师更好地利用教学方法，将抽象的理论性知识通过创新性的教学转化为能被现实所用的价值观念，达到科学的理论入脑入心。德育教师具有高尚的师德水平，既能够游刃有余地运用各种教学方法，又能够根据不同学生的需求选取适合的教学方法，通过循序渐进地展开各种教学活动，在课堂中掌握主动权，以幽默风趣的语言引导学生参与其中，提升学生的学习积极性和主动性，把所传授的理论在轻松的课堂氛围中实现，不仅达到德育课的教学效果，还能在潜移默化中引导学生增加对德育课的重视程度。

（三）有利于落实立德树人根本任务

落实立德树人的教育任务、培养德才兼备的人才，是高校的立身之本。加强高校德育教师师德建设，有利于强化德育教师立德树人的意识和能力。新时代，我国高校践行立德树人根本任务主要是通过德育课，通过德育课教师将科学的理论转化为易被学生所接受的现实价值观念，在武装学生头脑将理论入心时，培养学生坚定的理想信念，形成积极健康的人格，将正确的道德认知转化为实践行动。高校能否有效落实好这一根本任务，培养出符合社会发展要求的高素质人才，德育教师的德性素养尤为重要。大学阶段的学生，随着知识的增加、经验的丰富、情感的成熟、个性品质的增强，越来越强调独立自主，对自身的发展方向和预期目标有更清晰的规划，价值判断和道德理念越来越清晰。通过赢得学生的信任与尊重，对大学生的这些想法和规划进行有效的引导和帮助，需要德育教师具有丰厚的学识素养和高尚的道德品质。

德育教师良好的素质既能为学生提供正确的榜样示范作用，引导学生在实践中自觉以教师的良好道德为参照，不断提升自身的道德修养，又能带动形成积极健康的校风和学风，为帮助和引导大学生成长成才提供良好的生活和学习环境。加强德育教师师德建设，提升教师的素质水平，形成高尚的师德师风修养，既能为德育课提供现实性教育资源，又能丰富高校德育课的形式。良好的师德师风修养是讲好德育课、确保大学生具有良好思想政治素质、有效完成好教书育人使命的必备条件。

二、中华优秀传统文化影响下高校德育教师队伍的建设策略

建设好高校德育教师的师德关键要靠内外约束的相互作用。一方面,通过党的领导、制度的完善和社会的保障等外在约束,规范德育教师的师德师风,为德育教师提供遵循和指导,不断满足德育教师师德的变化需求;另一方面,通过宣传教育等形式提升德育教师加强师德修养的意识和主动性,时刻对自身的师德师风保持高标准和严要求。

教育机制选择怎样的教师,培养怎样的教师,自然就会形成怎样的师德。所以,教育体系的完善、教育制度的规范是保证良好师德的根本,只有在师德培养中制定精准的实施方案,在后期教师考核时明确规范的标准,有效组织发挥好各个环节的监督作用,形成系统完善的机制才能有效规范师德建设。

(一)完善德育教师师德培训机制

教育部下发的文件指示中,对于教育学类专业学生提出职业要求,也对于培养优秀师范生的学校提出课程标准,从师范生踏入校园那一刻起就要帮助他们树立正确的职业理想、端正教育信仰、不忘教育初心,通过循序渐进地培养教育使其逐步将开始的教育理念转化为自身的教育情怀,认识到自身的教育责任,并将其落实到教育实践中,只有发自内心地向往认可才能有效避免走上工作岗位后的师德失范现象。

高校要建立全程化师德学习培训机制。目前的大部分高校对德育教师的师德教育仅局限于职前培训中,没有关注到德育教师就职后更容易出现师德失范的问题,没有建立一套贯穿职前职中一体化的培训学习机制。因此,提倡高校结合本校师德建设的具体情况建立多渠道、分层次的教师职前、职中一体化的师德教育学习培训机制。在坚持师德理论教育和教师实践活动相结合的原则下,分阶段、分批次、分对象地对在岗德育教师开展定期或不定期的师德学习培训,科学规划师德培训内容,严格规定教师每年师德培训的课时,严肃师德培训纪律,并将师德学习培训纳入教师年度考核评优和职称晋升考核中。对于新入职的青年教师,要在教学培训中加入师德教育的相关内容,引导其在一步步提升教

学水平中增强师德意识，把培养高尚的道德品质、敬业奉献的职业境界、关爱学生的育人情怀等良好师德当作与教学科研同等重要的事，从而促使其在今后的工作中自觉育德。

（二）完善德育教师师德考核机制

首先，高校德育教师的师德评价主体多元化。高校德育教师师德评价应将自我评价与他人评价结合，不能因为其在评价中容易自我保护致使评价结论真实性低而忽视其主体性的作用，自我评价主体性的发挥能促使教师自身学会反思，在与高尚师德进行对照的过程中认清自己的差距。发挥学生和同事的评价作用，学生是德育教师教学活动的直接对象，对德育教师的师德行为有最直接的感受、最清晰的判断、最公正的评价；高校德育教师同行之间往往关系密切，相互间有共同的教学实践经验，科研上有一定的合作，更能感知对方的情感态度，更容易注意到存在的问题。

其次，高校德育教师的师德评价内容多样化。师德评价内容不仅仅包括普通高校教师知识水平、教学能力、示范作用、政治素养等一般性师德，还应该包括学生的信仰是否坚定、品德是否得到提升、情感需求是否得到满足及德育教师的人格品质、对师德修养的认知、师德践行的自觉性等多个维度。通过注重评价德育教师在人才培养、教学改革、理论宣讲等方面的综合业绩严把教师晋升关卡，提升德育教师的整体素质。

最后，高校德育教师的师德评价采取定量与定性结合的方法。定量评价具体指对德育教师职业道德评价的对象进行定量分析后，制订出一套可视化的标准，然后按标准进行价值判断的评价方法。现阶段的高校多注重定量评价，以数字化的形式考量师德水平看起来更直观，但师德不是一种特定的行为准则，它强调人内在德行的养成和道德品质的持续发展状况，仅依靠量化评价很难促进教师师德的提升，需要对德育教师师德中蕴含的价值、观念、信仰、情感、美德等进行定性评价。只有定量与定性评价相结合，才能既考察教师的师德水平，又促进师德提升。

第四节　中华优秀传统文化影响下德育评估机制的创新

德育评估是高等学校德育管理的重要环节，也是德育管理的主要方法。高等学校德育评估包括两个方面：一是上级教育行政部门对学校德育工作的评估；二是学校自身对其德育工作的评估，做好这两个评估对于加强和改善高等学校德育工作具有重大意义。目前，对高等学校德育评估的范围、评估标准、评估方法等问题都还没有取得一致的认识，围绕德育评估的探索还在进行之中。德育评估是围绕高等学校德育目标来进行的，其着眼点是有利于学生德、智、体等方面的全面发展，实现高等学校的培养目标，把大学生培养成为适应 21 世纪需要的，有扎实的基础知识、知识面广、能力强、素质高的社会主义事业的建设者和接班人。

一、高等学校德育评估的目的和作用

德育评估是实现高等学校德育目标的必要保证，其目的是通过评估全面了解和衡量学校德育工作及其发展的水平，使学校德育工作能够从大学生实际出发，避免盲目性，从而提高德育管理的效果。通过评估，促使学生明确努力方向，把全体学生的思想、行为引导到学校的培养目标上来，朝着预期的方向发展。促使学校的德育目标和学生个人目标有机结合起来，为加强和改进学校德育工作提供了比较科学的依据，为学生思想政治进步、品德的完善提供比较科学的目标，提高高等学校德育管理的效能。德育评估对于加强和改进学校德育工作，促进学生的德、智、体、美、劳等方面的发展都具有重要作用。

一方面，德育评估具有规范、激励和导向作用。德育评估的指标体系具体明确地规范了学校的德育工作，使全校师生员工都明确了自己努力的方向，了解自己的工作与德育评估目标的差距，促使大家不断地调整自己的思想和行为，努力达到目标规定的要求。由于德育评估结果与学校每一个成员的切身利益有密切联系，因此德育评估对每一个人的思想和行为都具有规范、激励和导向的作用。德育评估的结果,使每个人都能了解到自己的素质状况及在群体中的位置,使人不断进取,努力达到评估指标所规定的要求,从整体上提高学校每个成员的思想道德素质,促进学校德育工作的全面发展。

另一方面,德育评估保证了学校办学的正确方向。高等学校坚持以马克思列宁主义、毛泽东思想、邓小平理论、"三个代表"重要思想、科学发展观和习近平新时代中国特色社会主义思想为指导,坚持党的改革开放的基本路线和社会主义初级阶段的基本路线,坚持党的教育方针,这些都规定了学校教育的社会主义方向。

二、大学生德育考评

(一)大学生德育考评的标准和原则

1. 坚持实事求是、客观公正的原则

坚持实事求是、客观公正是马克思主义思想方法和党性原则的集中体现。坚持这一原则,要求我们在进行德育考评时,要以高度负责的态度,实事求是、客观公正地对待考评工作,切忌主观性、片面性,坚持一切从实际出发,不浮夸、不贬损,力求客观、公正地对待考评对象,考评结论应该经得起事实和时间的检验。

2. 坚持动态考评与静态考评相结合的原则

评价学生的思想政治表现和品德素质,要有动态的、发展变化的观点,不能以一时一地的表现涵盖其整个品德素质。从学生的客观现实表现来看,其品德发展既具有静态的一面,又有动态的一面。把握其现实的表现,掌握其在现阶段的思想品德状况,才能与其他同学进行比较,分析其是先进还是落后,是进步还是退步。然而,由于现实的表现与过去的表现是有因果联系的,看不到发展变化的一面,就不能正确评定学生的品德,就容易导致片面性和简单化。

3. 坚持定性考评与定量考评相结合的原则

学生的德育考评既有定性分析，又有定量分析。在进行德育考评时，对每一项考评指标都有一个定性的评定，测定其属于哪一个等级。也就是说，首先有一个质的规定性，然后再把各项考评指标划分为若干个档次，区别考评对象的差异，进行量的比较和判断。

没有一定量的考评，对考评对象的认识必然是含糊的、笼统的。同样，如果在德育考评中，不能运用定性分析的方法，对学生的德育考评也是不正确、不完整的。随着现代管理科学在德育领域的应用，量化测定评价广泛用于德育考评之中。通过量化考评，可以使我们更清楚、更准确地把握考评对象的变化，使德育考评逐步走上科学化的轨道。但是，我们也不能因此而否定定性分析，把定量分析方法绝对化。

如果将量化分析绝对化，很容易使教育对象只重视个人分数、等次，为考评而考评，使德育考评走向歧途。在德育考评中，对于可以量化的指标应尽可能地量化，对于不能直接量化的，采用定性与比较分析的方法，而不能简单地量化处理，否则就会使考评失去科学性。因此，从定性考评到定量考评，再从定量考评回到定性考评，才能使德育考评真正建立在科学的基础上。

4. 教师考评与学生考评相结合

教师是德育考评的主体，是大学生德育考评工作的组织者和领导者，教师有权对学生的品德素质提出意见。但是，学生之间相互最了解，对同学的思想品德表现最有发言权，应该尊重学生评价的意见，使之与教师的评价意见相互对照，只有这样才能全面、准确地评价学生的思想品德表现。

在德育考评过程中，要充分调动学生自我评价的积极性。重视自我评价在德育考评中的地位和作用，是树立正确的评价观、发挥德育考评的激励功能、提高德育考评教育效果的重要标志，也是现代教育评价的主要特征。

组织有效的自我评价，对提高评价者的自我认识和自我评价能力，促进其健康发展也有很大影响和作用，具体表现在以下三个方面。

一是有利于学生完善自我价值系统，养成良好的道德自律习惯。学生在进行自我评价时，就会主动地去学习、了解思想品德评价的标准，加深对品德要求的理解，坚定自己的信念，使自己的言行自觉地和道德要求相一致。

二是有利于自我激励。自我评价可以通过自我教育机制的作用，产生持续的自我激励作用，由此促进其不断地进步和提高。

三是有利于形成自我调节机制。在自我评价的过程中，对自己行为的反思与评定，容易形成自我反馈机制，不断地调节自身行为和心理状态，对不道德行为自觉地加以抑制，而对道德行为则产生强烈的内在驱动力。

在德育考评中，要调动学生参与的积极性，引导学生自我评价、自我教育，促进学生的品德向健康方向发展。

（二）大学生德育考评的方法

学生德育考评的方法多种多样，然而就考评方法的分类来说，一般有两类：一类是主观性的德育考评法，另一类是客观性的德育考评法。

1. 主观性德育考评法

一是总体印象测评法。这种方法是考评者根据自己的经验和有关考评指标，在对德育考评对象的情况已经形成总体印象的前提下，根据印象进行德育考评的一种方法。其步骤主要是先明确考评的任务和要求，再根据考评对象的情况及已形成的印象进行回忆综合，最后作出评定结论。这种方法简单易行，但是主观随意性很大，可靠性差。

二是评语鉴定测评法。这种方法是在进行德育考评时比较常见的一种方法，它是考评者根据自己对考评对象的长期观察和了解，参照有关人员的意见，用写评语的形式对考评对象进行书面鉴定。此外，主观性考评方法还包括等级划分法、自我总结法等。这些方法能够反映出考评对象某些方面的实际情况。但是总体而言，难以全面准确地反映考评对象的实际情况，难以做到客观公正，考评结果的说服力不强，容易流于形式。

2. 客观性德育考评法

客观性德育考评法以其客观公正的特点逐步得到广泛的采用，逐渐取代了千人一面的主观性德育考评法。客观性德育考评法也有许多不同的形式,但比较具有代表性的主要有两种方法。

第一,加减考评法。这是一种较为通用的德育考评法,在这种方法中,学校德育管理部门根据《中国普通高等学校德育大纲》《高等学校学生行为准则》以及学校的规章制度和要求,列出评分项目,制订加减分标准,对于应提倡的良好行为确定具体的加分数值,对不良行为确定减分数值。例如,设定每个学生的基础分为 25 分,每学年考评一次,根据每个学生的具体行为表现,对照评分标准,分别评出加分和减分的数值,在基础分的基础上进行加减,得出最后成绩。这种方法客观具体,结果具有可比性,能够比较公正客观地反映学生在品德方面的实际表现,操作简单易行。

第二,加权综合考评法。这种方法是进行德育考评时,除考虑到各项指标的具体分值外,还对相应考评指标在整个指标体系中所占的重要程度的不同确定相应的权重。根据被考评者的具体表现,采取自评和他评相结合的方式进行考评,先确定单项分值和等级,对各个评价分项指标按其重要程度分配权数,各项得分乘以权系数,然后相加得出综合值,其公式为:$S=\sum_{n}^{g}W_iX_i$,其中,X_i 为第 i 项指标的评价值为指标总数,W_i 为第 i 项指标的权系数,S 为综合值。

这种考评方式的最大特点在于:当分项指标满分值相同的情况下,为了体现各指标不同的重要程度,通过权重因素加以调节,从而达到合理评价的要求。例如,对学生进行德育考评时,若指标集为:政治理论水平、政治思想表现、道德品质、劳动观念和表现。与此相对应的权重系数为 0.2,0.3,0.3,0.2,0.2,如果学生甲在各分项指标上的得分为 18,26,20,15,18,学生乙的分项值为 17,28,19,16,17,假如不考虑权重因素,甲、乙两学生的综合值均为 97 分。怎样评价甲、乙两学生的思想品德素质高低呢?唯一可行的方法是将考评的各分项指标的权重系数考虑进来。这样,根据上述公式,两位学生的综合分数分别为:

$S_甲=0.2\times18+0.3\times26+0.3\times20+0.2\times15+0.2\times18=24$

$S_乙=0.2\times17+0.3\times28+0.3\times19+0.2\times16+0.2\times17=24.1$

这样,本来综合值相同的两位学生,经过加权求和后所得的综合值就表现出了差异,乙学生的得分高于甲学生。因此,加权求和德育考评法作为一种终结性的比较具有较大的合理性。

参考文献

[1]白翠红.高校德育思维方式发展研究[M].广州:中山大学出版社,2018.

[2]曾学龙,贺佃奎,张齐学.大学生德育实践概论[M].北京:中国农业出版社,2005.

[3]柴世钦.我国现代高校德育解析[M].沈阳:辽宁大学出版社,2008.

[4]陈娟.传统文化与高校德育教育工作融合研究[M].北京/西安:世界图书出版公司,2018.

[5]陈守聪,王珍喜.中国传统文化的价值与现代德育构建[M].北京:光明日报出版社,2013.

[6]陈文华.老子思想的教育之"道"[M].北京:中国科学技术出版社,2008.

[7]陈中建.高校德育系统工程研究[M].南京:南京师范大学出版社,2015.

[8]初明利,范书生.高校德育的创新与实效[M].天津:天津社会科学院出版社,2004.

[9]崔戴飞,徐浪静.思政活动课程建设案例集有爱篇[M].北京:光明日报出版社,2020.

[10]冯世勇.高校德育工作的理论研究和实践探索[M].太原:山西人民出版社,2014.

[11]傅大友,吴继霞,陈晓强.高校德育创新论[M].南京:江苏教育出版社,2005.

[12]龚海泉,张晋峰,张耀灿.20世纪的中国高等教育 德育卷[M].北京:高等教育出版社,2003.

[13]桂捷.高校德育与心理健康教育研究[M].沈阳:东北大学出版社,2018.

[14]韩方希.民办高校德育工作探索与实践[M].济南:泰山出版社,2008.

[15]胡斌武.社会转型时期学校德育的现代化[M].北京:中央编译出版社,2006.

[16]胡琦,陈海燕.高校德育社会化综论[M].杭州:浙江大学出版社,2016.

[17]黄蓉生.高校后勤社会化改革与大学生德育论[M].成都:四川人民出版社,2006.

[18]黄向阳.德育原理[M].上海:华东师范大学出版社,2000.

[19]黄钊.儒家德育学说论纲[M].武汉:武汉大学出版社,2006.

[20]蒋笃运,张国臣.高校德育新论[M].郑州:河南医科大学出版社,1997.

[21]金琪.中和育人 浸润中华优秀传统文化的德育探索[M].上海:上海教育出版社,2017.

[22]靳诺.我国民办高校德育通论[M].合肥:合肥工业大学出版社,2006.

[23]孔亮.高校德育教育引入传统文化的创新研究[M].北京/西安:世界图书出版公司,2018.

[24]李宝银.文明之路 福建师范大学文明校园创建纪实[M].北京:光明日报出版社,2019.

[25]李程.传统文化精神与大学生思政教育[M].北京:光明日报出版社,2013.

[26]李刁.互联网+时代高校德育实践创新研究[M].武汉:华中师范大学出版社,2019.

[27]李莉.新时期高校德育理论与实践研究[M].长沙:湖南大学出版社,2002.

[28]李卫东.地方院校德育研究(第11辑)用习近平新时代中国特色社会主义思想引领高校德育[M].武汉:武汉大学出版社,2019.

[29]李兆敏.高校德育工作新思维[M].东营:中国石油大学出版社,2006.

[30]刘丽波.新时期高校德育教育创新发展研究[M].石家庄:河北人民出版社,2018.

[31]刘新科.中国传统文化与教育[M].长春:东北师范大学出版

社,2016.

[32]刘忠孝,陈桂芝,刘金莹.高校德育论[M].哈尔滨:黑龙江人民出版社,2019.

[33]卢黎歌.高校德育新探[M].西安:西安交通大学出版社,2009.

[34]罗家英.网络影响下高校德育模式变革与构建[M].武汉:华中科技大学出版社,2005.

[35]孟东方.高校德育新论[M].北京:中国文史出版社,2004.

[36]米如群,王小锡等.高校德育工程论[M].南京:南京师范大学出版社,2006.

[37]任少波等.高校德育共同体[M].杭州:浙江大学出版社,2018.

[38]宋元林.中国传统文化与思想政治教育研究[M].长沙:湖南大学出版社,2012.

[39]宋长生,唐国忠.高校德育体系的发展与创新[M].哈尔滨:哈尔滨工程大学出版社,2005.

[40]孙庆珠.高校校园文化概论[M].济南:山东大学出版社,2008.

[41]孙晓峰.中西方高校德育管理比较研究[M].合肥:安徽科学技术出版社,2015.

[42]谭仁杰.地方院校德育研究(第9辑)社会实践与高校德育[M].武汉:武汉大学出版社,2017.

[43]谭仁杰.中国梦与高校德育[M].武汉:武汉大学出版社,2016.

[44]王爱华,杨斌.高校德育与校园和谐[M].武汉:武汉大学出版社,2011.

[45]王超等.比较德育学[M].武汉:湖北人民出版社,2005.

[46]王一鸣.新形势下应用型高校德育和创新创业[M].北京:光明日报出版社,2018.

[47]吴起华.高校德育管理研究[M].海口:南海出版公司,2005.

[48]杨福荣,邰蕾芳.中国传统文化与大学生德育教育研究[M].西安:西安交通大学出版社,2017.

[49]赵金昭.高校德育环境建设实践论[M].郑州:河南人民出版社,2004.

[50]郑益生,杨纪武.高校德育研究[M].昆明:云南科技出版社,2009.

[51]祝建兵,郭诗华.德育论丛[M].昆明:云南科技出版社,2017.

[52]中央马恩列斯著作编译局.马克思恩格斯选集(第1—4卷)[M].

北京：人民出版社，1995.

[53]中共中央文献研究室.毛泽东文集（上下册）[M].北京：人民出版社，1999.

[54]邓小平.邓小平文选（第3卷）[M].北京：人民出版社，1993.

[55]中共中央宣传部.习近平新时代中国特色社会主义思想学习纲要[M].北京：学习出版社，2019.

[56]傅维利.中华优秀传统文化（第一卷）[M].沈阳：辽宁师范大学出版社，2016.

[57]蔡东伶.中华优秀传统文化中立德树人思想研究[D].河南工业大学，2021.

[58]陈丽旭.中华优秀传统文化融入中小学德育全过程的路径研究[D].西南科技大学，2020.

[59]陈美含.中华优秀传统文化融入大学生思想政治教育研究[D].长春工业大学，2021.

[60]程喆.中华优秀传统文化融入青年马克思主义者培养路径研究[D].长春中医药大学，2022.

[61]范曦文.中华优秀传统文化融入高中《文化生活》的课堂教学研究[D].新疆师范大学，2022.

[62]冯奕佳.思政课提升大学生中华优秀传统文化自信研究[D].西华师范大学，2022.

[63]郜静宇.中华优秀传统仁文化融入初中《道德与法治》课教学研究[D].青海师范大学，2022.

[64]郭自强.儒家仁学思想与社会主义核心价值观融合研究[D].中原工学院，2022.

[65]韩爽.高中思想政治课有效实施中华优秀传统文化教育研究[D].哈尔滨师范大学，2022.

[66]黄垚.中华优秀传统文化融入初中德育存在问题及对策研究[D].河北师范大学，2021.

[67]姜新宇.习近平关于传统文化的重要论述及其德育价值研究[D].广西大学，2019.

[68]李晨阳.统编版初中语文教材中的中华优秀传统文化要素研究[D].浙江海洋大学，2022.

[69]李晓丹.中华优秀传统文化融入小学道德教育的实践路径研

究[D].沈阳大学,2022.

[70]梁志玲.新时代大学生中华优秀传统文化自信培育研究[D].广西师范大学,2022.

[71]刘涔.中华优秀传统文化融入大学生思想政治教育的价值及实现路径研究[D].重庆理工大学,2021.

[72]刘佳欣.中华优秀传统文化在大学生思想政治教育中的运用研究[D].西南科技大学,2019.

[73]刘奚泽.中华优秀传统文化类校本课程资源开发研究[D].东北师范大学,2022.

[74]刘雨.中华优秀传统文化融入高中思想政治课教学研究[D].山东师范大学,2022.

[75]龙槿彦.中学生物学教学中渗透中华优秀传统文化的研究[D].安庆师范大学,2022.

[76]卢成观.习近平关于网络文化建设重要论述研究[D].贵州师范大学,2022.

[77]路倩.中华优秀传统文化涵养青少年道德人格研究[D].阜阳师范大学,2022.

[78]骆津晶.中华优秀传统文化融入新时代高校德育教育研究[D].北京外国语大学,2021.

[79]马靖.高中英语中华优秀传统文化选修课程开发与应用[D].延安大学,2022.

[80]梅莎莎.孔子仁学思想在大学生思想政治教育中的应用研究[D].云南师范大学,2022.

[81]师慧慧.统编高中文言文教学与中华优秀传统文化深度融合的研究[D].吉林外国语大学,2022.

[82]石琼.中华优秀传统文化融入初中道德与法治课的策略研究[D].喀什大学,2022.

[83]田倩倩.新时代大学生中华优秀传统文化认同研究[D].石家庄铁道大学,2022.

[84]田文靖.中华优秀传统文化融入中职思想政治教育的研究[D].广西师范大学,2021.

[85]王步云."文化润疆"背景下中华优秀传统文化融入阿克苏地区初中语文教学研究[D].塔里木大学,2022.

[86]王静.中华优秀传统文化融入大学生思想政治教育的 SWOT 分析[D].山西师范大学,2021.

[87]王晓晶.中华优秀传统文化浸润思想政治教育的研究[D].南京师范大学,2021.

[88]韦喜芬.儒家"仁爱"思想融入中学生社会公德培育研究[D].广西民族大学,2022.

[89]文广.中华传统美德融入大学生思想政治教育研究[D].西华师范大学,2022.

[90]向云鹭.中华优秀传统文化大学生思想政治教育功能发挥研究[D].华中师范大学,2020.

[91]信慧慧.中国共产党传承中华优秀传统文化的历史进程与基本经验研究[D].山东大学,2022.

[92]熊苏婷.先秦儒家优秀德育思想融入大学生道德教育研究[D].东华理工大学,2022.

[93]晏振宇.中华优秀传统文化融入大学生思想政治教育研究[D].山东大学,2021.

[94]杨焱婷.中华传统蒙学教育的德育功能及其现代启示研究[D].喀什大学,2022.

[95]袁安妮.中华优秀传统文化融入高校德育研究[D].西安理工大学,2019.

[96]翟绎杰.中华优秀传统文化运用于高校立德树人的实践研究[D].海南大学,2022.

[97]张迪.中华优秀传统文化融入小学德育的现状及路径研究[D].西安理工大学,2019.

[98]张韩.知行合一视域下大学生中华优秀传统文化教育路径研究[D].长春师范大学,2022.

[99]张静.老子生死观及其对大学生生命教育的启示研究[D].华中农业大学,2022.

[100]张杨.中国优秀传统文化中的家国情怀研究[D].吉林农业大学,2022.

[101]张潆文.思想政治教育视野下中华优秀传统文化现代化研究[D].东北师范大学,2020.

[102]张雨旸.习近平文化观视阈下我国乡村文化振兴研究[D].安

庆师范大学,2022.

[103]赵信彦.习近平新时代中国特色社会主义思想传承创新中华优秀传统文化研究[D].山东大学,2022.

[104]赵娅倩.中华优秀传统文化融入高校立德树人的路径研究[D].山西财经大学,2021.

[105]赵莹.高中思想政治课中完善中华优秀传统文化教育研究[D].牡丹江师范学院,2022.

[106]甄晓峰.中华优秀传统文化在高中政治教学中的运用研究[D].广州大学,2022.

[107]周旭.习近平关于中华优秀传统文化"双创"的重要论述研究[D].黑龙江大学,2022.